人民的西湖

三十‧三十書系

人民的西湖
毛澤東時代的宣傳、自然與能動性
（1949–1976）

何其亮　著

萬芷均　譯

香港中文大學出版社

■ 三十 · 三十書系

《人民的西湖：毛澤東時代的宣傳、自然與能動性（1949–1976）》

何其亮 著
萬芷均 譯

國際統一書號（ISBN）：978-988-237-332-7

本書根據 University of Hawai'i Press 2023 年出版之
*The People's West Lake: Propaganda, Nature, and Agency
in Mao's China, 1949–1976* 翻譯而成。

出版：香港中文大學出版社
　　　香港 新界 沙田 · 香港中文大學
　　　傳真：+852 2603 7355
　　　電郵：cup@cuhk.edu.hk
　　　網址：cup.cuhk.edu.hk

本書出版得到陸國權中華文化傳承研究基金贊助支持。

■ 30/30 SERIES

*The People's West Lake: Propaganda, Nature,
and Agency in Mao's China, 1949–1976* (in Chinese)
By Qiliang He
Translated by Wan Zhijun

ISBN: 978-988-237-332-7

This translation of *The People's West Lake: Propaganda, Nature,
and Agency in Mao's China, 1949–1976* is published by
arrangement with University of Hawai'i Press.

Published by The Chinese University of Hong Kong Press
　　　The Chinese University of Hong Kong
　　　Sha Tin, N.T., Hong Kong
　　　Fax: +852 2603 7355
　　　Email: cup@cuhk.edu.hk
　　　Website: cup.cuhk.edu.hk

Printed in Hong Kong

群峰並峙　峰峰相映

《三十‧三十書系》編者按

　　在中國人的觀念裏,「三十年為一世,而道更也」。中華人民共和國建國已逾兩世,人們討論前三十年與後三十年,或強調其間的斷裂性及變革意旨,或著眼其整體性和連續性。這一談論以至爭論當然不是清談,背後指向的乃是中國未來十年、二十年、三十年以至更長遠的道路選擇。

　　《三十‧三十書系》旨在利用香港中文大學出版社獨立開放的學術出版平台,使不同學術背景、不同立場、不同方法的有關共和國六十年的研究,皆可在各自的知識場域充分完整地展開。期待群峰並峙,自然形成充滿張力的對話和問辯,而峰峰相映,帶來更為遼闊和超越的認識景觀。

　　本書系自2013年開始出版,致力於推出全球視野下有關共和國六十年的重要研究。研究者分別從政治學、人類學、歷史學、社會學、文化研究等學科的優秀傳統和全新視角出發,突破地域界限、學科壁壘和既往研究在方法與對象上的框限,為這一領域引入了種種具有前瞻性、成長性的研究方向,共同呈現了一個開闊而富有生機的中國研究圖景。無論主題、關懷、方法,這些作品之間既有照應和互補,也不乏衝突與砥礪。當它們在同一平台上呈現時,恰恰拼出一個豐富而多元的光譜,正切合了《三十‧三十書系》所期待的學術景觀 —— 群峰並峙,峰峰相映。

　　秉承這一理念，本書系將繼續追蹤關於共和國六十年的前沿研究，兼收中文原創著作及譯著。本社一貫注重學術翻譯，對譯著的翻譯品質與對原著的學術價值要求，共同構成學術評審的指標。

　　「廣大出胸襟，悠久見生成」是香港中文大學的精神所在。以此精神為感召，本書系將繼續向不同的學術立場開放，向多樣的研究理路開放，向未來開放，歡迎學界同仁賜稿、薦稿、批評、襄助。

香港中文大學出版社編輯部

2024 年 1 月

電郵：cup-edit@cuhk.edu.hk

目　錄

圖片目錄

中文版序

　　1952年，英國生物化學家、漢學家李約瑟（Joseph Needham，1900–1995）帶隊來華，調查中國對於美軍在朝鮮戰爭中發動細菌戰的指控。調查過程中，李約瑟團隊在黑龍江甘南縣見到了極不尋常的場景：偌大的鄉村地區過於安靜，顯得十分詭異，整個農村看不見蒼蠅與狗這兩種最常見的、與人類共生的動物。彼時在甘南，乃至整個東北及中國北方大部分地區，為了應對可能隨時來襲的細菌戰，政府發動群眾進行愛國衛生運動，以期消滅一切有害人類健康的生物，如蒼蠅、蚊子、老鼠等等。這種廣泛發動老百姓參與的群眾運動，一來體現了社會主義特有的勞動組織方式，即高敏（Miriam Gross）所謂之「大規模組織活動」（massive effort），或何若書（Denise Y. Ho）所謂之「參與式宣傳」（participatory propaganda）；二來，這種大範圍、有組織的活動背後邏輯是人類必然戰勝自然界的自信，是一種「人定勝天」的樂觀主義與豪情壯志。

　　雖則類似「人定勝天」的說法早在《逸周書》中已經出現，但中華人民共和國時代這種戰天鬥地精神的理論來源卻相當複雜。其一是受到歐洲啟蒙時代以來將人類與自然外物兩分法的影響，這一思潮隨著人類科學技術進步而演變為一種人類中心的傲慢：人類可以根據自己的喜好去壓制、改造、重塑、操弄自然界。在資本主義經濟體系下，這一人類中心思想變成一種經濟原則：自然界萬物都可以成為投放到市場上的商品。其二是俄國及後來蘇聯因其自然條件較為惡劣，長期形成一種為了

生存而與自然界進行殊死一搏的思維。自五十年代初期起，共和國對蘇聯實行「一邊倒」政策，這樣的思維方式也一併進入中國。最後才是中國文化中古已有之的「人定勝天」說法。

需要指出的是，在干預自然乃至「征服自然」這方面，資本主義與社會主義有著一脈相承的關係。例如，普魯士地區開創的科學造林或人工單一林迅速在全球範圍得到推廣，在社會主義制度下更有過之無不及。這種認為人類的絕對理性可以改造自然界的堅定信念，是詹姆斯・斯科特 (James C. Scott) 所謂之「高度現代主義」(high modernism) 產物。在毛澤東時代的中國，這種理念更得到普遍接受與推廣，原因有二。首先，這種人類以自身智慧、意願與行動力改造外部世界的能力，正契合毛澤東長期以來推崇的所謂人的「主觀能動性」或者「自覺的能動性」。第二，面對技術全面落後、投資嚴重缺乏的中國現狀，政府強調人的「能動性」有利於調動最大的勞動潛力，建設一個白廢待興的國家。

正是在這種理念的指導下，建國後許多重大工程都以群眾運動的形式宣傳，既征服自然，也改造人群。1950年的治理淮河工程便是最早在全國範圍得到宣傳的群眾參與工程之一。「一定要把淮河修好」這一號召後來成為諸多電影、戲曲等作品的題目，彰顯了毛澤東時代特有的那種改天換日、再造自然環境、克服歷史宿命的新時代英雄主義。然而在此類豪言壯語的背後，卻是林林總總的生態與經濟問題。正如前述黑龍江甘南縣的例子所示，鄉間被改造成了一個沒有蟲鳴蚤躍、安靜但奇異的世界。

很顯然，自然界不是靜止、被動的，也不是可以被「計劃經濟」隨意安排計劃的。人「主觀能動性」的作用必然會遭遇物的「反作用」，或高王凌所謂之「反行為」。不管是當年的政府規劃者還是大多數歷史學者，在這方面認知都不算充分。《人民的西湖》試圖更好理解人類規劃與自然界應對間的互動與糾纏。為此，本書採用「非人類研究」的思路，強調非人類特有的「能動性」如何貢獻或者阻礙於共和國時期政府改造西湖的努力。

當下研究中華人民共和國時期的著作汗牛充棟，不管是從政治、經濟、社會、文化諸多角度研究這一時期，人的作用及其遭遇始終處於歷史敘述的中心地位。例如研究解放後杭州之名著《接管杭州：城市改造與幹部蟬變 (1949–1954)》，即是以黨的南下幹部這一群體為核心。[1] 本書則轉換視角，首先遠離政治大事件及重要人物，選取地方和基層的角度來闡述毛澤東時代社會主義社會與文化的建設。其次，本書強調參與社會主義事業的不僅僅是我們習以為常的基層群眾與幹部，更是我們常常忽略的非人類（如水、淤泥、微生物、樹木、害蟲以及豬等等）。地方政府努力發動群眾改造西湖地區的青山綠水的同時，參與其中的當地老百姓以及「非人類們」在這些改造工程中做出貢獻、從中漁利或製造麻煩，不一而足。本書強調，無論人類抑或非人類，他（它）們之間的關係是共生、糾纏、互相限制又互相成就的。

本書希望傳遞的信息是，只有全面呈現人類與非人類的協同、衝突、互相適應與相互成就，才能完整地理解與描述歷史。歷史的錯綜複雜除了變幻無常的人性之外，自然界的不可預測、難以捉摸也是重要因素。這一點在寫作共和國史時尤為重要，蓋因正是在毛澤東時期，「向自然開戰」成為政府發展經濟文化的前提條件。如何將毛澤東思想和實踐中人與自然的單向關係（征服），轉變為歷史書寫中的雙向關係（互動），必然可以為未來重新認識毛澤東時代中國史提供一條新思路。

2024 年 3 月

1　高崢 (James Z. Gao) 著，李國芳譯，《接管杭州：城市改造與幹部蟬變 (1949–1954)》（香港：香港中文大學出版社，2019）。

序 言

　　我的人生之旅和學術生涯早已相互交融。我研究過的題材包括表演藝術（評彈）、報紙和新聞、小說與電影，都是我從小就極感興趣的內容。本書的主題——杭州西湖，更是我少年時代的夢想之地。我至今仍對第一次遊覽杭州的情景記憶猶新。那是1993年的五一假期，作為上海交通大學的大一學生，我和同學們擠進由上海松江開往杭州的綠皮火車，車廂內人山人海，我們只能不停地在人群中穿梭，找一小片立足之地。儘管已為這次旅行做了大量準備工作，西湖還是讓我大開眼界，它好比一位雖未及修飾但面容姣好的女子，清麗動人。此後整整十七年，我未能回到如夢似幻的杭州。2010年暑期，我終於有機會帶著幾位美國學生重訪這座城市，發現西湖已經發生了翻天覆地的變化。進入二十一世紀，隨著杭州加速推進城市化進程，西湖經歷了徹底的改造，煥然一新。湖畔的新建築和旅遊景點如雨後春筍般湧現，令我感到有些茫然，總覺得2010年的西湖不再是1993年的那泓湖水。儘管如此，我對西湖的熱愛並未消減。

　　2013年，我有機會讀到一些關於景觀研究以及景觀與意識形態相關性的著作，立刻聯想到西湖在毛澤東時代（1949–1976）的政治影響。我當時正在進行另外兩個研究項目，直到2016至2017年才有機會開始探索西湖在中華人民共和國最初二十七年的意義。起初，我嘗試闡述新中國意識形態的普及與1950至1970年代西湖景觀（再）塑造之間

的關聯。當深入研究西湖歷史時，我逐漸意識到，僅靠景觀歷史研究（landscape history）不足以全面理解，在那個熱火朝天地建設社會主義的時代，西湖發生了何種變遷。

隨著閱讀和思考的深入，非人類研究（nonhuman studies）的成果為我打開了一個新世界。非人類研究最吸引我的是一種有關「能動性」的全新認知。在以前出版的書籍和論文中，我曾經探討過評彈藝人、女性、電影製作者和報紙讀者的能動性。在本書中，我將關注點轉向了非人類的能動性，我希望讀者注意到人類能動性與非人類能動性之間的可比性。過去數十年間，西湖的自然和文化元素發生了巨大變化，為研究人類和非人類的能動性提供了一個極富說服力的案例。我希望通過這個案例，探討1949年後非人類在塑造或重塑國家政策和規劃中的作用，這是一個至今未得到充分研究的議題。

在本書的研究和寫作過程中，我有幸得到許多個人和機構的幫助。衷心感謝我在明尼蘇達大學的導師汪利平，她關於清代和民國時期杭州景觀建設和城市空間的學術成果對我頗多啟發。還要感謝王斑、王笛和傅葆石，感謝他們在幾年前對我的書稿提出寶貴意見。柯必德（Peter J. Carroll）對我在2018年亞洲研究協會年會上的發言提出了批評意見，他的觀點在一定程度上改變了這個項目的研究方向。那一年我在明尼蘇達州明尼阿波利斯市的一次會議上，分享了一篇以本書第4章為基礎的論文，在會上有幸得到水野弘美（Mizuno Hiromi）和艾仁民（Christopher Isett）的批評意見。奧克蘭大學的李妍與我分享了她關於北京空間重構的研究，激發了我將杭州與北京進行比較研究的想法。

非常感謝伊利諾伊州立大學的朋友和同事多年來對我的全力支持，尤其是Lou Perez、Lariss Kennedy、Ross Kennedy、Alan Lessoff、Georgia Tsouvala、Agbenyega Adedze、Tony Crubaugh以及Linda Clemmons諸位教授。對於我在研究中遇到的俄語術語，Christine Varga-Harris教授總是不吝賜教。伊利諾伊大學文理學院曾幾次為我提供研究資助。過去數年，在我前往杭州期間，當地的朋友和學生給予各種無私幫助：衷心感

謝湯曉閔、顧素華、孫蓓蓓、孫放、杜予平、王卓君、唐志浩、王誠、王可成以及張盛滿。浙江省檔案館、杭州市檔案館和浙江省圖書館的工作人員提供熱心幫助。浙江農林大學的朋友們，尤其是葛丹丹和曾為，也對我的研究計劃提供全力支持。

感謝上海幾個高校的朋友和同行分享他們的觀點和研究資料。姜進教授邀請我在華東師範大學舉辦了兩次講座，姜教授當時的研究生李尚陽還幫我找到了一些重要的一手資料。華東師範大學的阮清華教授為我的講座做出周詳安排。講座期間我見到了劉彥文博士，她關於甘肅引洮上山水利工程的研究給了我很多啟發。我還要特別感謝復旦大學的朋友們。2017年，復旦大學社會發展與公共政策學院的潘天舒和朱劍鋒邀請我參加他們組織的一次小型會議，這是我第一次在公共場合談論關於西湖的研究。2000年代初，我和劍鋒在明尼蘇達大學一同求學並成為好友，至今仍常常分享各自的想法和學術信息。2018年，上海大學的張勇安和陶飛亞請我做一個關於公共園林建設的講座。2020年，上大的夏昀教授邀請我為她的學生們講授一門關於非人類研究的網上課程，學生們在課堂上的看法和意見加深了我對西湖問題的思考。

在寫作本書的過程中，我對杭州城市史的研究獲得了台灣中央研究院巫仁恕博士的肯定，巫博士邀請我為他的中國城市系列叢書撰寫導言。多年來，我在伊利諾伊州立大學的碩士生談冠華一直耐心傾聽我關於本書的想法。在準備書稿的最後階段，香港樹仁大學的同事們給予了無私幫助。在本書即將付梓之時，上海文化廣播影視集團的李東鵬博士與我分享了一部1950年代的西湖紀錄片。朋友朱絳慷慨地允許我在書中使用他的一張照片。非常感謝夏威夷大學出版社的池田萬紗子 (Masako Ikeda) 女士在出版過程中給予我的幫助。最後，我還要感謝家人——我的母親、妻子、姐姐和兩隻小貓。我很幸運能得到你們所有人的支持。

書中某些章節的初稿曾以學術論文形式發表，特此感謝期刊編輯和匿名評審人。第2章曾以〈「花港觀魚」：景觀、空間與毛時代中國的宣

傳國家〉為題，發表於《二十世紀中國》（第46卷，第2期[2021年5月]，頁181–198）。[1] 第3章部分內容曾以〈造林、宣傳與能動性：以毛時代的杭州為例〉為題，發表於《現代亞洲研究》（第56卷，第1期[2022]，頁378–406）。[2]

1　"'Watching Fish at the Flower Harbor': Landscape, Space, and the Propaganda State in Mao's China," *Twentieth-Century China* 46.2 (May 2021): 181–198.

2　"Afforestation, Propaganda, and Agency: The Case of Hangzhou in Mao's China," *Modern Asian Studies* 56.1 (2022): 378–406.

導　言

　　朝鮮戰爭 (1950–1953) 激戰正酣的 1952 年，朝鮮民主主義人民共和國詩人洪淳哲率隊訪問中國四個月。洪在此期間創作了一本詩集，留下許多讚美中國共產黨領導下新中國的頌歌，其中他專為杭州西湖作長詩一首，題為〈歌頌人民的西湖〉。詩中主題明晰：在舊社會，西湖是「封建地主」、「寄生蟲」、「吸血鬼」的玩物；而在「新中國」，同一片湖水已為「勞動人民」所擁有。詩歌結尾寫道：

> 勞動人民的鮮血造成的這個樂園裡，
> 在那些曾騎在勞動人民頭上的寄生蟲們坐過的地方，
> 已經坐上了勞動人民；
> 千百年來遭受踐踏的西湖，
> 已經變成了新中國人民的西湖。[1]

　　差不多同時，德高望重的教育家、實業家和政治活動家黃炎培 (1878–1965) 亦曾創作西湖組詩十四首，遍述其個人對於新中國西湖的感受，詩歌的主題包括「水庫」、「舟子」、「僧道」及「革命烈士」等。組

1　洪淳哲，《光榮屬於你們：訪華詩鈔》(北京：人民文學出版社，1952)，頁 113–115。

詩最後以題為〈人民西湖〉的七言絕句作結，詩中黃炎培表達了類似的
觀點：

> 萬國簪裙友好濃，新妝襟筆舞勞工。
> 湖山今日人民有，處處紅旗照水紅。[2]

此二首詩涉及同一個關鍵詞——「人民」。馮麗達（Krista Van Fleit
Hang）認為，在中華人民共和國建國初期，「人民」是政府部門職位和組
織機構的修飾語，用於傳達一種「新中國誕生的樂觀情緒」。[3]「人民」一
詞貫穿中華人民共和國的歷史，適用於各類不同的政治環境，構成了中
共政府的權力合法性來源。[4] 阿敏達‧史密斯（Aminda Smith）指出，「人
民」這個被高度政治化但定義不明的類別，最初象徵著一個集體，「它
超越工農業勞動者，將知識分子、遊民乃至資產階級也包括在內。」[5]
然而，「人民」和敵人之間的界限在不斷變化。[6] 借用古斯塔夫‧勒龐
（Gustave Le Bon）的說法，「人民」始終被「樹立為一種神秘的實體」。[7]

這個「神秘的實體」在上述兩首詩中有了新的維度——國際主義。
這一特色正是當時國際社會主義運動大背景的反映。在北韓詩人洪淳哲
的詩中，清風徐來、水波不興的西湖象徵著世界「人民」孜孜以求的和
平與繁榮，和帝國主義擴張造成的戰爭與動亂形成極大反差。[8] 黃炎培
則強調西湖新的功能，即這一風景名勝已成為全世界人民的相聚之地。

2　黃方毅編，《黃炎培詩集》（北京：人民出版社，2014），頁 332–338。

3　Krista Van Fleit Hang, *Literature the People Love: Reading Chinese Texts from the Early
Maoist Period (1949–1966)* (London: Palgrave MacMillan, 2013), 7.

4　Hung Wu, *Remaking Beijing: Tiananmen Square and the Creation of a Political Space*
(Chicago: The University of Chicago Press, 2005), 85.

5　Aminda M. Smith, *Thought Reform and China's Dangerous Classes: Reeducation,
Resistance, and the People* (Lanham, MA: Rowman & Littlefield, 2013), 28.

6　同上，頁 222。

7　Gustave Le Bon, *The Psychology of Revolution* (Mineola, NY: Dover, 2004), 69.

8　洪淳哲，《光榮屬於你們：訪華詩鈔》，頁 128。

在這個意義上，「人民」的範疇超越國界，彰顯出一種社會主義下的國際主義。社會主義國際主義者不僅有意識地建立「一種秉持相同價值觀、思想體系和風格的共同文化」，[9] 更容許乃至「強調各民族文化之間的差異」。[10] 既然社會主義的國際主義提倡融合各民族文化，同時又突出其獨特性，那麼杭州 —— 這個歷史上著名的國際大都市，威尼斯探險家馬可・波羅 (1254–1324) 最心心念念的地方[11] —— 無疑是研究毛澤東時期 (1949–1976)「自然」這一概念的變遷及其在國內外政治影響的不二之選。

　　本書聚焦於毛澤東時代的中國，著重介紹共產黨治下的新政權如何通過重置空間、重塑景觀（包括風景性景觀和生產性景觀）以及改造文化來打造「人民的西湖」。本書將綜合討論1950年代至1970年代在西湖地區推行的五項舉措：西湖疏浚工程、花港觀魚公園建設、植樹造林運動、西湖地區村莊集體化養豬事業，以及西湖周邊的兩次平墳運動。一方面，上述工程或政策達到了下列切實可見的成果 —— 有足夠水深的西湖、一個風景優美的大型公共園林、一大片繞湖的青山、蓬勃發展的養豬業和不斷提高的豬肥生產力，以及幾乎所有墳墓都消失殆盡的湖景；另一方面，這些舉措也成為黨在人民群眾中間宣傳新時代新社會的極好素材。因此，我將這些工程稱為「宣傳－運動工程」。在「人民的西湖」這一表述中，作為修飾語的「人民」具有雙重含義：他們既是中國城市和自然空間的新主人，也需要接受黨的再教育。正如阿甘本 (Giorgio

---

9　Nicolai Volland, "Clandestine Cosmopolitanism: Foreign Literature in the People's Republic of China, 1957–1977," *The Journal of Asian Studies* 76.1 (February 2017): 186.

10　Kyrill Kunakhovich, "Ties That Bind, Ties That Divide: Second World Cultural Exchange at the Grassroots," in *Socialist Internationalism in the Cold War: Exploring the Second World*, ed. Patryk Babiracki and Austin Jersild (London: Palgrave Macmillan, 2016), 136.

11　Hewlett Johnson, *China's New Creative Age* (Westport, CT: Greenwood Press, 1973), 44.

Agamben）所述，「人民」既是「統一政體的公民綜合體」，也是被領導階層的成員。[12]

其次，中國共產黨改造西湖地區的嘗試為人類與非人類參與者創造了新的可能性。他（它）們可能從當局的規劃中獲益，也可能阻礙甚至破壞這些規劃。對於毛澤東時代下人民對黨的政策的反應，不少學者頗為關注。以毛時代的杭州為例，已故學者高崢曾指出，當地市民有時會對強加於他們的「顛覆性變革」非常抵觸，需要一定的調整。[13] 而這種調整往往是雙向的，比如南下幹部對杭州本地生活方式進行了有意識的自我適應（如接受飲茶文化等）。[14] 相比之下，本書更著重探討人類與非人類（包括水、微生物、水生植物、公園、豬、樹木、害蟲和墳墓等等）的「能動性」（agency），如何影響、偏離或阻礙新政權的社會政治規劃。本書批判的一個對象是將人類與自然界存在物區分開的「兩分法」。眾所周知，雖然這種區分是「非歷史」的（即無視歷史觀點與歷史語境，將一些概念看作超越歷史的存在），但不管是在學術書寫還是保育政策理念中都相當常見。基於這種非歷史的兩分法，一些著作指摘毛時代的政策侵擾了自然界的原生和穩定狀態。他們認為，若非人為介入，自然本應不受外力影響，亦可避免生態惡化的災難。[15] 比如夏竹麗（Judith Shapiro）之《毛與自然的戰爭：革命時期中國的政治與環境》（*Mao's War Against Nature: Politics and the Environment in Revolutionary China*）將共和國

---

12 Giorgio Agamben, *Homo Sacer: Sovereign Power and Bare Life*, trans. Daniel Heller-Roazen (Stanford: Stanford University Press, 1998), 176.

13 James Z. Gao, *The Communist Takeover of Hangzhou: The Transformation of City and Cadre, 1949–1954* (Honolulu: University of Hawai'i Press, 2004), 216.

14 同上，頁 155–156。

15 Michael R. Dove, Percy E. Sajise, and Amity A. Doolittle, "Introduction: Changing Ways of Thinking about the Relations between Society and Environment," in *Beyond the Sacred Forest: Complicating Conservation in Southeast Asia*, ed. Michael R. Dove, Percy E. Sajise, and Amity A. Doolittle (Durham: Duke University Press, 2011), 21.

時期黨的經濟政策以及人的活動與自然對立起來。[16] 而本書將中華人民共和國早期特殊的政治文化置於更大的歷史背景下。在這一時期，中國取得了一些引人注目的成就，但在重建環境的過程中問題也隨之而來。借用大衛・哈維 (David Harvey) 的說法，與其他政權一樣，1949 年後中國的社會政治有其自身特有的「生態困難」。[17] 因此，本書將重點探討政府和人民前所未有的改造西湖大規模運動中，自然、政治和文化之間複雜關係的歷史性。

毛澤東時代的西湖與杭州

作為南宋 (1127–1270) 都城 (稱為「行在」或「行都」)，杭州是南宋盛衰興敗的一個縮影。[18] 南宋滅亡後，杭州成為「中國的文化地標」。[19] 與此同時，由於持續不斷的疏浚和維護工程，西湖在千年中渡過了嚴重淤積和沼澤化的危機。[20] 因此，有人認為西湖早就是一個人造水體。這種說法在學界得到普遍認同。例如汪利平在其博士論文中強調「西湖景

16 Judith Shapiro, *Mao's War Against Nature: Politics and the Environment in Revolutionary China* (Cambridge: Cambridge University Press, 2001).

17 David Harvey, *Justice, Nature and the Geography of Difference* (Oxford: Blackwell, 1996), 189.

18 Christian de Pee and Joseph Lam, "Introduction," in *Senses of the City: Perceptions of Hangzhou and Southern Song China, 1127–1279*, ed. Joseph S. C. Lam, Shuen-fu Lin, Christian de Pee, and Martin Powers (Hong Kong: The Chinese University of Hong Kong Press, 2017), xiv.

19 Xiaolin Duan, *The Rise of West Lake: A Cultural Landmark in the Song Dynasty* (Seattle: Washington University Press, 2020), 3.

20 《浙江省水文志》編纂委員會，《浙江省水文志》(北京：中華書局，2000)，頁 137。

觀的人工性」。[21] 清朝（1644–1911）滅亡後，地方政府和商家開始利用西湖美景以及與杭州相關的文化想像，發展旅遊事業。[22] 1916年滬杭鐵路建成後，以吸引上海遊客為目的的商業旅遊更成為杭州的經濟支柱。如此，二十世紀上半葉的杭州成為典型的「消費城市」。但中國共產黨長期以來一直致力於將「消費城市」轉型為「生產城市」。早在建國前半年多，《人民日報》發表社論〈把消費城市變成生產城市〉，定下改造中國城市的基調。[23] 然而，將杭州轉變為生產型或工業型城市的嘗試並未如中共設想的那般順利。正如迪恩‧拉格（Dean Rugg）指出，共產主義國家中絕大多數城市都可定義為「部分轉型」的城市，因為政府雄心勃勃的城市開發工程和工業化項目往往受到「舊的歷史因素」的制約。[24] 杭州正是這類城市的典型代表。1950年代初，蘇聯城市規劃專家穆欣（A. C. Maxim）提議，「將杭州發展為一個以休閒、旅遊和文化活動為主的城市」，並建設成「國際會議的中心……享有『東方日內瓦』的美譽」。這一建議令杭州的改造與規劃愈加複雜。因此，第一個五年計劃期間（1953–1957），中央並無意將杭州工業化。高崢觀察到，第一個五年計劃的697個主要工業項目無一落地杭州。[25]

　　穆欣的意見並非中共重新定位杭州的唯一原因。毛主席的個人志趣也推動了杭州的空間和文化規劃。1953年12月至1954年3月，毛主席為起草中華人民共和國第一部憲法在杭州逗留數月，從此便格外喜愛這座城市，稱杭州為他的「第三故鄉」。1953年到1975年，他訪問杭州

21　Liping Wang, "Paradise for Sale: Urban Space and Tourism in the Social Transformation of Hangzhou, 1589–1937" (Ph.D. Dissertation, University of California, San Diego, 1997), 8.

22　同上，頁343。

23　〈把消費城市變成生產城市〉，《人民日報》，1949年3月17日。

24　Dean S. Rugg, *Spatial Foundations of Urbanism* (2nd Edition) (Dubuque, IA: Wm. C. Brown, 1979), 314.

25　Gao, *The Communist Takeover of Hangzhou*, 217–218.

多達40餘次，杭州的一個別墅群成為毛在北京之外的「紫禁城」。[26] 由於毛主席對杭州情有獨鍾，其私人攝影師侯波（1924–2017）曾戲言，可以考慮將杭州設為中國的「兩個首都」之一或者位於南方的首都。[27]

　　在整個毛澤東時代，杭州的地位始終非常突出。1950年代初期，浙江省委書記譚震林（1902–1983）[28] 和杭州市委主要領導王平夷（1912–1970）[29] 都曾將杭州比喻為「東方日內瓦」，並指示加快完善設施建設與文物修復工作，以服務國內外廣大遊客。為此，專為高層領導和外賓而設的高級旅館如雨後春筍般湧現。其中既有重新建造的，也有在舊有的別墅或寺院為基礎上翻新的。較為著名的有杭州飯店（於1956年完成）和劉莊（於1953年和1958年兩次改建）。在中華人民共和國成立後的前三十年，杭州接待了為數眾多的外國高層訪客，包括蘇聯最高蘇維埃主席團主席克利緬特·伏羅希洛夫（Kliment Voroshilov，1881–1969）、印度尼西亞總統蘇加諾（Sukarno，1901–1970）、柬埔寨王國諾羅敦·西哈努克親王（Norodom Sihanouk，1922–2012），以及美國總統理查德·尼克松（Richard Nixon，1913–1994）。1972年2月26日，尼克松總統在劉莊下榻，當晚掛字酌句，為起草並簽署具有劃時代意義的《上海公報》做最後準備。[30] 可見，在整個毛澤東時代，杭州的文化意義和政治價值無可比擬，對杭州的改造也成為黨政治目的指引下重塑自然和城市空間的一大標誌。

26　同上，頁221–222。

27　葉建新，《毛澤東與西湖》（杭州：杭州出版社，2005），頁133。

28　余森文，〈杭州解放後17年的園林建設〉，載政協杭州市委員會文史委編，《杭州文史資料（第19輯）》（1997），頁153。

29　趙信毅，〈王平夷同志在杭州〉，載政協杭州市委員會文史委編，《杭州文史資料（第7輯）》（杭州：政協杭州市委員會文史資料研究委員會，1986），頁4。

30　Richard Nixon, *RN: The Memoirs of Richard Nixon* (New York: Grosset & Dunlap, 1978), 573.

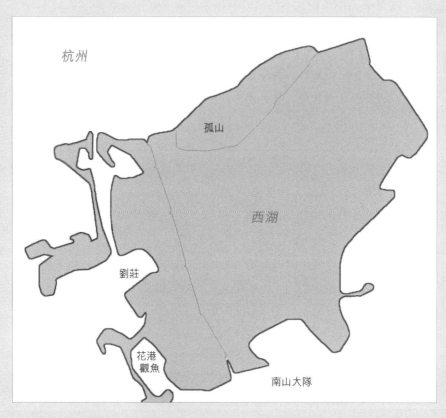

圖 0.1　西湖地圖。「花港觀魚」是第 2 章中探討的新設計建造公園。「劉莊」
　　　　是毛澤東寓居的別墅。「南山大隊」是第 4 章中討論的養豬示範單
　　　　位。「孤山」是墳墓群的所在地，將在第 5 章中詳細討論。

政治宣傳與宣傳國家

　　1949年後，中國共產黨將建設「毛的新世界」（洪長泰語）提上日程。洪認為，要實現這一目標，在空間上重塑中國至關重要。[31] 因此，重建城市（如北京）是黨致力於將中國轉變為一個宣傳國家的重要環節。[32] 彼得・凱內斯（Peter Kenez）認為，蘇聯之所以是一個「宣傳國家」，是因為傳播政治理念「對國家政策的形成與執行至關重要」。[33] 而洪長泰主張，中國是比蘇聯更有效的宣傳國家。[34] 大衛・布蘭登勃格（David Brandenberger）進一步豐富了宣傳國家的概念，他建議從三個不同的角度評估宣傳的效果——「製造、輸出和大眾接受」。在布蘭登勃格看來，這三者之間的不一致導致斯大林統治下的蘇聯在共產主義意識形態的宣傳方面收效不佳，最終消弭了宣傳國家運作的效力。[35] 這三個方面中，研究中共和中華人民共和國的學者往往聚焦於「製造」這一核心問題。對他們而言，「propaganda」一詞雖在英文中常含貶義，但在中國政治和文化的語境中卻是可以接受的，因為常用於翻譯「propaganda」的中文詞彙「宣傳」，意指「宣揚自己認為正確的理念，含有宣揚正統觀念的

31　Chang-tai Hung, *Mao's New World: Political Culture in the Early People's Republic* (Ithaca, NY: Cornell University Press, 2011), 8. 這類研究還包括 Wu, *Remaking Beijing*; Shuishan Yu, *Chang'an Avenue and the Modernization of Chinese Architecture* (Seattle: University of Washington Press, 2012); Yan Li, *China's Soviet Dream: Propaganda, Culture, and Popular Imagination* (London: Routledge, 2018)。

32　關於中國共產黨如何努力將北京改造為一個重要的政治空間，請參見 Chang-tai Hung, *Politics of Control: Creating Red Culture in the Early People's Republic of China* (Honolulu: University of Hawai'i Press, 2021), 131–150。

33　Peter Kenez, *The Birth of the Propaganda State: Soviet Methods of Mass Mobilization, 1917–1929* (Cambridge, UK: Cambridge University Press, 1985), 8.

34　Hung, *Mao's New World*, 18.

35　David Brandenberger, *Propaganda State in Crisis: Soviet Ideology, Indoctrination, and Terror under Stalin, 1927–1941* (New Haven, CT: Yale University Press, 2011), 12.

意味」。[36] 最近，鄧騰克（Kirk Denton）將「宣傳」在中國的起源追溯至《詩經》，蓋閱讀《詩經》的目的即是利用文化文本以影響人們認知及其道德行為。鄧騰克認為，從歷史角度來看，「宣傳」或「propaganda」在中國從未被視為「反常」或「不法」行為。[37]

　　鄧騰克還發現，近年來關於毛時代中國的學術研究表現出一種日益顯著的趨勢，即拒絕「使用『宣傳』一詞」。相反，學者們將毛時代產生的文本認認真真作為文學、戲劇、電影、藝術等進行研究。[38] 鄧騰克的觀察表明，目前共產主義意識形態研究的重點正從「製造」轉向在基層的傳播和接受（即布蘭登勃格模式中的「大眾接受」）。學者們也日益發現毛時代並不存在那種統一和普遍的「官方」或「國家」文化。[39] 正如梅嘉樂（Barbara Mittler）所言，「與其說『宣傳對人民做了什麼』，不如說是『人民對宣傳做了什麼』」。[40] 一方面，上層當局宣傳其規範和價值；另一方面，地方基層幹部和群眾對這些訊息的接受不僅具有選擇性，而且參差不一、流於表面。如此，上層與地方存在一定的差距，學界對此已給予很多關注。此處值得注意的是，彼得·凱內斯提出了宣傳的一個關鍵方面：宣傳並非完全為了說服「人們去做違背其意願之事」，更多是為了界定何為共產主義政權下的政治制度。[41]

36　Timothy Cheek, *Propaganda and Culture in Mao's China: Deng Tuo and the Intelligentsia* (Oxford, UK: Clarendon Press, 1997), 14.

37　Kirk Denton, "What Do You Do with Cultural 'Propaganda' of the Mao Era?," *The PRC History Review* 4.2 (August 2019): 1.

38　同上。

39　Matthew D. Johnson, "Beneath the Propaganda State: Official and Unofficial Cultural Landscapes in Shanghai, 1949–1965," in *Maoism at the Grassroots: Everyday Life in China's Era of High Socialism*, ed. Jeremy Brown and Matthew D. Johnson (Cambridge, MA: Harvard University Press, 2015), 199.

40　Barbara Mittler, *A Continuous Revolution: Making Sense of Cultural Revolution* (Cambridge, MA: Harvard University Press, 2016), 12.

41　Peter Kenez, *Cinema and Soviet Society from the Revolution to the Death of Stalin* (London: I. B. Tauris, 2001), 224.

在凱內斯及與其觀點類似的學者看來，宣傳是以語言為中心的。例如，1920年代蘇聯的宣傳工作創造出一種「新的政治語言」，並要求群眾熟練掌握這種語言。[42] 換言之，工人和農民需要學習如何「說布爾什維克語」。[43] 所謂「布爾什維克語」自然不是一種新的語言，而是一種全新的表達方式。[44] 儘管洪長泰開始擺脫這種以語言為中心的研究範式，但他仍然指出，毛時代中國誕生了一種「革命的新語言」，包括「激進的口號、愛國歌曲和政治術語」，為新政權提供了「一種有力的溝通工具」和詮釋方法。[45] 不過，這種語言並非只為溝通而生。最近的學術研究表明，這種新語言不一定主要是「訊息共享手段」，而是群眾一種認識並認可新的社會政治局面的生活「策略」。[46]

在新的社會政治情況中，宣傳也可以是一種生產力，在塑造「個人的自我意識」方面尤其如此。[47] 唐小兵指出，在1960年代的中國，理解民族主義認同的宣傳言論，參與「集體生活」以及關心「國家命運」，為年輕一代提供了一種「藝術性體驗」。[48] 本書為所謂「生產力」賦予一層新的含義。雖然現有的學術研究傾向於將中華人民共和國成立初期的經

42 Kenez, *The Birth of the Propaganda State*, 253.

43 Stephen Kotkin, *Magnetic Mountain: Stalinism as a Civilization* (Berkeley: University of California Press, 1997), 236.

44 Christina Kiaer and Eric Naiman, "Introduction," in *Everyday Life in Early Soviet Russia: Taking the Revolution Inside*, ed. Christina Kiaer and Eric Naiman (Bloomington, IN: Indiana University Press, 2006), 6.

45 Hung, *Mao's New World*, 2.

46 Botakoz Kassymbekova, *Despite Cultures: Early Soviet Rule in Tajikistan* (Pittsburgh, PA: University of Pittsburgh Press, 2016), 3–9.

47 Jochen Hellbeck, "Working, Struggling, Becoming: Stalin-Era Autobiographical Texts," in *Stalinism: The Essential Readings*, ed. David L. Hoffmann (Malden, MA: Blackwell, 2003), 185.

48 Xiaobing Tang, *Chinese Modern: The Heroic and the Quotidian* (Durham, NC: Duke University Press, 2000), 165–195.

濟現代化建設和「強化政體」的宣傳運動視為兩種互相對立的政策,[49] 但
本書力求將二者統一,一方面宣傳能夠帶來具有社會經濟效用的成果,
即本書聚焦的公共工程項目;另一方面,通過公共工程的建設與使用,
社會主義意識形態又得以公開闡述和普及。本書討論的所有工程都旨在
實現切實可見的成效,加強新中國政治制度的合法性。因此,我稱之為
「宣傳-運動工程」。首先,啟動這些工程的一個關鍵動機,就是為展
現社會主義相對於封建主義和資本主義社會無可爭議的優越性。李侃如
(Kenneth Lieberthal) 發現,新中國早期開展的許多運動無非是已經在進
行的運動之延續。然而在官方引導下,群眾感覺這些運動「開展得很突
然,影響更加廣泛」。換言之,實質性的改變固然重要,但政府所表現
出變革的意願以影響大眾對新政權的看法同樣不可忽視。[50]

　　其次,地方上的宣傳運動響應了國家層面的政治運動,甚至有時候
為後者開了先河。前者如城市從消費向生產轉型的倡議、農業集體化運
動以及植樹造林運動,後者如「破四舊」運動。第三,長期以來,這類
項目因為成本過高、遠超收益,要麼往往不受重視,[51] 要麼被視為「全面
災難」而備受詬病;[52] 儘管如此,我希望指出以下事實:宣傳運動不僅
產生了經濟效益,也於政治有所裨益。這些工程的目的也不僅僅是為了
實現經濟、文化和生態目標,而是為了向普通民眾展示社會主義制度運

49　Ezra F. Vogel, *Canton under Communism: Programs and Politics in a Provincial Capital, 1949–1968* (Cambridge, MA: Harvard University Press, 1969), 351.

50　Kenneth G. Lieberthal, *Revolution and Tradition in Tientsin, 1949–1952* (Stanford, CA: Stanford University Press, 1980), 8. 傅高義 (Ezra Vogel) 同樣發現,中國共產黨在1950年代早期的做法「理性遵循了解放前已有的趨勢」。請參見 Vogel, *Canton under Communism*, 350。

51　Rhoads Murphey, "Man and Nature in China," *Modern Asian Studies* 1.4 (1967): 330.

52　James C. Scott, *Seeing Like a State: How Certain Schemes to Improve the Human Condition Have Failed* (New Haven and London: Yale University Press, 1998), 4.

作模式的種種方面，例如大規模勞動力動員、[53] 以「勞動視角」進行意識形態的宣傳、[54] 國家提倡的自力更生等等不一而足。再次引用凱內斯的說法，這些項目「有助於界定」何為中國的社會主義。關於國家與地方之間的關係，詹姆斯‧斯科特 (James Scott) 有如下觀點：國家主導的項目往往使國家「更易辨別本國的地形、產品和勞動力」。[55] 但本書描述的正好是一個相反的情況，即通過宣傳－運動工程，地方群眾更容易認識與參與黨國的國家政策。

更重要的是，「宣傳－運動」這一概念揭示出最近有關毛澤東時代關於中國的學術研究中一個有趣但費解的方面：對於新中國政權所取得的矚目成就與其未能實現的目標，兩種相對立的敘述同時存在。一方面，有學者認為，中國共產黨通過工業化的努力和發展科技，成功建立並維持了一個社會政治體系 (哪怕在最動盪的「文化大革命」年代 [1966–1976] 也不例外[56])；另一方面，有觀點認為政府政策的實施遠談不上成功。比如，儘管中國共產黨在地方一級組織動員了普通黨員，將權力分佈在「中國幅員遼闊卻發展不均的廣闊疆土」上；[57] 但同時也有學術著作表明，基層官員往往根據當地情況，重新詮釋、修改、偏離甚至違背來

53 David A. Pietz, *The Yellow River: The Problem of Water in Modern China* (Cambridge, MA: Harvard University Press, 2015), 3; Miriam Gross, *Farewell to the God of Plague: Chairman Mao's Campaign to Deworm China* (Berkeley: University of California Press, 2016), 240; 劉彥文，《工地社會：引洮上山水利工程的革命、集體主義與現代化》(北京：社會科學文獻出版社，2018)，頁9。

54 Smith, *Thought Reform and China's Dangerous Classes*, 4–5.

55 Scott, *Seeing Like a State*, 2.

56 Darryl E. Brock and Chunjuan Nancy Wei, "Introduction: Reassessing the Great Proletarian Cultural Revolution," in *Mr. Science and Chairman Mao's Cultural Revolution*, ed. Chunjuan Nancy Wei and Darryl E. Brock (Lanham, MD: Lexington Books, 2014), 29.

57 Daniel Koss, *Where the Party Rules: The Rank and File of China's Communist State* (Cambridge, UK: Cambridge University Press, 2018), 3–6.

自上層的指令。[58] 就自然環境而言，雖然傑克‧韋斯托比 (Jack Westoby)
極力稱讚中華人民共和國推動了「全世界有史以來最大規模的植樹造林
活動」; [59] 但其他學者則認為，國家對森林的大規模破壞代表了其對自然
的態度。[60] 同樣，洪長泰認為，中國創造了一個比蘇聯更有效的「宣傳
國家」; [61] 然而，其他學者提出了反例，指出中國共產黨未能建立一個統

58　例如Joseph W. Esherick, "Deconstructing the Construction of the Party-State: Gulin County in the Shaan-Gan-Ning Border Region," *China Quarterly* 140 (December 1994): 1078; Sheldon H. Lu, "Introduction: Cinema, Ecology, Modernity," in *Chinese Ecocinema: In the Age of Environmental Challenge*, ed. Sheldon H. Lu and Jiayan Mi (Hong Kong: Hong Kong University Press, 2009), 3; Gail Hershatter, *The Gender of Memory: Rural Women and China's Collective Past* (Berkeley: University of California Press, 2011), 14; Qiliang He, *Gilded Voices: Economics, Politics, and Storytelling in the Yangzi Delta since 1949* (Leiden, the Netherlands: Brill, 2012); Jeremy Brown and Matthew D. Johnson, "Introduction," in *Maoism at the Grassroots: Everyday Life in China's Era of High Socialism*, ed. Jeremy Brown and Matthew D. Johnson (Cambridge, MA: Harvard University Press, 2015), 3; Xiaoping Sun, "War against the Earth: Military Farming in Communist Manchuria, 1949–75," in *Empire and Environment in the Making of Manchuria*, ed. Norman Smith (Vancouver: UBC Press, 2017), 252–253。

59　Jack C. Westoby, "'Making Green the Motherland': Forestry in China," in *China's Road to Development*, ed. Neville Maxwell (Oxford, UK: Pergamon Press, 1979), 231.

60　Vaclav Smil, *The Bad Earth: Environmental Degradation in China* (Armonk, NY: M. E. Sharpe, 1984), 7; Vaclav Smil, *China's Environment Crisis: An Inquiry into the Limits of National Development* (Armonk, NY: M. E. Sharpe, 1993); Judith Shapiro, *Mao's War against Nature: Politics and the Environment in Revolutionary China* (Cambridge, UK: Cambridge University Press, 2001), 1; Geoffrey Murray and Ian G. Cook, *Green China: Seeking Ecological Alternatives* (London and New York: Routledge Curzon, 2002), 38; Robert B. Marks, *China: Its Environment and History* (Lanham, MD: Rowman & Littlefield, 2012), 276.

61　Hung, *Mao's New World*, 19.

一的「由國家創造的官方文化」,[62] 國家亦未能在毛澤東時代完全資助並掌控藝術家和表演者。[63]

這些敘述看似互相對立,卻並非不可調和。我的主張是,如果從「垂直視角」(即從國家的角度)來看,這些項目在很大程度上是成功的,但從「側面視角」來看,它們卻給當地的個人和社群帶來諸多問題。在段義孚的分析中,垂直視角將景觀作為「一個範疇」或「一個工作單位」,便於自上而下的規劃,而側面視角中的景觀則是「人們行動的空間」。[64] 同樣,賀蕭 (Gail Hershatter) 認為,1949 年後的中國存在兩種不同的時間性:一是「運動時間」(campaign time)——在一定程度上本書的「宣傳-運動工程」一詞即來自於此,二是「家庭時間」(domestic time)。「運動時間」「根據國家的舉措和民眾的參與」來衡量社會現狀,[65] 而在「家庭時間」中,婦女忙於「餵養、照顧越來越多的孩子」。賀蕭總結道,由於家庭時間和運動時間在婦女的日常生活中糾纏在一起,「政治變革的官方敘事」並不能還原個人或社群生活的全部,個人的敘事也相當重要。[66]

本書將採取略微不同的角度,來思考宣傳-運動工程的兩種時間性。在這裡,「運動時間」通常跨度很短,是特定工程進行政治動員和媒體曝光的即時時期。但從長遠來看,和世界上的其他基礎設施一樣,這些工程都會隨著時間推移而破損,需要人力不停地「管理、維護和整修,挑戰著人類的知識和掌控能力」。[67] 這種長期、漸進而繁瑣的過程,即是當地人所經歷的「家庭時間」,通常無法持續性地高調宣傳,因此

62　Johnson, "Beneath the Propaganda State," 228.

63　He, *Gilded Voices*.

64　Yi-fu Tuan, "Thought and Landscape: The Eye and the Mind's Eye," in *The Interpretation of Ordinary Landscapes: Geographical Essays*, ed. D. W. Meinig (Oxford, UK: Oxford University Press, 1979), 90.

65　Hershatter, *The Gender of Memory*, 4.

66　同上,頁 287–288。

67　Nikhil Anand, *Hydraulic City: Water and the Infrastructures of Citizenship in Mumbai* (Durham, NC: Duke University Press, 2017), 12.

往往被政府宣傳機構忽視。因此，對於宣傳－運動工程的策劃執行者
而言，相比建設完成之後所需的長時間維護工作，一次性的建設行為更
容易成為宣傳對象。這也導致了對同一項目的兩種解讀：宣傳機構大力
宣揚項目啟動時的巨大成功，但日常生活中的個人或者更加關心項目的
長期維護需要的努力，同時意圖在這些項目中得到好處。這種差異性在
疏浚西湖工程和西湖沿岸的植樹造林運動中表現得尤其突出。對於西湖
周邊和附近山林中的居民來說，他們面對的日常現實與宣傳－運動工
程中大張旗鼓宣傳的觀點可能並不一致。[68]

　　政府制定的藍圖與個人的生活經驗之間存在的差距，正是本書研究
毛澤東時代中國宣傳－運動工程的核心所在。一方面，這些工程的規
劃和實施，不僅是國家主導的宣傳工具，而且建立了一個地方民眾與國
家互動的框架。在這一框架下，民眾在社會主義體制下自行塑造其主體
性。另一方面，地方上的個人對於工程成果的體驗和使用，常常與政府
預期的不盡相同。有時候，宣傳－運動工程造成了一系列財政、社會
和生態問題，給當地社區帶來問題。因此，這些工程產生了兩種不同的
結果或「真相」：完成這些通常成本很高，但其實際使用價值無可置疑的
工程可以展現中國共產黨徹底改變中國自然和社會文化景觀的信念，並
為當地居民帶來了新的體驗。同時，居民對於這些工程的反應多種多
樣：興奮、訝異或困擾，不一而足。舒喜樂（Sigrid Schmalzer）曾經提出
毛澤東時代兩種「真相」的問題，即不吝溢美之詞讚揚中國社會主義和
相對負面的敘述並存。在她看來，這兩種「真相」相互不可替代，因為
它們來源不同，分別出現在1970年代和後毛澤東時代這兩個不同的歷
史時期。[69] 在此，本書認為這兩種「真相」的產生不僅僅是一個時間問題

68　Alexei Yurchak, *Everything Was Forever, Until It Was No More: The Last Soviet
　　Generation* (Princeton, NJ: Princeton University Press, 2005), 8.

69　Sigrid Schmalzer, "On the Appropriate Use of Rose-Colored Glasses: Reflections on
　　Science in Socialist China," in *Mr. Science and Chairman Mao's Cultural Revolution*,
　　ed. Chunjuan Nancy Wei and Darryl E. Brock (Lanham, MD: Lexington Books,
　　2014), 358.

(不同的歷史時期)，也是一個空間問題(即不同的經驗或「視角」的產物，亦即段義孚所謂的垂直視角和側面視角)。美國記者、專家和學者早在1970年代就對毛時代中國的技術進步給出了積極正面的評價。這本身就說明，作為一種對外宣傳手段，這些工程卓有成效，有助於為這個內外交困的新政權在國內外贏得合法性。

自然

對於西湖和杭州的改造工程，1971年《紐約時報》刊登的一則新聞最能說明「垂直視角」下的一種真相：

> 這座可愛的花園城市坐擁著超凡脫俗的西湖，現已被改造成一個大型工業綜合城市。但對於曾在1949年中共在大陸掌權之前就造訪過杭州的美國人而言，如果他們重回杭州，會發現工業化並未破壞杭州人口中的「人間天堂」。[70]

在記者的筆下，共和國新政權不僅成功將西湖建設成為一個風景如畫的旅遊景點(「人間天堂」)，並且順利將其轉型為生產型的工業城市，對此記者給予了積極的評價。正如本書所示，這一敘事與中共關於「生產型城市」的戰略不謀而合。然而，這種理想化的圖景與地方幹部和當地居民的生活經驗並不一致，後者採取的是「側面視角」。他們不得不長期與這些工程比鄰而居，而宣傳－運動工程以及城市建設向生產模式轉型所帶來的棘手的社會經濟和生態環境問題，他們也首當其衝。

到1970年代最後幾年，杭州市政府火速將20多家污染嚴重的工廠從西湖地區遷出。[71] 這種去工業化的突然轉向，顯示出省市兩級政府城

70　Tillman Durdin, James Reston, and Seymour Topping, *The New York Times Report from Red China* (New York: Quadrangle Books, 1971), 198.

71　〈關於西湖風景區的調查報告 —— 省、市經濟調查組調查材料之二〉，載王

市規劃中存在的內在矛盾——地方幹部希望杭州既是生產空間，又是受國內外遊客歡迎的風景勝地。這種轉變也表明地方政府放棄了五六十年代頗為流行的「人定勝天」的論述。正如許多學者的觀察，在中華人民共和國時代，自然被視為社會主義事業的勁敵。例如，羅茲·墨菲（Rhoads Murphey）指出，毛澤東時代的中國往往將自然視為務必挑戰征服的「敵人」，[72] 夏竹麗則認為，中華人民共和國政權訴諸軍事化的語言並通過「政治運動的大規模動員」，「將人民與自然環境對立起來，進行激烈的鬥爭」。[73] 依循這一思路，最近的學術研究或多或少都將毛時代下人與自然的關系描述為一場「戰爭」或「征伐」。[74] 對毛主席而言，戰爭的比喻既是「戰略／宣傳性的」，但也有「社會學性質」，其主要目的本質上是為了宣傳社會主義制度。具體而言，它重點突出了中國社會群眾動員這一概念。[75]

所謂人與自然的對抗關係，源於自啟蒙運動以來在歐洲思想中根深蒂固的「人與自然二元論」概念。[76] 正是在歐洲的浪漫主義時期，自然與人類的鴻溝被最終確定：自然「作為一種外在的存在和力量」不可能決

國平主編，《西湖文獻集成，第12冊：中華人民共和國成立50年西湖文獻專輯》（杭州：杭州出版社，2004），頁287。

72　Murphey, "Man and Nature in China," 319.

73　Shapiro, *Mao's War against Nature*, 3.

74　例如 Frederic Jr. Wakeman, *History and Will: Philosophical Perspectives of Mao Tse-tung's Thought* (Berkeley: University of California Press, 1973), 236; Ruth Rogaski, "Nature, Annihilation, and Modernity: China's Korean War Germ-Warfare Experience Reconsidered," *Journal of Asian Studies* 61.2 (May 2002): 383; Smil, *The Bad Earth*, 7; Pietz, *The Yellow River*, 139; Sun, "War against the Earth," 252–266。

75　Christos Lynteris, *The Spirit of Selflessness in Maoist China: Socialist Medicine and the New Man* (London: Palgrave MacMillan, 2013), 22.

76　Noel Castree, "Socializing Nature: Theory, Practice, and Politics," in *Social Nature: Theory, Practice, and Politics*, ed. Noel Castree and Bruce Braun (Malden, MA: Blackwell, 2001), 4. 另見 Neil Evernden, *The Social Creation of Nature* (Baltimore and London: Johns Hopkins University Press, 1992), 59。

定「人類的命運」。[77] 這種信心逐漸轉變為人類終將征服自然的信念。[78] 就此而言，毛主席的征服自然理論是這種十八、十九世紀概念化的一個延續。有趣的是，近代以來的環境保護者也持有類似的觀點。環境保護主義者致力於發現自然唯一的「正確」形式，[79] 即「原初的現實」[80] 或外在於人類的「絕對自然」。這種找尋不曾被人類社會污染的所謂「正確」或原初的「自然」讓環保主義贏得了「道德權威」。[81] 對馬克思主義者而言，當今的環保主義注定無法實現既定目標，因為它未能直擊資本主義的生產方式，而「自然環境的惡化」其實只是「資本主義矛盾的表現」。[82] 諾埃·卡斯特利 (Noel Castree) 指出，自然已經內化於資本主義經濟體系之中，因為「自然的生產是一個持續**過程**，在此過程中，自然和資本**在時間與空間上以各種不同而偶然的方式共同構成彼此**」。[83] 因此，「征服自然」的論調顯然是一種「帝國主義和資本主義的特定意識形態」。[84]

77　Alan Bewell, *Natures in Translation: Romanticism and Colonial Natural History* (Baltimore: Johns Hopkins University Press, 2017), 3.

78　David Blackbourn, *The Conquest of Nature: Water, Landscape, and the Making of Modern Germany* (New York: W. W. Norton, 2006), 5–7.

79　Evernden, *The Social Creation of Nature*, 59.

80　William Cronon, "Introduction: In Search of Nature," in *Uncommon Ground: Rethinking the Human Place in Nature*, ed. William Cronon (New York: W. W. Norton, 1996), 34.

81　Ari Aukusti Lehtinen, "Modernization and the Concept of Nature: On the Reproduction of Environmental Stereotypes," in *Encountering the Past in Nature: Essays in Environmental History*, ed. Timo Myllyntaus and Mikko Saikku (Athens: Ohio University Press, 2001), 26–34.

82　Kohei Saito, *Karl Marx's Ecosocialism: Capitalism, Nature, and the Unfinished Critique of Political Economy* (New York: Monthly Review Press, 2017), 14–15.

83　Noel Castree, "Marxism and the Production of Nature," *Capital and Class* 24.3 (2000): 26–28.

84　Raymond Williams, *Culture and Materialism* (London: Verso, 1980), 109–110.

　　耐人尋味的是，卡爾・馬克思 (Karl Marx，1818–1883) 這位對資本主義最直言不諱的批評者也被認為支持「人與自然」這一兩分法，因為他將自然「視為勞動和生產過程的對象」，[85] 並且對「工業文明」與環境之間破壞性關係的批評不夠明確。[86] 馬克思的態度導致「征服自然」的觀念在社會主義社會長期存在。畢竟，社會主義作為現代性的另一種形式，同樣需要克服一些關鍵的「現代性矛盾」。[87] 正如齊格蒙・鮑曼 (Zygmunt Bauman) 的有力斷言，「無論資本家為征服自然做了什麼，社會主義的領導者也都會如法炮製，甚至有過之而無不及」，這樣才能再次證實社會主義是「值得追求」的目標。[88] 因此，不難理解，改變毛時代中國的自然景觀既是一場吸引群眾參與的社會運動，也是國家大力宣揚社會主義在新中國之優越性的重點之一。

　　儘管社會主義對自然的理解和處理借鑒了資本主義的做法，但二者在一個重要方面並不相同：資本主義將自然（即非人類）置於資本主義市場的邏輯之下，社會主義政權對此則有所保留，試圖完全控制「外部的」自然，以結束市場帶來的混亂局面。因此，在毛澤東時代的中國，「征服自然」的論調是政府自上而下集中計劃的一個組成部分，其基本理念是被馴服的自然既可以被客體化，也可以被計劃。實際上，最近關於中共對待人類以外自然[89]的學術研究已經探討了中國的計劃經濟與其「對自然之戰」的關聯。例如，皮大衛 (David Pietz) 用「計劃主義」來描述中國當局對河流的管理——「所有工程均需在五年計劃進程的框架內

85　Neil Smith, *Uneven Development: Nature, Capital and the Production of Space* (Oxford, UK: Basil Blackwell, 1984), 17.

86　Michael Löwy, "What Is Ecosocialism?," trans. Eric Canepa, *Capitalism, Nature, Socialism* 16.2 (June 2005): 16.

87　Yurchak, *Everything Was Forever, Until It Was No More*, 10.

88　Zygmunt Bauman, *Modernity and Ambivalence* (Cambridge, UK: Polity Press, 1991), 263–264.

89　之所以說「人類以外自然」，蓋因嚴格來說人類也是自然一部分。

審核批准」。[90] 相比之下，夏竹麗在關於毛澤東時代對自然之戰的著作中，更加鮮明地指出政府採取的措施過度簡化，未能意識到「區域的地理差異和各地對自然的地方性做法」。[91]

　　另外一些學術著作重新審視了中國計劃經濟為何有時收效不佳，其中主要強調人的因素：黨員的背景、動機和志向各有殊異，[92] 技術人員的缺乏，[93] 以及群眾和下級幹部不服指令，這點在本章稍後再作解釋。但這些研究未能認識到非人類因素在毛澤東時代集中計劃的轉向甚至脫序中所發揮的作用。本書非但沒有將非人類自然視為受制於社會主義轉型的被動對象，反而強調水、微生物、淤泥、樹木、害蟲和豬在參與政府規劃的過程中所扮演的角色。借安迪・布魯諾（Andy Bruno）之語，自然界「本身就是共產主義工程的參與者」。[94] 有時，這些非人類實體就是蒂莫西・米切爾（Timothy Mitchell）所說的人類的「一眾盟友」。[95] 然而，另一些時候，它們也是「麻煩製造者」（語出布魯諾・拉圖爾 [Bruno

90　Pietz, *The Yellow River*, 15.

91　Shapiro, *Mao's War against Nature*, 8.

92　例如 Esherick, "Deconstructing the Construction of the Party-State," 1078–1079; Vivienne Shue, *The Reach of the State: Sketches of the Chinese Body Politic* (Stanford, CA: Stanford University Press, 1988), 70; Johnson, "Beneath the Propaganda State," 199; Tianjian Shi, *Political Participation in Beijing* (Cambridge, MA: Harvard University Press, 1997), 12; Yongnian Zheng, *The Chinese Communist Party as Organizational Emperor: Culture, Reproduction and Transformation* (London: Routledge, 2010), 176。

93　例如 Dwight H.Perkins, *Market Control and Planning in Communist China* (Cambridge, MA: Harvard University Press, 1966), 3; Harry Harding, *Organizing China: The Problem of Bureaucracy, 1949–1976* (Stanford, CA: Stanford University Press, 1981), 31。

94　Andy Bruno, *The Nature of Soviet Power: An Arctic Environmental History* (Cambridge, UK: Cambridge University Press, 2016), 7.

95　Timothy Mitchell, *Rule of Experts: Egypt, Techno-Politics, Modernity* (Berkeley: University of California Press, 2002), 10.

Latour]），它們的頑抗迫使人類不得不做出反應、採取行動。[96] 換言之，它們擁有自己的能動性。

能動性

在過去十多年，非人類的能動性成為學術研究的一個重要方面。例如，有人認為人類的能動性優於生命體和無生命體的準能動性（quasi-agency），但簡·貝內特（Jane Bennett）不以為然，她強調「**非人類**在公共生活中的主動作用」。因此她提出了「事物力」（thing power）這一概念，即「無生命的事物具有活動、行為、產生劇烈或隱現效果的有趣能力」。[97] 貝內特與其他「非人類轉向」（nonhuman turn）的學者們指摘「社會建構主義剝奪了非人類世界的能動性」。[98] 他們的批評對本書極具啟發意義，因為本書不僅探索非人類自然的能動性，並且希望揭示在毛時代中國，人類與非人類、文化與自然等關係之間的統一性。陳庭梅（Tina Mai Chen）率先探索了人類與非人類的融合如何幫助中國「創造一種歷史的集體力量」。[99] 我的態度則有所不同，我希望研究人類與非人類行為者之間的統一如何因應國家的集中計劃。

為此，我強調能動性力量在連接人與非人類方面起到的紐帶作用。在描述非人類事物的能動性對社會政治變化的影響時，貝內特始終保持

96　Bruno Latour, *Politics of Nature: How to Bring the Sciences into Democracy*, trans. Catherine Porter (Cambridge, MA: Harvard University Press, 2004), 81.

97　Jane Bennett, *Vibrant Matter: A Political Ecology of Things* (Durham and London: Duke University Press, 2010), 6. 重點突出的文字按照原文標註。

98　Richard Grusin, "Introduction," in *The Nonhuman Turn*, ed. Richard Grusin (Minneapolis: University of Minnesota Press, 2015), xi.

99　Tina Mai Chen, "The Human–Machine Continuum in Maoism: The Intersection of Soviet Socialist Realism, Japanese Theoretical Physics, and Chinese Revolutionary Theory," *Cultural Critique* 80 (Winter 2012): 161.

謹慎，為此她特別使用了「準能動性」一詞。然而其他學者在闡述非人類能動性時卻不那麼猶豫。比如，布魯諾・拉圖爾的學術研究對貝內特啟發深遠，他對微生物「干預和行動」能力的研究久負盛名。[100] 最近，研究水域的學者們更明確指出河流具有能動性。例如，大衛・莫斯（David Moss）展示水道如何引發人類的回應，並在印度南部促成了政府機構或非政府機構的建立。[101] 穆盛博（Micah Muscolino）亦指出，在二十世紀的中國，「黃河擁有一種獨特的能動性，即使被人施力作用，它也自行其是、不可預測。人類不斷干預，以勞力塑造和重塑河流，但從未成功讓河流屈服於他們的意志。」[102] 正因此，穆盛博的書評者訝異於作者如此大膽「為無生命體賦予能動性」，但他無疑歡迎這種「歷史書寫的新方向」。[103]

　　這種遊移的態度讓我們有必要進一步澄清和闡述非人類的能動性。在討論環境對政治的重要性時，尼克・阿南德（Nikhil Anand）拒絕將非人類視為「有意識、有目的的政治存在」。[104] 如果能動性僅以意識和目的來定義，人們就有理由否定非人類的能動性。然而，卡爾・那佩特（Carl Knappett）和蘭博斯・馬拉傅斯（Lambros Malafouris）提醒讀者：不要把能動性與「意向性」（intentionality）直接關聯。相反，對於能動性的理解關鍵在於認識「一種情境下的過程」，而不是「爭論某物或某人是否

100　Bruno Latour, *The Pasteurization of France*, trans. Alan Sheridan and John Law (Cambridge, MA: Harvard University Press, 1988), 35.

101　David Mosse, "Introduction: The Social Ecology and Ideology of Water," in *The Rule of Water: Statecraft, Ecology and Collective Action in South India*, ed. David Mosse (Oxford, UK: Oxford University Press, 2003), 5.

102　Micah Muscolino, *The Ecology of War in China: Henan Province, the Yellow River, and Beyond* (New York: Cambridge University Press, 2015), 141.

103　Peter Braden, "Review of *The Ecology of War in China: Henan Province, the Yellow River, and Beyond*," *The Journal of Asian Studies* 77.3 (August 2018): 785.

104　Anand, *Hydraulic City*, 230.

能動者」。[105] 肖恩‧鮑登（Sean Bowden）進一步區分了兩種能動性：「自發式」（voluntaristic）和「表達式」（expressive）。前者強調的是，與行動相比，意圖是首要因素；後者則認為「與激發行動的意圖相比，行動才是首要因素」。[106] 換言之，在「表達式」的能動性中，「非目的性」行動預先決定、強化、定義了意圖或目的，反之則不然。[107] 通常，「自發式」更適合描述人類在挑戰、抵抗權力並與權力交涉等方面的能動性。相比之下，「表達式」最適合描述非人類的能動性。

不過，切不可因為自發式／表達式的劃分而誤認為非人類的能動性是表達性的，而人類的能動性都一定是目的性的，背後有著清晰的社會政治目的。本書以表達式或非目的性的能動性作為一種重要方式，將人類和非人類進行比較、對照和關聯，以避免人為地將人類／非人類進行二元對立。在中國的背景下，已有許多研究關注農村和城市居民在面對黨的政策時所表現出的自發能動性。儘管這些研究成效頗豐，[108] 但這種

---

105 Carl Knappett and Lambros Malafouris, "Material and Nonhuman Agency: An Introduction," in *Material Agency: Towards a Non-Anthropocentric Approach*, ed. Carl Knappett and Lambros Malafouris (Berlin: Springer, 2008), xii.

106 Sean Bowden, "Human and Nonhuman Agency in Deleuze," in *Deleuze and the Non/Human*, ed. Jon Roffe and Hannah Stark (London: Palgrave MacMillan, 2015), 60.

107 Owain Jones and Paul Cloke, "Non-Human Agencies: Trees in Place and Time," in *Material Agency: Towards a Non-Anthropocentric Approach*, 80.

108 例如，關於農民抵制農業集體化運動的學術研究引用了一些例子，如不參加集體會議、拒絕工作（Edward Friedman, Paul G. Pickowicz, and Mark Selden, *Revolution, Resistance, and Reform in Village China* [New Haven, CT: Yale University Press, 2005], 11–12），反對國家發起的疾病預防工作（Gross, *Farewell to the God of Plague*, 12），在大躍進中改變黨的政策（Dali L.Yang, *Calamity and Reform in China: State, Rural Society, and Institutional Change Since the Great Leap Famine* [Stanford, CA: Stanford University Press, 1996], 14; Ralph A. Thaxton Jr., *Catastrophe and Contention in Rural China: Mao's Great Leap Forward Famine and the Origins of Righteous Resistance in Da Fo Village* [Cambridge, UK: Cambridge

集體或個人的行動能否確定具有目的或自覺，這一問題仍未定論。正如諾埃‧卡斯特利（Noel Castree）和湯姆‧麥克米蘭（Tom MacMillan）所言，能動性不一定「與意向性和語言性相關」。[109] 高王凌（1950–2018）在研究大躍進時期（1958–1962）農民藏匿農作物、借貸資金和侵佔未登記的土地等行為時，認為這些村民的行動並沒有明確的政治目的 —— 即反對農業集體化，[110] 但農民們在地方上採取的「反行為」行動，卻帶來一定的政治後果，衝擊了上世紀中期中國的農業集體化運動。

高王凌創造的術語「反行為」類似於中國村民表達式的能動性，因為它並不預設農民是先驗的能動者，而是強調在其行為過程中所產生的能動性。在高的分析中，集體化的農民易於懈怠，因為他們首要考慮的是生產足夠的糧食滿足自己需要，而不是為集體擴大生產。這種生存策略可以追溯到周朝（約公元前1100年至前256年）。農民並不一定是在對大躍進深思熟慮後才確立行為動機，他們無意挑戰政府的農村集體化

University Press, 2008], 6），並在農民個人財產集體化之前宰殺牲畜（Kenneth R. Walker, *Planning in Chinese Agriculture: Socialisation and the Private Sector, 1956–1962* [London: Frank Cass, 1965], 61–62）。在城市地區，學者們則關注工人和學生的大規模抗議活動（Elizabeth J. Perry, "Shanghai's Strike Wave of 1957," *China Quarterly* 137 [March 1994]: 1–27; Feng Chen, "Against the State: Labor Protests in China in the 1950s," *Modern China* 40.5 [2014]: 490），藝術家利用黨的文化改革政策謀取個人利益（Qiliang He, "Between Accommodation and Resistance: Pingtan Storytelling in 1960s Shanghai," *Modern Asian Studies* 48.3 [May 2014]: 524–549），以及普通民眾在日常生活中違反著裝規定（Peidong Sun, "The Collar Revolution: Everyday Clothing in Guangdong as Resistance in the Cultural Revolution," *China Quarterly* 227 [September 2016]: 773–795）。

109 Noel Castree and Tom MacMillan, "Dissolving Dualisms: Actor-Networks and the Reimagination of Nature," in *Social Nature: Theory, Practice, and Politics*, ed. Noel Castree and Bruce Braun (Malden, MA: Blackwell, 2001), 213.

110 高王凌，《人民公社時期中中國農民「反行為」調查》（北京：中共黨史出版社，2006），頁3。

政策，而僅僅是在不付出額外努力的情況下養活自己。儘管如此，他們的行動或「反行為」卻最終不利於集體化運動的事業。[111]

高王凌強調的是人類的表達式能動性，但本書不僅關注人類——湖泊的疏浚工人、公園的遊客、養豬社員、林業工作者、茶農和蟲害防治人員，也強調非人類的能動性——淤泥、水、微生物、水生植物、豬、墳墓、松樹和昆蟲。我認為，要理解中共在西湖地區的眾多宣傳－運動工程的成敗得失，認識這種表達式或非目的性的能動性至關重要。在本書的人類行為者中，有工人從西湖疏浚工程的工地上出走，有景觀設計師通過設計園林彰顯自己的專業自主，有遊客在景觀中獲得身心愉悦，有養豬戶在響應號召養豬的同時也要求分到豬肉並擴大其自留地，有茶農以犧牲山林為代價非法擴大茶園，有林務員從國家管理的造林區偷取木材和柴火，也有市民遊客追思古代的英雄美人甚至大搞封建迷信。與此同時，水、微生物、林木、害蟲和豬也有著非目的性作為或不作為，如對湖泊的污染、對松樹林的侵害、在集體養豬場染瘟疫死去等等，構成了它們所謂的「意圖」，從而令它們擁有了因應人類主導的能動性。

借布魯諾‧拉圖爾之語，人類行為者的所作所為或不作為，其實達到了「妨礙[政治]統治」的效果。[112] 他們的行為、不作為乃至反行為不見得有強烈的目的性，但足以讓他們在新社會政治制度下的趨利避害，達到利益最大化。長期以來，學界在研究中國的國家與社會關係時往往採用「反抗－適應」的範式，但本書則通過強調非目的能動性，對此提出質疑。因為這種範式假定了個人獨立於社會主義制度的先驗主體性。[113] 對於芸芸眾生來說，在社會政治制度下過好日常生活才是第一

---

111 同上，頁 170–172。

112 Latour, *Politics of Nature*, 81.

113 Timothy Mitchell, "Everyday Metaphors of Power," *Theory & Society* 19.5 (October 1990): 562; Choi Chatterjee, David Ransel, Mary Canender, and Karen Petrone, "Introduction: The Genesis and Themes of Everyday Life in Russia Past and Present," in *Everyday Life in Russia Past and Present*, ed. Choi Chatterjee, David

義的,根本無需選擇「支持或反對」的立場。[114] 因此,在解釋宣傳－運動工程如何在基層運作時,反抗－適應二元論不僅毫無意義,反而具有誤導性。在許多情況下,人類行為者都能從這類工程中受益。例如,花港觀魚公園的設計者無視政府認可的蘇聯式的公園風格,取而代之以折衷主義的園藝技巧,並因此聲名鵲起;公園遊客在此放鬆身心或偷釣金魚;個體養豬戶不僅能獲得豬肉作為酬報,更打著為養殖豬種飼料菜的名義開闢了更多自留地;茶農侵佔林地,將其改造成茶園;受動員捕捉樹木害蟲的村民,只捕捉低枝上的蟲子,而不肯費力去高處除蟲等等。簡而言之,他們最多只是在為自己謀利,而絕不是以反對者或反抗者的立場行事。然而,他們的個人利益明顯不利黨的政策,破壞了景觀空間的政治化、農村集體化以及植樹造林諸運動。

可見,面對新中國政權所領導的城市與景觀規劃,人類行為者出於自我利益的非目的性行動,正是其參與、應對、響應規劃的副產物。非人類行為者也大同小異,因為非人類世界的混亂而不可預測性早已臭名昭著,其不確定性「隨時間的推移呈指數級增長」。[115] 大衛·莫斯聲稱,不僅自然本身變化不定,為應對其不確定性而建立的人類機構也只會「助長或擴大這種不確定性」。[116] 因此,必須認識到,中共的集中計劃之所以有時未如想像中那麼成功,自然界的不確定性和不可預測性也是重要因素。在本書中,一些非人類行為者也在這些宣傳－運動項目中漁利,進而對工程造成損害,例如:由於在疏浚西湖的運動中淤泥被清除,污染性的微生物藉此大量繁殖;病毒快速傳播,襲擊集體化的養豬

Ransel, Mary Canender, and Karen Petrone (Bloomington, IN: Indiana University Press, 2015), 3.

114 Timothy Johnston, *Being Soviet: Identity, Rumour, and Everyday Life under Stalin, 1939–1953* (Oxford, UK: Oxford University Press, 2011), xxxiii.

115 Carolyn Merchant, *Autonomous Nature: Problems of Prediction and Control from Ancient Times to the Scientific Revolution* (London: Routledge, 2016), 1.

116 Mosse, "Introduction," 7.

場，導致傳染病爆發、豬群大面積死亡；由於政府要求在湖邊的山上擴大單一的松樹種植林，新引進的害蟲得以迅速繁殖……換言之，我不認為人類和非人類行為者是黨的異見者，反而正是因為黨和政府的宣傳－運動工程，導致這類失控的行為大行其道。在這個意義上來說，新政權的社會政治規劃最終製造出自己的搗亂者。

因此，這些社會和自然行為者卻通過他們非目的性和無意的「反行為」，改變、塑造、重構甚至改變了政府的規劃，並為國家的宣傳工作帶來了阻滯。1950 年代中期，隨著藻類大量繁殖和工程經費攀升，疏浚湖泊的工作在六年後終告停止，這項昂貴工程的最終結果是湖水比計劃淺了幾十厘米。建築師未能遵循蘇聯的造園模式，公園也最終被用於觀光、娛樂和約會，而不完全是政府所設想的政治集會場所或社會主義時代下的新型工作和休息空間。豬群在集體化的養豬場裡奄奄一息，農村的集體化運動基本失去了意義；同時，養豬業造成了污染，有悖於將杭州建成旅遊城市的長期性政策。植樹造林運動不僅加劇了林農和茶農之間的鬥爭，還導致害蟲入侵，給西湖地區的松樹林帶來致命打擊。最後，中國共產黨清除墳墓和其他遺跡的做法亦在五六十年代遭到了強烈反對，「文革」結束後，很大部分墳墓均遷回原址。

本書的章節設計

本書共分五章。第 1 章主要介紹 1952 年至 1958 年期間的西湖疏浚工程。這項工程預算高昂，政府的目標是將西湖挖到兩米深，以同時達到節約灌溉用水、幫助淡水養魚、美化西湖，和改善杭州天氣這幾個目的。雖然地方政府努力宣傳深挖湖泊的好處，並在工程中大力動員勞動力，但這項耗時耗資的公共工程最終被證實欠缺周密計劃、有違科學：西湖水容量遠不足以灌溉附近稻田，且湖水過淺，無法為周邊地區降溫。更嚴重的是，清除湖床的沉積物釋放出過量營養物質，導致藍纖維藻（Dactylococcopsis）迅速繁殖，在 1958 年夏秋引起赤潮，這也是工程

的其中一類非人類受益者。水體和微生物頑固叛逆不隨人願，最初規劃者主張疏浚湖泊的幾個理由幾乎全被證實毫無根據。

第2章研究杭州在解放後的第一座公園，即於1952年至1955年建造的花港觀魚公園。花港觀魚曾是南宋時期的一座私人園林，也是廣為人知的「西湖十景」之一，但早已不復存在。景觀設計師孫筱祥 (1921–2018) 借用「花港觀魚」的名聲建造了現今的這座公園。雖然花港觀魚也曾被譽為蘇聯「文化休息公園」新模式影響下的傑作，但其實它的風格和設置與蘇聯模式迥然不同。通過研究這座公園的設計和建設，我們可以看到設計師的專業自主如何與中共幹部的規劃和模式背道而馳。本章還將探討遊客和參觀者如何以不同方式利用公園空間，與公園建設背後的政治/意識形態動機相背離。因此，這件人為設計的景觀也成為不同的意識形態、風格和動機的爭議之地。

第3章將關注點轉向1950年代初開始的西湖周邊山地的植樹造林工程。這項大規模工程有兩個相互關聯的目標：政治宣傳和生態保育。除了「綠化」西湖地區以防水土流失，實施該計劃也是為了在當地樹立一種社會主義群眾勞動的新型組織模式。這場運動收效顯著，到1960年代中期，40平方公里的山丘遍植樹木，但也造成了未曾預料的後果：植樹造林容易遭受蟲害，而且茶農和林業工作者在土地使用和所有權方面發生了難以調和的衝突。和疏浚湖泊的項目一樣，植樹造林運動暴露出1949年後中國生態管理矛盾的一面——為解決特定生態問題而啟動的項目，最終卻會進一步導致新的生態和社會經濟衝擊。

第4章繼續探討中國共產黨政府將西湖向生產空間轉型的努力，關注重點是1950年代末和1960年代初在西湖附近農村發展的養豬業。在全國範圍內開展養豬運動，既是為了提高中國的農業和工業產出，也是為了在冷戰時期宣傳自給自足的概念。養豬需要地方政府將土地重新分配給養豬戶，並放鬆對市場的控制，這有違政府廢除私有制、推行公有制的既定政策。公有豬圈的豬群密度高也會成為豬瘟爆發的溫床。因此，「文革」前杭州郊區的大部分豬群均由私人飼養。鑒於此，雖然長期以來養豬業都被標榜為中共農業政策中不可或缺的要素，但在毛澤

東時代的中國,養豬業本質上與社會主義公有經濟原則相違背。此外,由於家畜排洩物對西湖地區造成的污染以及養豬場對歷史遺跡的侵佔,養豬業的發展亦與政府保護城市文化遺產的議程相左。

第5章研究政府如何將西湖重塑為一個文化懷古的空間。建國以來,一些中共官員給西湖邊的墳墓和寺廟安上了「反動封建遺毒」的罪名。由於這樣的爭議,激進派和歷史保護主義者、文物保護積極分子之間展開了長達十年的拉鋸戰:在1956年,一些墳墓幾乎遭到遷改,但倖免於難。1964–1965年,遷墳運動達到高潮,差不多所有古墓都遭到拆除或遷移。這場被稱為「文化大掃除」的運動,事實上剝奪了著名歷史人物的「人民」身份,重新界定了古代中國「人民」的範圍。由此可見,對於如何記憶、挪用歷史以及詮釋古今關係,中共領導人之間存在較大分歧。更重要的是,這場運動揭示了宣傳–運動工程中的一個內在矛盾:在單一項目中協調不同議程的難度極大。一方面,移除古墓成為後來「破四舊」運動的預演;但另一方面,長期以來國家力圖將杭州宣傳成歷史悠久、光輝燦爛的中國文化遺產城市。在國際冷戰環境下,北京更希望提升西湖作為國際外交舞台和政治旅遊目的地的重要地位,顯然平墳運動與這一目標相衝突。第3章中茶農和林業工作者之間的衝突也表現出同樣的困境:茶葉種植和生產是中國外交事業的重要一環,但植樹造林也是長期以來展示中共決心「綠化」祖國不可或缺的宣傳內容。

以下將逐章展開討論上述內容。

第 1 章

水、人與微生物
1950年代的西湖疏浚工程

　　1952年，浙江省與杭州市政府啟動了一項大規模的公共工程 ——
疏浚西湖，該工程投資高達453.83萬元（以1955年新人民幣值計算）。
至1958年，西湖平均水深從約0.55米增加到1.80米，儲水量從300萬立
方米增加到1,000多萬立方米。新中國政府將這項工程稱為西湖歷史上
規模最大的疏浚工程。在唐朝 (618–907) 與清朝兩個時代之間，地方政
府曾進行過二十多項西湖疏浚的水利工程，每次間隔最長不超過168
年。[1] 從1800年浙江巡撫開浚西湖，到中國共產黨執政杭州，大約相隔
150年。這一間隔在歷史上屬於較為久遠的一次，因此西湖在二十世紀
上半葉便開始明顯淤積。[2] 時人對於西湖水量不足頗有微詞。如1921
年，日本作家芥川龍之介 (1892–1927) 曾在其遊記中記載了西湖深度的
沼澤化。用他的話說：「總體來說，與其將其西湖稱為湖，還不如說是
一個大大的水田」。[3] 鑒於此，既然新中國政府計劃將有「人間天堂」美

1　吳子剛，〈建國初期西湖疏浚工程紀事〉，載政協杭州市委員會文史委編，
　　《杭州文史資料 (第23輯)》(1999)，頁78–79。

2　余森文，《余森文回憶錄》，載政協杭州市委員會文史委編，《杭州文史資料
　　(第20輯)》(1998)，頁122。

3　芥川龍之介著，秦剛譯，《中國遊記》(北京：中華書局，2007)，頁68。

譽的杭州建設成為「休閒、旅遊和文化活動」之城，並承諾為此進行大量投資，那麼開展又一項西湖大型工程的時機顯然已經成熟。[4]

二十世紀中國的大型水利工程，為學者們研究國家和地方社會之間關係提供了一片沃土。例如，皮大衛就著重強調毛澤東時代的黃河水利工程在構建「國家」和「民族身份」方面的突出作用。[5] 劉彥文的著作則探討了五十年代國家利用水利工程對地方社會的干預，並引申出「工地社會」這一概念。[6] 克里斯・考特尼 (Chris Courtney) 對於1954年長江中遊地區抗洪搶險的案例研究表明，毛澤東時代政府對洪災的有效應對加強了新政權的合法地位。[7] 事實上，1954年的抗洪搶險，正如西湖疏浚一樣，其宣傳性質是不容忽視的。因為抗洪救災的成功，新中國政府宣佈黨和人民不僅可以戰勝洪水，更能戰勝「歷史」。[8] 五十年代的西湖疏浚工程，作為一項類似的宣傳項目，既是成功的壯舉，卻也帶來了出乎預料的不良後果。謂之成功，因為該項目是一個半世紀以來杭州的首項大規模疏浚工程。至1958年，這項由浙江省政府計劃實施的高預算項目的確部分實現了一些目標，如增加湖深、提高儲水量。因此，新中國政權將1952年至1958年的這項工程譽為西湖歷史上最偉大的疏浚工程，用以證明新社會有能力克服自然條件，令山水換新顏。[9]

我之所以認為疏浚西湖工程是國家宣傳的一部分，是出於以下若干原因。首先，展開這一巨大公共項目背後的動機是彰顯社會主義相對於

4　James Z. Gao, *The Communist Takeover of Hangzhou: The Transformation of City and Cadre, 1949–1954* (Honolulu: University of Hawai'i Press, 2004), 219.

5　David A. Pietz, *The Yellow River: The Problem of Water in Modern China* (Cambridge, MA: Harvard University Press, 2015), 4.

6　劉彥文，《工地社會：引洮上山水利工程的革命、集體主義與現代化》（北京：社會科學文獻出版社，2018），頁12。

7　Chris Courtney, "At War with Water: The Maoist State and the 1954 Yangzi Floods," *Modern Asian Studies* 52.6 (2018): 1810.

8　同上，頁1824。

9　Pietz, *The Yellow River*, 3–4.

封建社會和資本主義社會（即所謂「舊中國」）的優越性。在工程策劃者看來，曾經嚴重淤塞的西湖和渾濁不堪的湖水象徵著1949年前混亂不堪、山河破碎、飽受戰爭創傷的舊中國。[10] 因此，當杭州市建設局局長、西湖疏浚工程的總指揮余森文（1904–1992）最初制定方案時，他提出了許多理由以論證浚湖的必要性，包括改善水質、增加湖泊的儲水量。這些均為了達到宣傳目的，意在將解放前後的西湖（乃至整個中國）形成鮮明對比。[11] 其次，工程的實施展示出社會主義制度如何高效地調動普通民眾的積極性。余森文回憶道，在前後六年的時間裡，超過三萬名工人受到動員參加工程，[12] 這種大規模勞動力動員正是社會主義中國獨一無二的勞動組織形式。實際上，在整個五十年代，關於學生、工人和普通民眾參加「義務勞動」（即無償勞動）為疏浚工程做貢獻的新聞報道比比皆是。[13] 這種大規模的勞動動員，即高敏（Miriam Gross）所謂的「集體勞動」，是一種「強制性策略」，以實現公民了解與參與社會主義建設之目的。[14] 就此意義而言，這場疏浚工程不僅是為了治理淤塞的湖泊，也是為了實現諸多政治宣傳的目的。

同時，疏浚西湖的工程雖投資巨大，卻缺乏較為精細的科學性規劃。如本章所示，西湖疏浚工程的倡導者以地方領導人為主，他們往往以個人的理念與經驗出發，而未進行徹底的調查和深入研究。經過六年，規劃者在1952年提出提高西湖深度的理由從事後看來似乎缺乏合理性。這一項目不僅投資規模巨大，耗費了五十年代杭州約40%的景

10　施奠東，《西湖志》（上海：上海古籍出版社，1995），頁49。

11　余森文，《余森文回憶錄》，頁122。

12　同上。

13　例如，1955年11月3日至8日，《杭州日報》在五天內發表了兩篇報道，號召學生、工人、公務員和士兵等一千多人參加11月5日的義務勞動。見〈本市青年將參加疏浚西湖勞動〉（《杭州日報》，1955年11月3日）、〈本市青年疏浚西湖義務勞動開工〉（《杭州日報》，1955年11月8日）。

14　Miriam Gross, *Farewell to the God of Plague: Chairman Mao's Campaign to Deworm China* (Berkeley, CA: University of California Press, 2016), 240.

觀工程預算，而且還導致了一些不曾預見的生態問題，令觀察者、研究者、中央領導、地方幹部和外來遊客深感困惑，不知所措。1958年，也就是疏浚工程竣工的最後一年，西湖湖水忽然變成紅褐色。西湖水質為何出現這種意外變化，學界多年來仍未達成共識。研究人員採用了各種生物、化學方法來淨化水體，但時至今日仍未查明這種「赤潮」的原因和解決辦法。

因此，本章的後半部分著重關注非人類的要素 —— 水、淤泥、植被和微生物 —— 及其能動性如何阻礙了新中國政府改造西湖的宏偉計劃。非人類行為者採取的反行為顯然是「非目的性」的，這是非人類之「表達式」能動性的一個決定性特徵。[15] 換言之，儘管水、淤泥和微生物並無意杯葛當地幹部改造西湖的計劃，但它們的行動 (即引發赤潮及污染物的擴散) 定義了其意圖。這種行動與意圖的關係很接近布魯諾‧拉圖爾對「不順從」(recalcitrance) 的定義：「不受掌控，阻礙 (他人的) 主導」。[16]

西湖在五十年代的「不順從」，也是當時現代化技術的廣泛應用的一個副產品。儘管國家宣傳機構非常重視義務勞動的作用，將其作為動員群眾的主要手段，但參加義務勞動的城鄉居民效率低下、缺乏工作技能，從而未能成為工程現場的勞動主力軍。在工程實施的最後兩年，是先進的挖掘機械最終完成了使命：挖泥機器以相對較短的時間挖掘了超過75%的淤泥。正如高敏所言，儘管毛澤東時代往往強調群眾動員和「群眾科學」是社會主義成功的關鍵，但真正起作用的卻是現代科學技術和訓練有素的專業人員。[17]

---

15 Owain Jones and Paul Cloke, "Non-Human Agencies: Trees in Place and Time," in *Material Agency: Towards a Non-Anthropocentric Approach*, ed. Carl Knappett and Lambros Malafouris (Berlin: Springer, 2008), 3; Sean Bowden, "Human and Nonhuman Agency in Deleuze," in *Deleuze and the Non/Human*, ed. Jon Roffe and Hannah Stark (London: Palgrave MacMillan, 2015), 75.

16 Bruno Latour, *Politics of Nature: How to Bring the Sciences into Democracy*, trans. Catherine Porter (Cambridge, MA: Harvard University Press, 2004), 81.

17 Gross, *Farewell to the God of Plague*, 11.

　　皮大衛認為，對現代科技的嚴重依賴證明中國共產黨成功擺脫了傳統的水利工程模式，創造出一種「技術綜合體」。[18] 對比1949年前後的西湖疏浚方法，先進的機械帶來的工作效率雖然說是一個重大差別，但處理淤泥的新方式形成更大的反差。近年的一項研究表明，在古代，清除出來的淤泥通常被重新使用以建造堤壩。這樣，原本來自湖床的微生物因此得以繼續留存在湖中，其中很多都是那些殺藻抑藻的微生物。但在1949年以後的疏浚工程中，即這次五十年代的工程和2000年左右的另外一次工程，挖掘出來的淤泥很快就被運輸到西湖周邊的堆土區，導致數世紀以來一直維持水體生態平衡的微生物遭受滅頂之災。[19] 非常無奈的事實是，尖端科學技術解決一個問題（西湖淤積）的同時，卻創造出新的、獨特的生態問題（藻類繁殖失控）。

1952–1958年西湖清淤工程

　　五十年代的西湖疏浚工程被譽為幾個世紀以來在西湖進行的首個大型項目。其目的之一是反襯出國民政府的不作為，以突出表現共產黨政權在改善環境和民生方面的積極努力。不過公允地說，1949年以前國民政府治下的杭州市政府確實曾嘗試改造西湖。例如，1928年國民政府籌備西湖博覽會時，曾在湖邊多處新建或修復堤壩，[20] 堤壩長度達到湖泊總周長的三成。[21] 然而，除修復堤壩之外，國民政府無力資助全面的湖泊疏浚工程。畫家林風眠（1900–1991）後來回憶道，1929年西湖博

18　Pietz, *The Yellow River*, 6.

19　鄭瑾，《杭州西湖治理史研究》（杭州：浙江大學出版社，2010），頁146。

20　施奠東，《西湖志》，頁49。

21　吳子剛、譚伯禹、姚毓璆、王壽年、胡明怡，〈全面整修西湖湖岸〉，載杭州市園林文物管理局編，《西湖風景園林（1949–1989）》（上海：上海科學技術出版社，1990），頁37。

覽會開幕時，「適值天久不雨，西湖水淺泥出，錢王祠及三潭印月一樣，淤泥成嶼，鷺鷥棲止，時人大有滄海桑田之感。」1932年，林語堂在杭州工作，曾目睹數百名工人或操作挖泥機挖掘泥沙，或人工清除湖面上的雜草。[22] 抗戰勝利後，杭州政府再次協調開展西湖清淤的工作，但囿於人力財力不足，無法完成這項任務。因此，1945年至1949年3月間，政府從湖床上清除了10,232立方米的淤泥，僅此而已。[23]

工程籌劃

國民政府未能實施全面的西湖工程，被宣傳為「舊社會」完全失敗的象徵，與1949年後充滿活力的「新社會」形成鮮明對比。籌劃西湖疏浚的另一個重要原因，是1951年毛澤東主席公開指出西湖景色的不足之處：「水淺，林也不好」。[24] 如此，浚湖與植樹造林（見第3章）就有其迫切性。因此，疏浚西湖的倡議者完全有理由遊說地方政府開展一場大規模工程，以彰顯新中國政權的優越性，並回應毛主席的意見。恰好1950年杭州的冬天格外乾旱，西湖的大部分地區也都乾涸了。鑒於此，浙江省委書記譚震林與上海市長陳毅（1901–1972）協商，探討是否可能為了促進旅遊事業而改造和美化西湖。由於譚震林堅持認為僅僅依靠人工勞作無法達到目的，陳毅同意提供財政和技術支持。1951年初，余森文陪同譚震林第二次造訪上海，最終達成協議，由上海市政府出資建造三艘挖泥船。[25]

---

22 林風眠，〈美術的杭州 —— 為《時事新報》新浙江建設運動特刊作〉，載王國平編，《西湖文獻集成，第14冊：歷代西湖文選專輯》（杭州出版社，2004），頁497。

23 張建庭，《碧波盈盈 —— 杭州西湖水域綜合保護與整治》（杭州：杭州出版社，2003），頁53–54。

24 〈毛主席關懷綠化工作（續）〉，《園林革命》，第4期（1967年9月），頁1。

25 余森文，〈杭州解放後17年的園林建設〉，載政協杭州市委員會文史委編，《杭州文史資料（第19輯）》（1997），頁150。

　　同時，這項工程也從中央政府獲得了大量投資。1951年，北京為杭州撥款150億元人民幣（相當於1955年後的150萬元），其中很大一部分用於挖掘西湖。一年後，中央政府再為杭州撥款75億元（相當於75萬元），用於購買必要的機器和設備。到1958年項目結束時，總投資已高達453.83萬元，[26] 佔1949年以來中央和省市各級政府為杭州景觀項目全部撥款（1,162.3萬元）的39%，[27] 或佔1953年至1957年（中國第一個五年計劃期間）浙江全部基建投資的2.4%。[28]

　　需要指出的是，投資如此巨大的工程卻有預算缺乏精確估算的問題。杭州園林管理局幾乎每年都會將一些未使用的資金轉為其他用途。例如，1956年，余森文接到通知，該財年疏浚西湖的資金還結餘12萬元，其中7萬元將被劃撥為當年度的杭州園林建設投資。[29] 可以理解，一些審慎的地方幹部在面對這項工程的巨額預算時，難免心生疑慮。杭州城市建設局的一位幹部在預算批准前表示：「疏浚西湖工程投資很大，應通盤考慮，編成整個設計、預算，不宜零打碎敲」。[30] 1955年，疏浚工程的完成看似遙遙無期，市政府也開始感受到高昂開支的壓力，因此要求施工隊施工盡量「縮小規模拉長年限」。[31]

　　在余森文及團隊於1952年撰寫的提案中，這項工程的完工期限預計為1957年。提案列舉了眾多理由，以支持這項耗時耗資的巨大工程。後來所有這些說法都會被反覆援引作為論據以支持這一工程。第

26　吳子剛，〈建國初期西湖疏浚工程紀事〉，頁78。

27　〈杭州市園林建設十年來的主要成就（初稿）〉，載王國平編，《西湖文獻集成，第12冊：中華人民共和國成立50年西湖文獻專輯》（杭州：杭州出版社，2004），頁179。

28　從1953年到1957年，浙江全省的基礎設施總投資僅為1.9051億元。參見《浙江省政府志下》（杭州：浙江人民出版社，2014），頁551。

29　浙江省檔案局，J163-002-305，頁56。

30　吳子剛，〈建國初期西湖疏浚工程紀實〉，頁79。

31　〈疏浚西湖設計任務書〉，載王國平編，《西湖文獻集成，第12冊：中華人民共和國成立50年西湖文獻專輯》，頁569。

一條，自清初以來，西湖已有三百年未經疏浚。[32] 這種說法明顯不夠準確，因為上一次大規模清淤工程開展於1800年。[33] 人們對西湖的長期忽視導致淤泥嚴重沉積，西湖的最淺水深僅約50厘米。[34] 提案人將1949年以前的污濁湖水與疏浚後的清澈湖水進行對比，勾勒出一幅「新舊社會兩重天」的圖景。但他們的想法顯然是一廂情願，本章後面的敘述可知，隨著水深增加，湖水渾濁度隨之增高的可能性更大。

第二，西湖水可用於沖刷杭州城內的眾多水道，其中許多水道長期以來都是死水。由此，增加西湖的水容量無疑有利於改善城市的公共衛生狀況。第三，杭州市北部「農業區和杭縣海寧上塘河一帶」約十萬畝稻田亟需西湖水的灌溉。因此，提案者認為，西湖遠非一個單純的旅遊景點，必須「在農業生產上也佔極重要的地位」。最後，由於湖水容量較大，可調節當地小氣候。所謂調節小氣候，指的是湖水在杭州炎熱夏天降溫的效應。如此，城市居民可從中受益。鑒於此，提案建議在五年內將湖水挖深兩米。[35]

為實現這一目標，據規劃者預估，需要從湖床上清除大約633萬立方米的淤泥。當1952年初提案定稿時，疏浚隊條件相當簡陋，只配備了一艘80馬力的梯式挖泥船，兩個月內僅挖出了2.2萬立方米的淤泥。雖然提案者強調，眼下的兩個月只是試驗期，為將來更大規模的工程做準備，但不言而喻，必要技術和機器的缺乏成為及時完成這一任務的重大障礙。西湖湖床相對平坦、淤泥較軟，專家推薦使用畚泥機最為有效。鑒於一台80馬力的畚泥機每天可清除700立方米的淤泥，提案要求投入五台「同樣性能機船」。[36]

---

32 〈疏浚西湖工程計劃〉，載王國平編，《西湖文獻集成，第12冊：中華人民共和國成立50年西湖文獻專輯》，頁565–566。

33 余森文，《余森文回憶錄》，頁72。

34 〈疏浚西湖工程計劃〉，頁565。

35 同上，頁565–566。

36 同上，頁566–568。

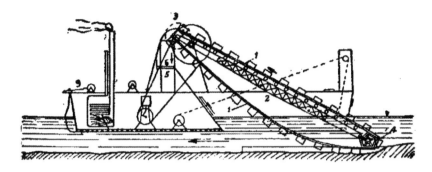

圖 1.1　畚泥機，1949 年以前曾在中國廣泛使用，在西湖疏浚計劃的早期階段也曾在挖泥船上使用。轉自王壽寶，《水利工程》（上海：商務印書館，1940），頁 49。

除此之外，淤泥的堆置地點和運輸方式也是相當棘手的難題。提案在杭州市範圍內提出了一些堆置淤泥地點，如西山、茅家埠、赤山埠、松木場、五星堂、黃龍洞前、古蕩灣等，總面積達 9,450 畝，足以容納 600 多萬立方米的泥土。考慮到挖掘出的泥土又軟又濕，需要數天風乾、硬化和囤積，還必須想出相應解決方案，把淤泥運送到其他地點。提案者於是主張，西湖靠近錢塘江，在嚴重乾旱的季節，錢塘江的水流速度為每秒 21.62 立方米，可以將一萬立方米的淤泥直接沖入大海而不至於堵塞河床。因此，提案還要求搭建鋼質管道，連通西湖和錢塘江。[37]

勞動力

1952 年的提案沒有提到一個主要問題，就是如何組織、發動與僱用參與者 —— 即浚湖工人和幹部，來執行這項預算極高的工程。在這六年中，勞動力的需求量非常巨大。尤其是第一階段（1952 年至 1953 年

37　同上，頁 567。

底），因為當時只使用了一艘80馬力的梯式挖泥船，是義務勞動者與僱工們憑人力將淤泥從湖中扛到岸邊。對人力勞動的嚴重依賴導致效率低下：在接近兩年的時間中，只清除了41,900立方米的淤泥，佔項目總量的1.7%。[38] 後來，隨著機械化設備的投入，效率才有所提高。

市政府吸收勞動力的來源主要有三：失業或失學的杭州市民、附近縣市的農民，以及勞改人員。長期以來，動員城市居民參與勞動並對其進行經濟上的補助被視為新政權的重要成就，因其不僅改造了自然，而且穩定了城市社會。1952年工程啟動時，政府最初僱用了大約800名失業工人或學生。這些工人得到的報酬不是現金而是實物，主要是糧食。因此，杭州政府並不認為這種僱傭關係是一項就業，而是一種救濟方式，即眾所周知的「以工代賑」。[39]

杭州的地方史料顯示，1950年初，城中有1,150家工廠（其中一半是絲織廠）和548家商家停業，導致1.5萬人失業。三個月後，政府下令關停「有傷社會風化」的娛樂場所，更多城市居民失去了工作。到1950年5月，失業或半失業人口達到21,000人。隨後的「三反」和「五反」運動沉重打擊了杭州的資本家，導致更多企業倒閉，令本不景氣的就業市場雪上加霜，登記失業的人數又增9,686人。1952年末，西湖疏浚工程開始時，杭州進行了一次新調查，24,687名市民登記為失業工人，另外24,052名失學學生或家庭主婦正在尋找工作。[40] 如果對比1949年杭州的就業情況，這個失業率就高得驚人：當時1,786家工廠僱用28,000名工人，而另外43,189名市民從事商業活動。[41]

為應對建國初期的幾次失業大潮，杭州地方政府決定「以工代賑」，讓失業者有工可做，暫時避免社會動盪。最初，工人每天工作八小時，

38　吳子剛，〈建國初期西湖疏浚工程紀實〉，頁80。

39　施奠東，《西湖志》，頁49。

40　杭州市地方志編纂委員會，《杭州市志》（第九卷）（北京：中華書局，1997），頁212。

41　Gao, *The Communist Takeover of Hangzhou*, 34.

可獲得一公斤半或兩公斤大米。[42] 後來，工人的酬勞計件支付，最終每月差不多可獲得120公斤大米和額外現款。1950年，「以工代賑」運動正式拉開帷幕。數月之內，參與者迅速增加到四千多人。到1953年，參與者減至約兩千人。隨著1954年杭州經濟復蘇，1,700多名參與者找到了工作，「以工代賑」正式告一段落。[43]

參加「以工代賑」的工人大多投入了城市主要幹道的建設工程。[44] 除道路建設之外，城市的機場、公路、橋樑、火車站和工業部門也吸收了大量工人。[45] 儘管《杭州市志》指出，在最初組建工作團隊時，參與者只有1,100人，[46] 但現有的檔案記錄顯示，1950年6月，工人人數很可能超過四千。有趣的是，雖然長期以來歷史研究人員認為「以工代賑」的工人是改造西湖的主要勞動力，但《杭州市志》並未將西湖疏浚工程列為主要用工單位。[47] 更重要的是，參與工程建設的本地勞動力貢獻相當有限。1956年2月21日的一份報告顯示，因為參與杭州「以工代賑」的「居民工」中的大部分「需要參加農業生產與復學」，勞動力數量在後期大量減少。[48]

這份報告也對鄰縣農民參與浚湖者缺乏積極性提出了批評。1956年春節過後，據説有2,070名農民回到了工地。令工作隊的領導失望的是，許多農民工在新年後或者「有情緒波動」，或者「不按時歸隊」，或者「在困難面前叫苦」，不一而足。士氣的動搖顯然降低了工作效率，報告總結道，郊區農民「出土量與計劃指標懸殊很大」。此外，勞動力

42　《杭州市志》所列的大米配額與現有檔案記錄不符。1950年6月的一項調查顯示，參加「以工代賑」的工人每天至少能掙六至八公斤大米。參見浙江省檔案局，J103-002-098-020，頁20。

43　杭州市地方志編纂委員會，《杭州市志》（第九卷），頁212。

44　同上。

45　浙江省檔案局，J103-002-098-020，頁20。

46　杭州市地方志編纂委員會，《杭州市志》（第九卷），頁212。

47　浙江省檔案局，J103-002-098-020，頁20。

48　杭州市檔案館，071-001-0009，頁16。

不足也是效率低下的一個原因。報告撰稿人發現，農民工的目標人數與
實際參與人數相差甚遠。例如，西湖區大隊在1956年按照命令派遣800
名勞工，但登記在冊的只有630人；更糟的是，實際在工地出工的為
423人。此外，縣級或村級領導似乎對這項工程漠不關心，杭州郊區委
員會僅指派三名「一般辦事員」前往工地，領導協調兩千多名農民工的
工作，領導力低下可想而知。更有甚者，一些來自郊區的幹部被指控
「集體貪污」、「冒領工資」、「剋扣伙食」等等。[49]

　　儘管該報告揭示出一些不滿和矛盾，但市政府在1956年1月14日發
動七千多名工人重新投身疏浚工程後，本地的《杭州日報》對政府的動員
能力頗感自豪。[50] 就此而言，疏浚工程本質是帶有宣傳性質的，因為它
符合新政權長期以來將組織勞動力與政權合法性相聯繫的目標。[51] 在七
千名工人中，杭州市民和農民佔到其中一半以上，但工程領導對他們顯
然缺乏信心。正如上文2月21日報告的悲觀預測，2月底至3月初，學
生返回學校，大多數農民則回到農村務農，勞動力勢必出現短缺現象。[52]

　　在成千上萬的勞動力中，尚有三千多勞改分子，但他們的工作效率
也非常低下。1956年4月的一份報告顯示，這些勞工平均每人每天挖土
0.96立方米，比其他勞工低約50%。[53] 效率雖低，但相比2月時（每人每
天僅挖土0.47立方米）已有明顯改善。[54] 效率低下除了勞工們自身因素
以外，管理的幹部問題同樣不少。很多幹部對這項艱苦的工程缺乏心理
準備，有些缺乏前往西湖工地工作的意願，更有一些還因為個人問題而

49　同上，頁16–22。

50　〈加速疏浚西湖工程昨日開始進行〉，《杭州日報》，1956年1月15日。

51　周海燕認為，這種相關性的論述最早出現於四十年代初。當時中共在陝北
　　的政權面對空前的經濟危機，號召群眾參加大生產運動，並由此宣傳自給
　　自足政策。周海燕，《記憶的政治》（北京：中國發展出版社，2013），頁
　　136–137。

52　杭州市檔案館，071-001-0009，頁16。

53　同上，頁9–11。

54　同上，頁19。

對工作心神不寧，例如一些幹部因為他們的戶口被遷至偏遠省份，如內蒙古和黑龍江，而情緒低落。因此不難想像，幹部對於這一工程缺乏工作熱情導致了相當多的問題，包括一些勞工人員忽然失聯等情況。[55]

為解決勞動力隊伍不穩定、參與者積極性低的問題，政府通常的解決辦法是回到其駕輕就熟的大規模動員群眾的辦法。青年工人、黨政機關幹部和學生被要求無償義務勞動。1955年11月5日發起了一場大規模的義務勞動運動，原因之一是當年夏天乾旱嚴重。根據當時報紙報道，「部分湖底已經顯露」。西湖見底的主要原因是當時為了挽救附近久旱的稻田，政府決定西湖放水灌溉農田，直接造成湖水幾乎耗盡的尷尬局面。然而，裸露的湖床卻為挖土清淤提供了有利時機。據《杭州日報》報道，在這場旱災中，杭州的男女青年「紛紛要求團市委同意他們參加浚湖工程，把湖底挖深」。[56] 五天後，《杭州日報》進一步證實，超過2.5萬名年輕人申請參加義務勞動。[57]

在兩萬多名報名者中，只有其中極少數人有機會參加1955年11月5日在岳廟附近舉行的「疏浚西湖義務勞動」開幕式。參加者包括五百名杭州商業學校的學生和上千名學校、政府機關、解放軍和公安部門代表。據報道，儀式後的挖掘工作持續了兩個半小時，從湖床中挖出了249.5立方米的淤泥。[58] 儘管年輕人立志為工程做貢獻，但他們的效率低下，也是不爭的事實。他們每人每天（8至10小時）最多挖土0.8至1.0立方米，其勞動效率甚至不如一名積極性不高的農民工。

從此之後，政府對義務勞動者開始進行更系統化的管理。例如，1956年1月29日，政府提出「美化西湖」的口號，再次動員包括市級機關幹部在內的數千名青年男女，清理湖邊地區並挖掘湖床。據稱，一天之內就挖出了1,500立方米的淤泥。事後《杭州日報》不忘將這一活動與

55　同上，頁10–13。

56　〈本市青年將參加疏浚西湖勞動〉。

57　〈本市青年疏浚西湖義務勞動開工〉。

58　同上。

當前政治形勢掛鉤：「這就是全市青年在杭州進入社會主義社會以後的第一次緊張的義務勞動」。[59] 義務勞動者也參與了同時期許多其他工程。大多數情況下，參與者主要是政府工作人員和國有企業員工。一份關於杭州河道填平工程的報告顯示，在義務勞動者的努力下，該工程有望提前完工。[60]

西湖疏浚工程對勞動力的使用情況非常複雜，參與工程的勞動人員成分五花八門。毫無疑問，對以工代賑的廣泛報道與對義務勞動的宣揚政治宣傳目的明顯，傳播了這樣一種觀念：只有社會主義國家才願意照顧失業者，只有在社會主義制度下，普通大眾才會懷著滿腔熱忱，參與到戰勝自然的運動中來。隨著各級報紙對以工代賑和義務勞動的報道，杭州民眾熟悉並親身體驗了社會主義社會下的群眾動員機制。然而，報紙未能報道這些工程中充滿不和與矛盾的另一面。許多工程參與者並非全心全意投入身心，他們有自己的問題需要解決，有自己的目標需要達成。儘管如此，他們無意直接反對疏浚西湖工程，而是通過不同的策略來行使其能動性：農民工拒不上工、居民工積極尋找其他就業機會、勞改分子設法遠遁、幹部敷衍了事。他們的行為或不作為導致人工疏浚效率低下，造成了時間與資源的巨大浪費，給整個西湖工程帶來了不良影響。

西湖疏浚工程的機械化

西湖疏浚工程的勞動力隊伍由於缺乏穩定性、協調不力，勞動成果適得其反。事後回顧，整個西湖疏浚工程大致可分為三個階段：在第一階段（1952年至1953年末），除一艘80馬力的小型挖泥船外，幾乎完全依靠人力的工程隊僅挖出總淤泥量的1.7%。在第二階段（1954年初至

59　〈青年們為美化西湖的義務勞動日〉，《杭州日報》，1956年1月30日。
60　〈里橫河體育場將可提前填平〉，《杭州日報》，1956年11月19日。

1955年底），工程隊配備了兩艘鏈斗式挖泥船以及諸如運泥鐵駁、拖輪和專用船這樣的輔助設施，大大加快了工程進度。到1955年底，共挖掘1,595,700立方米沉積物，佔總淤泥量的22.15%。[61]

在最後階段（1956年初至1957年末），剩餘62.77%的淤泥終被清除。[62] 在1955年底制定的兩年計劃（1956–1957）中，提案請求額外撥款約166萬元，用於購買一艘吸泥船、一艘挖泥船、三艘拖船、八艘運泥木駁船、一座電力站、兩台電站接力泵和1,800米的輸泥鋼管等等，此外還包括操作人員和技術人員的培訓費用。[63] 然而，機械和電動設備的配置又帶來了新的問題和隱憂。據估計，每年的維護費用高達七八十萬元，這對杭州市園林局來說是一筆無法承受的高昂費用。到了1958年，杭州市政府決定終止疏浚工程時，所有船隻和機械的拆卸和運輸不僅耗資不菲，還相當費時，園林管理局大約耗費三四個月，才將所有部件運離西湖。[64] 從生態角度看，機械化清淤不加區分地清除了大量微生物。正如本章後文所述，一些本可淨水的微生物因此消失，導致污染水質的藻類在工程結束前肆意泛濫。

淤泥的處理問題

儘管機械和電動設備帶來了諸多問題，好在先進的技術無疑加快了疏浚工程的進展。相比之下，淤泥的堆放和處理問題則更加棘手，需要技術與人力以及各機構之間的協調。如前所述，規劃人員設想了兩種處理淤泥的方法：空地堆置，或將淤泥直接沿著管道沖入錢塘江。就技術

61　吳子剛，〈建國初期西湖疏浚工程紀實〉，頁80。

62　同上。

63　〈杭州市園林管理局為檢送「疏浚西湖的兩年規劃」的報告〉，載王國平編，《西湖文獻集成，第12冊：中華人民共和國成立50年西湖文獻專輯》，頁577–579。

64　浙江省檔案局，J163-002-430，頁50–56。

而言，堆置淤泥需要更強勁的吸挖設備，因為指定的堆置地點的距離
(數千米至萬米以外)通常大於普通吸挖船能夠傳送的距離(700–800米)。
儘管如此，西湖有兩個優勢：首先，西湖水含有豐富的有機物，密度較
低。其次，西湖地勢其實高於周圍的農田。因此，工程師們能夠設計
出一個巧妙的解決辦法：「用兩隻吸泥船並聯排泥，途中再建接力泵，
並利用柏油筒做成開口泥式槽代替鋼管」；同時加大排泥管，直徑從300
毫米擴大到500毫米。[65]

此外，更為複雜的難題是淤泥的堆放地點。上文提及的1952年報
告指定了一些地點，主要位於西湖北部和西部。當時報告作者非常肯定
能在杭州範圍內找到9,450畝土地，用於堆置淤泥。[66] 但到了1955年，
一份新的報告承認，最初的計劃高估了指定地點的堆置容量，建議迅速
尋找新的地點。當時(1955)工作小組主要計劃徵用西山區臥龍橋茅家
埠一帶的土地或沼澤，來臨時或永久處理挖掘出的淤泥，計劃在1956
年和1957年分別徵地430畝和350畝(其中魚塘和荒地100畝)，可堆置
250多萬立方米淤泥。考慮到大部分土地是農用田，報告提出了兩種
方案：

> 1. 對綠化西湖關係較大、而影響農民生活較小的農地或池塘，予
> 以徵用，農田徵用後給農民以一定補貼，無法繼續西區耕種者，
> 設法遷至城郊或外縣生產；
> 2. 大部分農田擬採用租用方法，給予一定租費，淤土堆完後，交
> 還農民耕種。這個處理辦法比較簡單易辦，農民也樂於接受。[67]

雖然報告聲稱這種辦法在疏浚小南湖時使用，農民「樂於接受」，
徵用耕地卻常常引起農民不滿。1956年，作家陳學昭(1906–1991)就曾

65   吳子剛，〈建國初期西湖疏浚工程紀實〉，頁81。
66   〈疏浚西湖工程計劃〉，頁567。
67   〈疏浚西湖設計任務書〉，頁570。

耳聞農民抱怨土地徵用後卻得不到使用，被長期閒置直至荒蕪。[68] 另一種關鍵的處理辦法是將挖掘出的淤泥運送到鄰縣農場。當時有一個共識，即從西湖湖底挖出的淤泥非常肥沃。杭州周邊的農場均有類似的報告：「（蕭山縣農民）使用西湖泥的黃麻幼苗，其莖、葉都要比用原泥的高大三分之一，其他用泥地區的農作物也不同程度地見到了肥效，杭縣認為每畝田用泥5噸，稻田可以增產100斤穀，棉田可以增產10斤皮棉」。正因此，五十年代中期，各縣對西湖淤泥的需求不斷增長，政府特為此成立了一個專門機構——「杭州市搬運西湖泥工作委員會」。此工作委員會1955年11月成立，其1956年4月的報告顯示，在最初五個月裡，從西湖運出171,752噸淤泥，主要運往杭縣、蕭山、金華、杭州郊區的農場。各農場使用的運輸工具五花八門，例如農船、汽車（包括上海過來的車隊）、拖輪、帆船和踏車。[69]

然而，對淤泥不斷增長的需求也造成了巨大的混亂和資金與人力的浪費。例如，為了滿足蕭山農場的需求，委員會僱工在西湖東南部的長橋開發一個泥灘。原本商定由各農場農民作為勞動主力，自行來西湖地區取泥，卻沒想到這些農民不肯在1956年3月前到場。因此，工作委員會不得不多支付40,392工的報酬。相比之下，接收淤泥的農場僅支付4,213工。1956年3月，為降低運營成本，委員會放棄了長橋的泥灘。然而，蕭山農場的淤泥訂單意外劇增，從「原定3萬噸增加到20萬噸」。情急之下，委員會指示農場領導直接從西湖湖邊取泥。[70]

工作委員會同時認為，運泥造成的混亂與浪費，工作委員會和蕭山農場皆負有責任。以長橋泥灘建設為例，委員會最初花費31,865元，但後來「擴大運泥，營建了碼頭、泥場車道及排水設施等」造成了額外費用，又追加了一萬多元的預算。如前所述，淤地和船塢僅投入使用三個

68　陳學昭，《難忘的年月》（廣州：花城出版社，1983），頁8。

69　〈杭州市搬運西湖泥工作總結〉，載王國平編，《西湖文獻集成，第12冊：中華人民共和國成立50年西湖文獻專輯》，頁571。

70　同上，頁572。

月。與此同時，蕭山農場預訂的淤泥量遠多於之前商定的數量。報告顯示，1955年冬這些農場僅預訂三萬噸淤泥，但到1956年1月卻劇增到33.9萬噸。在缺乏足夠運輸工具和勞動力的情況下，委員會仍倉促與農場達成協議。當農場動員農民前往杭州時，他們才發現委員會完全沒有做好準備。總結下來就是「計劃多變，盲目性很大」。[71]

工作委員會後來承認在成立後的數月內曾多次犯錯。首先，計劃不周導致了投資和勞力的巨大浪費。其次，未能完全激發勞工的積極性。工作委員會既未能向他們灌輸「建設社會主義」、「加強工農聯盟」的新時代思想，也沒有堅持「多勞多得」的經濟原則。總言之，這些勞工既沒有接受到意識形態的教育，也沒有獲得金錢上的獎勵，導致他們「抱著混飯吃的態度來對待運泥」。第三，工作委員會缺乏科學調查和制定可行計劃的能力，反而「單純地趕時間、趕任務，對經費使用上缺乏精打細算」。例如，蕭山農場最終收到的淤泥量比他們要求的多出2.2萬多噸，而杭縣農場的淤泥量卻少了4萬噸。諷刺的是，運往杭縣的運費遠低於運往蕭山，工作委員會因此蒙受了巨大的經濟損失。此外，還有些計劃不切實際。當各農場抱怨第一次計劃所運送的淤泥量（10萬噸）太少時，工作委員會未經周全考慮，便在第二次計劃中承諾五個月內運送59.5萬噸。其實，工作委員會很快就發現，運輸如此大量的淤泥可能十個月都無法完成。最後，報告指出，工作委員「管理力量不足」，亟需有專業知識的專家和幹部來指導。[72]

淤泥處理問題令人頭疼，既反映出當地幹部計劃不周，也表現出淤泥自身的能動性。借用簡·貝內特的說法，淤泥「妨礙或阻撓人的意志和計劃」。[73] 挖除的淤泥要求新政權的幹部們對淤泥的存在做出反應，並隨情況的改變不時改變幹部既定的規劃。地方政府的規劃從一開始就

---

71   杭州市檔案館，071-001-0009，頁3。

72   同上，頁3–5。

73   Jane Bennett, *Vibrant Matter: A Political Ecology of Things* (Durham and London: Duke University Press, 2010), viii.

不盡完善，很快幹部就發現應對方案效果不佳，工程陷入困局。可以說，淤泥的存在以及清除淤泥的需求將地方政府與不滿徵地的農民對立起來，造成了資金和人力的浪費，也帶來了管理上的混亂。最終，規劃者和決策者不得不因應淤泥的持續增長，重新制定計劃並尋找新的堆置地點。

不順從的自然

1955年乾旱

　　1956年是最為繁忙、但也效率最高的一年。正因此，來不及運離現場的淤泥便成為一個突出問題。杭州市政府在這一年組建了一支新的挖泥船隊，[74] 並動員了數千名義務勞動者。如上所述，1955年大旱造成湖水乾涸、湖床裸露。趁此機會，杭州的青年工人、在職職工和學生自願參與到這場浚湖活動之中。然而，現有的氣象記錄表明，1955年並非五十年代最旱的一年。九十年代末編纂的《杭州市志》顯示，杭州分別在1953年和1957–1958年經歷了時間較長的嚴重乾旱。[75] 然而有趣的是，另一份記錄表明：1955年，杭州周邊的臨安、餘杭、富陽等縣確實因降雨不足而影響了農業生產，但杭州本地沒有歷史性乾旱的記錄。[76]

　　儘管乾旱的天氣並非西湖湖水枯竭的決定性因素，但杭州周邊各縣農民所經歷的旱情確實加劇了西湖的乾涸。現存檔案記錄顯示，杭州市政府一直備受壓力，因為各方要求西湖放水灌溉城郊和杭縣約10萬畝稻田。1955年，夏秋兩季相對乾旱，利用西湖灌溉確保豐收的呼聲高

74　吳子剛，〈建國初期西湖疏浚工程紀實〉，頁80。

75　杭州市地方志編纂委員會，《杭州市志》（第九卷），頁609。

76　《杭州市水利志》編纂委員會，《杭州水利志》（北京：中華書局，2009），頁185。

漲。而灌溉稻田本身就是1952年提出西湖疏浚的主要理由之一，市政府並無推脫的理由。如此，政府迫於重重壓力下開閘放水。事實證明這是一個可怕的錯誤，後果完全出人意料。1955年秋冬，西湖暫時失去了相當一部分蓄水量，導致「湖床大部地區露了底」。[77] 西湖湖床裸露正是1956年浚湖速度加快的一個重要原因。

但灌溉稻田並不是造成1955年西湖乾涸的唯一原因。同年，杭州各水廠出現鹼化現象。後來人們回憶道，乾旱降低了淡水水位，使來自海洋的鹹水倒流，自來水廠水質隨之降低。因此，西湖也成為自來水廠的水源之一。事後證實，自來水廠、灌溉稻田的需要以及疏浚工程中的水量損失，共同造成了西湖乾涸的尷尬局面。[78] 此後幾十年，西湖水再也無法用於灌溉。換言之，規劃者在1952年為這項耗時耗資的項目尋找支持論據時，曾大力宣傳西湖可作為灌溉水源支持農業生產，然而不難看出，這只是一廂情願的奢望。在此，西湖以不合作不順從的態度發揮能動性，挑戰了工程的合理性，並徹底改變了當地幹部所預期的目標。

1958年赤潮

據氣象記錄顯示，1955年的乾旱天氣與1958年相形見絀。1958年5月下旬開始，旱災席捲杭州及附近各縣，大多數地區持續達50多天，有些地區連續97天沒有降雨。[79] 此外，從1958年5月開始（即疏浚工程結束後幾個月）西湖水變成了紅褐色。赤潮迅速蔓延，最終波及五千畝湖面，面積約佔整個湖面的三分之二。[80] 夏季過後，杭州市民驚訝地發現西湖變成了「紅湖」。湖水顏色劇變不僅令中外遊客憂心忡忡，也令

77　杭州市檔案館，071-002-0003，頁18。

78　施奠東，《西湖志》，頁74–78。

79　《杭州市水利志》編纂委員會，《杭州水利志》，頁185。

80　杭州市檔案館，071-002-0028，頁2。

杭州市民和地方政府擔心不已。[81] 西湖的污染問題亦驚動了中共高層領導，國家副主席劉少奇 (1898–1969) 看到西湖水質惡化十分驚異，「立即讓杭州園管部門找專家研究原因，進行治理」。直至 1958 年 11 月，劉少奇從杭州回京後，仍在繼續詢問有關西湖赤潮的最新情況。[82] 在蘇聯專家於 1953 年描繪的藍圖中，杭州本應成為「休閒、旅遊和文化活動之城」，而一片染成紅褐色的西湖無疑是對「人間天堂」與旅遊文化聖地的褻瀆。

　　實際上，自杭州解放後的十年間，儘管政府努力淨化西湖水質，但水質卻迅速惡化。自 1950 年起，省市兩級政府在西湖周邊群山上開展植樹造林運動，預防水土流失，防止湖水污染 (詳見第 4 章)。然而，西湖岸邊無節制地建造賓館、飯店、療養院和醫院，令湖水污染的治理工作收效大減甚至化為烏有。這些設施不受任何法規約束，隨意將生活生產廢水排入湖中，大大降低了湖水的自淨能力。[83]

　　五十年代及之後進行的調查和研究，可以量化說明西湖的污染程度。建國伊始，西湖水深僅半米，但水質極佳，透明度達 0.5 米。[84] 幾乎可以說，當時的水質完全透明。水質之所以如此完美，部分得益於水生植物和水生螺類的大量繁殖。五十年代，西湖水透明度大多低於 0.4 米。與此同時，氨態氮、硝態氮和亞硝態氮含量都持續上升，導致微生物大量繁殖。微生物泛濫進一步導致湖中氧氣流失。水質檢測發現，在西湖某指定地點，1954 年的耗氧量為 15 毫克/升，但在微生物泛濫的兩年後，耗氧量上升到 18 毫克/升。1956 年是比較關鍵的一年，西湖

81　湯明信等，〈改善西湖水體問題的實踐與探討〉，載杭州市園林文物管理局編：《西湖風景園林 (1949–1989)》(上海科學技術出版社，1990)，頁 434。

82　施奠東，《西湖志》，頁 117。

83　同上，頁 69。

84　毛發新，〈杭州西湖的環境水文條件與水體富營養化問題〉，《地理科學》，第 6 卷，第 2 期 (1986 年 5 月)，頁 162。

因為藻類大量繁殖，水質開始變黃變綠。[85] 在這個意義上來説，1958年的赤潮爆發只是建國之後幾年湖水水質持續惡化的一個後果。

政府部門曾經宣傳，1949年前的西湖是一片渾濁而骯髒的淺水池塘，綠萍漂浮，蚊蟲肆虐，是貧窮、落後、腐朽舊中國的象徵，但五十年代西湖水質日益渾濁，讓官方傳播的這種類比失去意義。[86] 畢竟，由於附近溪流進水量極其有限，西湖並不具備強大的自淨能力。西湖面積相對較小，進水主要來自附近山巒的三條溪流：金沙澗、龍泓澗和長橋溪，構成一個約27.25平方公里的微型水系。[87] 夏秋季節，氣溫高、降雨少，這些小水道時常斷流，使西湖的蓄水量大幅減少，甚至成為「死水湖」。[88]

氣溫升高、水量減少，正是1958年微生物大量繁殖和水污染的先決條件。然而，核心問題是哪些微生物導致了「赤潮」以及如何解決「赤潮」。由於湖水無法自我淨化，而建國十週年大慶即將到來，杭州市政府最終決定制定一項解決方案。1958年10月21日，來自浙江醫學院、杭州自來水廠等12家單位的專家和西湖的老漁民共同召開會議探討現狀，並在會後成立了一個研究小組。幾天後，研究小組提交了一份報告，認為赤潮是由一種纖維藻或其他藻類過度聚集造成的，另外正在進行的疏浚工程「挖掉了有益於湖水清潔的金魚藻」也是原因之一。[89]

研究人員多次進行實驗以求殺滅這類微生物，幾天內便得出結論。研究小組將硫酸銅溶液（0.75克／升）加入西湖水樣，發現24小時內水樣即重新淨化。因此報告斷言，將百萬分之一的硫酸銅溶液噴灑處理，可以消除大多數致污染的微生物，淨化水質。據此，研究小組請求政府提

85　劉經雨、毛發新、何紹箕，〈杭州西湖水質特徵及其綜合評價〉，《杭州大學學報》，第8卷，第3期（1981年7月），頁309。

86　施奠東，《西湖志》，頁49。

87　毛發新，〈杭州西湖的環境水文條件與水體富營養化問題〉，頁158–159。

88　劉經雨、毛發新、何紹箕，〈杭州西湖水質特徵及其綜合評價〉，頁309。

89　杭州市檔案館，071-002-0028，頁2–3。

供八萬公斤硫酸銅及相關噴霧器材。報告還指出，過去六年的疏浚工程也應被追究責任，因為西湖疏浚不僅去除了淤泥沉積物，還消滅了一些可以清除藻類的植物。此外，研究還提出了若干其他建議，以預防未來的水污染：

> 一、繼續挖深西湖 1 公尺，使湖水平均深度達 3 公尺。湖水挖深後，這種危害湖水清潔的微生物纖維藻就將失去成長的條件，同時對調節沿湖小氣候也將有顯著成效。
>
> 二、大量移植有益於湖水清潔的金魚藻、狸藻、玻璃藻等水藻。
>
> 三、加強西湖管理，進行經常的衛生監督，控制污水入湖，嚴格禁止在西湖淘米、洗衣、洗菜。
>
> 四、減少養魚密度。現在西湖中養魚達七八十萬尾，魚群掀浪翻動其排洩物，對湖水清潔都有一定影響。[90]

然而，這四項措施有效性存疑。首先，挖深西湖正是導致微生物快速繁殖的根本原因，而非解決之道。八十年代初在西湖進行的一項研究表明，水深 1.2 米處，其光強度不到水面光強度的 1%；在水深度 1.4 米的湖底，光強度為 0%–0.52%，無法滿足水生植物正常生長需求，但這是微生物繁殖的最佳條件。[91]更嚴重的是，隨著湖水變深，水流速度降低，水溫也會相應升高。[92]因此，將湖水挖深一米很可能適得其反，進一步減緩水流速度，增高湖內溫度，成為微生物大量繁殖的溫床。

其次，限制養魚不僅與地方政府在西湖發展漁業[93]的政策背道而馳，而且養魚與水污染基本沒有正相關關係。二十世紀六十至八十年代的西湖魚類產量調查顯示，八十年代的魚類產量僅為六十年代的 39%，

90　同上，頁 3–5。

91　鄭瑾，《杭州西湖治理史研究》，頁 145。

92　湯明信等，〈改善西湖水體問題的實踐與探討〉，頁 434。

93　Gao, *The Communist Takeover of Hangzhou*, 220.

但八十年代初的水質卻反而不如六十年代初。因此，當時的研究人員得出結論，「西湖水渾濁原因與養一定數量的魚關係不大」。[94] 最後，嚴格控制向西湖排放廢水的意見對保持水質至關重要，但由於湖邊設施的建設者、所有者和使用者大多是共和國領導人、政府機構或部隊，管理這類設施超出了園林局、杭州市乃至浙江省政府的管轄範圍。

由上可見，1958年10月30日的這份報告過於簡略且準確性差，無法詳細解釋赤潮的原因，也未能提供切實可行的解決方案。兩個月後，浙江醫學院提交了一份更為詳盡的報告，不僅綜合了科研專家的意見，也採納了普通民眾的觀點。撰稿人在報告開篇就首先指出美化西湖是「一項具有國際政治意義的科研任務」，並承諾在1959年10月1日中華人民共和國建國十週年之前完成美化西湖的目標。起草這份報告之前，醫學院進行了為期一個多月的系列實驗。在此期間，他們養殖了各類水生植物、水生螺類和淡水魚，以期找到有效的解決方案。[95]

報告指出，自五十年代初以來，西湖的疏浚工程和養魚業共同導致了湖泊生態平衡的嚴重破壞。挖深湖底導致「大量肥料被釋放了出來，沒有水草來利用這些肥料，因此使低等水生植物（如藻類等）有機會大量繁殖」。與此同時，魚類不僅捕食以藻類為食或吸收藻類的水生螺類和植物，還捕食了大量吞噬藻類的浮游生物。因此，一種微型藻類——藍纖維藻（Dactylococcopsis）趁機在湖中泛濫成災。這種藻類體內帶有紅褐色色素，抵抗力極強。除此之外，醫學院還進行了更多測試作為佐證，結果表明從各小溪流入的水非常乾淨，但在進入西湖後水卻變成了紅褐色。[96]

研究人員進一步發現，在西湖邊錢王祠的兩個池塘中，水的清濁取決於池塘中是否有水草生長。此外，據西湖邊老工人回憶，過去西湖水

---

94 湯明信等，〈改善西湖水體問題的實踐與探討〉，頁439。
95 〈使西湖湖水變清的試驗報告〉，載王國平編，《西湖文獻集成，第12冊：中華人民共和國成立50年西湖文獻專輯》，頁542–544。
96 同上，頁543–544。

之所以清澈，一個原因是湖中盛產螺螄。鑒於這些觀察結果，研究人員堅信可以通過自然而非化學方式控制赤潮。為證明這一主張，研究人員進行了多項實驗。首先是水生雜草實驗，在裝滿西湖水的水箱中種植水草，特別是金魚草和「革命草」（喜旱蓮子草），可在七至十天內有效去除藻類。另一項關於水生螺類的實驗表明，十隻螺螄可以在24小時內淨化4,000立方厘米的西湖水。解剖結果也表明，螺類的消化系統中充滿了藍纖維藻。另一項對黃蛤的實驗也得出了相同的結果。[97]

研究組還對花白鰱魚進行實驗。在裝滿西湖水的水箱中養殖八九條鰱魚，七至十五天後，沒有發現顯著變化，證明這些魚類不能食用藻類。最後是綜合實驗，統合上述所有方法。在一個裝滿西湖紅水的水箱中，養殖八九條鰱魚、十五隻螺螄、十五個黃蛤，並種植水草（包括金魚草、革命草和鳳眼草）。五天後，水樣恢復清澈，一個月後仍未受到污染。研究人員由此得出結論，這種綜合方法能夠最有效地控制赤潮。在一些西湖老工人的建議下，研究者還建議在隨後的抗赤潮運動中投放大量河蚌。[98]

雖然西湖老工人提出的解決方案沒有任何實驗或測試的證實，但他們在科學研究中所發揮的作用仍然受到重視，這體現了毛澤東時代「群眾科學」的普及。這種「群眾科學」即「鼓勵農村領導人進行實地調查，收集研究數據，找到解決實際問題的辦法」。[99]舒喜樂認為，在毛澤東時代，「群眾科學」的廣泛應用旨在針對「知識精英主義，力求化解腦力勞動和體力勞動之間的分化」。[100]在科學研究中接納西湖老工人的意見，充分體現了一個廣為宣傳的觀點——「勞動人民」是新成立的共和國的中堅力量。由此可見，這一決定是宣傳目的與實用性並存。毛澤

---

97 同上，頁544。

98 同上，頁544–545。

99 Gross, *Farewell to the God of Plague*, 11.

100 Schmalzer, *The People's Peking Man: Popular Science and Human Identity in Twentieth-Century China* (Chicago: The University of Chicago Press, 2008), 9.

東時代的「群眾科學」在後毛澤東時代依然成立。1981年，西湖水再度
變紅，受邀請來參與會議的是「老工人」而非專家學者，他們在會上回
顧了1958年至1959年的赤潮及當時的解決辦法，並對目前湖水顏色的
變化進行了分析。[101]

　　浙江醫學院提出的這種綜合解決方案結合了實驗室研究與以往的日
常生活經驗。然而，方案能否發揮實際作用，仍然有待檢驗。不僅西
湖老工人的建議沒有任何科學研究支持，實驗室進行的實驗也過度簡化
了西湖的實際生態狀況。各項實驗中的樣本都很小，時間也很短（24小
時至幾週不等），因此無法確定長期效果。以水生螺螄為例，雖然螺類
確實能吃藻類，但有個問題始終沒有答案——藻類能否被完全吸收，
或從長遠來看，藻類是否會被排出體外，重新污染水體。顯然，在實驗
室環境中進行的實驗僅僅表明螺類的消化系統中存在藻類。[102]

　　因為形勢緊迫，杭州市政府急於確定方案，當然未及收集更多數
據。相關部門發動了一場聲勢浩大的運動，採取一切能夠想到的措施來
治理紅湖。1959年春，政府將5.5萬多斤螺螄和500多公斤河蚌投入湖
中，同時還準備了10噸硫酸銅。1959年夏季之後，赤潮明顯消退，湖
水變得更加清澈。儘管許多人認為赤潮的消失得益於這套生物和化學的
組合方法，但研究人員從未查明赤潮出現的真正原因，也無法全面了解
螺螄與河蚌是否拯救湖水的靈丹妙藥。當時的一些科研人員甚至拒絕承
認紅褐色的湖水是赤潮，相反，他們認為湖水變紅是因為浚湖工程導致
「湖底土壤釋放出來的鐵質」，紅水的消失不是因為螺螄與河蚌的作用，
而是因為1959年夏的暴雨將西湖徹底沖刷一遍，稀釋了湖水。[103]

　　二十世紀八十年代中期，人們再次在西湖中進行了水生螺類試驗，
結果似乎證明上述的生物治水方法並不真正有效。在花港觀魚公園附近

101 〈當前西湖水質惡化的情況反映〉，載王國平編，《西湖文獻集成，第12
　　冊：中華人民共和國成立50年西湖文獻專輯》，頁546。

102 〈使西湖湖水變清的試驗報告〉，頁544。

103 湯明信等，〈改善西湖水體問題的實踐與探討〉，頁434。

一個0.5公頃的小池塘中，研究人員放入200公斤螺螄。十天後，池水顏色沒有明顯變化。因此可見，實驗室環境下進行的小規模實驗結果能否適用於更大規模的情況，這點非常值得懷疑。此外，一些研究人員認為，螺螄與河蚌非但不能吸收藻類，反而有可能被有毒的藻類殺死。1959年研究者對死蜆進行了解剖，發現其體內含有高濃度的紅色物質，表明它們其實已被藻類毒死。在疏浚工程的期間與其後，西湖的水質都存在許多謎團，可惜杭州的科學家和學者們因種種原因未能開展進一步的研究。事後而言，在建國後的三十五年間，令一些西湖水質研究者感到遺憾的是，頻繁的政治運動擾亂了水質研究，無法持續獲得有意義的數據。然而在隨後的數十年裡，西湖水質卻持續下降，這一趨勢保持至今。[104]

疏浚工程的終結

1955年的乾旱以及1958至1959年「赤潮」的爆發與消失，無不展現出水體不可捉摸、難以理解的神秘性，超出了規劃者和管理者的預期和認知。正是這種不可預測性構成了西湖的能動性，它不僅要求當地幹部迅速作出反應採取行動，而且改變了工程發展的走向；此外，人為干預有時非但於事無補，反而會加劇其不可預測性。余森文在1949年至1956年任杭州市建設局局長，1956年起任杭州市園林局局長，他一直是堅定的疏浚工程支持者和倡導者，正是他早在1952年就提議將西湖挖深兩米。[105] 1957年初，即原計劃的最後一年，工程隊僅完成了計劃工程量的三分之二，西湖加深了1.3米，清除淤泥700多萬立方米。顯然，余最初提出的目標並未完全實現。鑒於此，市政府正考慮是否啟動

---

104 同上。
105 余森文，《余森文回憶錄》，頁566。

新一輪工程，再投入300萬元，用三年時間再挖深50厘米，將湖泊的蓄水量從1,200萬立方米提高到1,700萬立方米。[106]

余森文的新建議無法贏得大多數人的贊成票。即使是他最堅定的支持者也知道有一些棘手難題，眼下無法解決。首先，湖深則湖波增大，所有的西湖遊船都必須進行改裝，而改裝費用可能非常高昂。其次，徵地以堆置淤泥不利於農業生產，長期以來這一直是政府與當地農民之間的矛盾焦點。第三，全國鋼材緊缺，購買排淤鋼管的難度較大。1957年8月9日，杭州市建設局開會徵求各單位和專家的意見，討論將工期延長三年的必要性與可行性。會議期間，只有少數與會者表示支持新一輪的工程，其理由與余森文在1952年提出的主張類似：令湖水更加清澈；沖洗杭州的河道（特別是浣紗河）；灌溉附近的農田；必要時為城市提供淡水；改善杭州的小氣候；將淤泥用作農業肥料。[107]

在與會者中，反對者佔絕大多數，他們對上述理由逐條反駁。首先，浣紗河的河底實際高於西湖，從根本上排除了引西湖水入浣紗河的可能性。其次，過去的經驗表明，西湖對於農田灌溉和河道沖洗其實作用不大。儘管反對者沒有明確引述1955年乾旱為例，但西湖乾涸的災難性局面仍歷歷在目。其三，只有水深達到六米，陽光才能被完全吸收，周圍的空氣也才會相應降溫。西湖水深只有一兩米，無法在夏季調節杭州氣溫。反對者認為，「造林，和水的流動與風的流動」才是影響城市小氣候的關鍵因素。第四，淤泥確實可以用作肥料，但高昂的成本讓農民難以承受。第五，淤泥堆置地越來越難尋覓。徵用更多的土地勢必會再次引發政府與城郊農民的衝突。比如古蕩區「因堆土而徵用的土地已佔1/3，如再徵用4000畝」，則政府無法承受幹部與農民之間激化的矛盾。[108]

---

106 浙江省檔案局，J163-002-430，頁25–27。

107 同上，頁28–33。

108 同上，頁33–34。

　　這些評論其實基本推翻了余森文及其他工程支持者在1952年提出的幾乎所有論點。在過去五年付出巨大努力並耗資數百萬元之後，大多數政府幹部決定不再增加預算，直接結束工程。早在會議召開之前，余森文可能已經預見到該項目不會持續太久。在1957年6月提交的一份報告中，余森文討論了拆除大型設備、解散工人和幹部等問題，為結束工程做準備。然而，余森文不願看到自己一手策劃並全力推動的工程就這樣草草收場。因此，他建議在湖中心建造一座紀念碑，以慶祝這一「歷史意義工程完工」。[109] 顯然，建造紀念碑的建議並未如願獲得批准。由於疏浚工程規模巨大，1958年整整一年的時間才將所有遺留問題處理完畢。在劉莊和花港觀魚之間的地區，大約還有23萬立方米的淤泥亟需清理，1956年這一地區最初分配給工人進行人工清理，但堆積的淤泥長時期不能完成恰恰證明，在機械化的時代單純依靠人力並不可行。[110]

＊　＊　＊

　　1950年代的疏浚工程可謂是西湖歷史上最大的疏浚工程，是1949年後中國宣傳－運動工程的典型代表。一方面，它實現了部分目標，如提高西湖蓄水量，並將挖出的淤泥用作肥料、燃料，這種做法在1949年後相當常見。[111] 另一方面，由於耗資巨大，西湖疏浚也代表了毛澤東時代下的一類典型工程——「付出成本（包括機會成本）超出其本身價值」。[112] 除天文數字般的資金成本外（453.83萬元），人力成本也耗費巨大。地方政府動員了大量城市居民以及周邊地區農民，這樣的工程展示了政府繼續擴大「傳統水利工程建設」的決心以及召集勞動者「在毫

---

109 同上，頁50–58。

110 同上，頁77。

111 Jack Gray, "Mao in Perspective," *The China Quarterly* 187 (September 2006): 664.

112 Rhoads Murphey, "Man and Nature in China," *Modern Asian Studies* 1.4 (1967): 330.

無機械輔助的情況下前往工地辛勤勞動」的動員能力。[113] 然而本章也表明，「自給自足」或擴大勞動力投入以克服機械電力設備不足的說法，並不現實。如果沒有先進的技術，疏浚工程不可能完成。

儘管如此，媒體仍將西湖疏浚作為示範工程，認為疏浚後的西湖水更清更深，以突出社會主義的優越性，同時普及了群眾運動和義務勞動的理念和實踐。正如彼得·凱內斯指出，宣傳不是為了說服「人們去做違背其意願之事」，更多是為了界定何為共產主義政權下的政治制度。[114] 由此不難理解，為何政府願意在一項高調的宣傳活動工程中使用大量資金和人力。作為一項宣傳－運動項目，疏浚工程的關鍵在於讓杭州市民熟稔社會主義新制度的運作方式，而杭州市民通過親身參與，亦向新政權表明了他們積極參與社會主義建設的決心。

儘管如此，人類和非人類行動者的能動性無疑在很大程度上影響了這一宣傳工程的效果。本章論及的參與者除了樂觀的政策制定者、熱心參與工程的廣大勞動者和有責任心的地方幹部之外，還包括：準備不足的策劃者；參與以工代賑但隨時準備離開的城市勞工；對工程重要性不以為意且缺乏動力的幹部；以及士氣不高甚至拒絕出工的農民。眾所周知，後者效率低下，但這也恰恰表現出他們影響工程的能力或能動性。然而，對其中大多數人來說，他們的行為或不作為，並不表明他們有意抗拒新的社會政治制度。更多時候，他們的動機純粹出於個人利益，例如獲得報酬更高的工作，以自己的農活為重，以及努力保留自己的城市戶口等等。

在西湖疏浚的故事中，人與非人類的能動性具有可比性，因為二者在本質上都是「表現式」或「非目的性」的能動性。淤泥、水、微生物和水生植被不服從人類的規劃和執行，破壞、重塑了政府的目標，並由此展

113　Vaclav Smil, *The Bad Earth: Environmental Degradation in China* (Armonk, NY: M. E. Sharpe, 1984), 97.

114　Peter Kenez, *Cinema and Soviet Society from the Revolution to the Death of Stalin* (London: I. B. Tauris, 2001), 224.

示出它們的能動性。[115] 值得一提的是，正是人類在挖掘湖床的過程中，激活了非人類參與者的能動性：一些長期沉積在湖底的污染性微生物與富營養物質得以釋放，而淨化水質的微生物則與淤泥一起遭到清除。

從人類的角度來看，應用最新技術既提高了效率，但也具有相當大的破壞力。工程中利用機械清理沉積物的新方法，雖然加快了工程的完工速度，但也消滅了可以去除污染性微生物的蚌類、螺類和水生植物。非常無奈的現實情況是，機器的效率越高，水質的惡化越嚴重。1999年至2002年間，杭州市政府又投入巨資進行了一次西湖疏浚。到2003年，湖深達到2.27米，完成了余森文半個世紀前的未竟事業。儘管如此，這項工程並未實現改善西湖水質的主要目標，西湖仍然是一個含有大量氮磷的富營養化水體。2008年的一項研究表明，在二十一世紀之交，由於淤泥被大規模地快速清除，湖中已經宿生於淤泥表層數世紀的淨水微生物（如磁性細茵）大量消失，嚴重降低了湖水的自淨能力。[116]

就此而言，這項工程旨在馴服自然，最終卻製造出自己的敵人。反諷的是，正是人類的辛勤努力，激活了非人類的能動性。畢竟，大自然是眾所周知的「混沌系統」，變化莫測，難以捉摸。[117] 對於管理者和規劃者來說，不僅大自然的內部運作（即各部分的協調和互動）依然難以理解、不可預料，而且人類在應對過程中的行動更「助長或放大其不確定性」。[118] 因此，在西湖疏浚這項宣傳－運動工程中，遇到的阻礙不僅僅是一些未能理解社會主義建設意義、因此不願付出勞動力的城鄉居民，同樣還有非人類的能動性。

---

115 千禧年後，西湖水質在多次檢測中一直被評為「劣V類」（即嚴重污染）。參見鄭瑾，《杭州西湖治理史研究》，頁40。

116 鄭瑾，《杭州西湖治理史研究》，頁143–147。

117 Carolyn Merchant, *Autonomous Nature: Problems of Prediction and Control from Ancient Times to the Scientific Revolution* (London: Routledge, 2016), 1–4.

118 David Mosse, "Introduction: The Social Ecology and Ideology of Water," in *The Rule of Water: Statecraft, Ecology and Collective Action in South India*, ed. David Mosse (Oxford, UK: Oxford University Press, 2003), 7.

第2章

花港觀魚
毛澤東時代的景觀、空間與日常性

　　西湖疏浚工程啟動之1952年，杭州市政府著手在西湖南岸興建一座新型的湖濱公園。此公園後來成為大眾所熟知的花港觀魚公園。三年之後的1955年，第一期工程結束。在隨後數年中，公園經歷了持續不斷的擴建、改造和維護。早在第一期工程的結束之時，政府便有意將花港觀魚公園宣傳為「杭州公園中最大最佳處」。[1] 到了1964年，公園佔地面積已超過21公頃，政府自豪地宣稱花港觀魚公園是新中國時期在杭州面積最大、自然風景最為優美的公共園林。[2] 從五十至七十年代，花港觀魚公園作為展示社會主義中國和平繁榮與悠久歷史傳統的舞台，不僅國內遊客趨之若鶩，也成為大多數外國領導人來華訪問的觀光勝地。花港觀魚公園的政治意義不可小覷。整個毛澤東時代，中國與外界交往不多，花港觀魚公園則成為外國人了解新中國的一扇重要窗口。除政治作用之外，公園還被譽為景觀設計的大師級作品，其模型後來在蘇聯和英國的博覽會上展出，屢獲殊榮。[3] 人為設計的景觀（即公園或

1　〈花港觀魚〉，《杭州日報》，1956年4月8日。

2　〈杭州市園林建設十年來主要成就(初稿)〉，載王國平編，《西湖文獻集成，第12冊：中華人民共和國成立50年西湖文獻專輯》(杭州：杭州出版社，2004)，頁183。

3　趙紀軍，《中國現代園林：歷史與理論研究》(南京：東南大學出版社，2014)，頁50。

花園）一直被視為「對自然的模仿」,[4] 但它絕非獨立於政治與意識形態的人工製品。[5] 它既能夠闡明人與特定地方的關係,也因此用以展示人類與自身的關係。[6] 換言之,景觀與意識形態的聯繫十分緊密。

作為中華人民共和國時期的重要景觀項目,花港觀魚的意識形態或政治宣傳意義具有兩重性。首先,它旨在向公眾灌輸社會主義制度下新型的勞逸觀念。蘇聯的「文化休息公園」概念尤其突出強調了勞動與休息的新關係。[7] 在「文化休息公園」中,人們不僅可以「在風景如畫的環境中休息」,同時也參與「健康及合理的娛樂」。[8] 「文化休息公園」重新構造了共產黨政權下的勞動與日常生活,因此具有強烈的意識形態意義。「文化休息公園」這一概念在五十年代引入中國,立即作為園林設計的權威性原則而不容置疑。其次,花港觀魚公園被指定為開展「參與式宣傳」活動（借何若書之語）的公眾集會場所,[9] 是向中外遊客展示新中國熱愛和平、繁榮富裕的舞台。因此,公園在新中國「政治旅遊」中扮演了不可或缺的角色。花港觀魚公園正是接待尼克松總統等重量級外賓與遊客的景點。不可否認,旅遊業一直在全球各國的對外關係中佔據特別的

4　John Dixon Hunt, *Greater Perfections: The Practice of Garden Theory* (London: Thames & Hudson, 2000), 113.

5　大衛‧布拉克伯恩（David Blackbourn）認為,「我們所謂的景觀,既非自然,也不天真無邪,而是人類建造的產物」。參見 David Blackbourn, *The Conquest of Nature: Water, Landscape, and the Making of Modern Germany* (New York: W. W. Norton, 2006), 16。

6　Jeff Malpas, "Place and the Problem of Landscape," in *The Place of Landscape: Concepts, Contexts, Studies*, ed. Jeff Malpas (Cambridge, MA: MIT Press, 2011), 17.

7　Peter Hayden, *Russian Parks and Gardens* (London: Frances Lincoln, 2005), 231.

8　K. Ivanova, *Parks of Culture and Rest in the Soviet Union* (Moscow: Foreign Languages Publishing House, 1939), 9.

9　Denise Y. Ho, *Curating Revolution: Politics on Display in Mao's China* (Cambridge: Cambridge University Press, 2018), 13.

地位，[10] 但在包括中國在內的社會主義政權中，具有外交意義的旅遊卻別具特殊意義。借何蘭德（Paul Hollander）之語，正是在花港觀魚公園，中國外交官採用所謂的「待客技巧」（techniques of hospitality），以便外國遊客能夠在「高度組織、嚴密計劃」的遊覽過程中，沉浸式地體驗毛澤東時代中國美好的生活。[11] 作為新中國外交旅遊的主要場所，花港觀魚公園既是一座新式的公共園林，也是歷史悠久的「西湖十景」千年之後的最新版本。建設花港觀魚公園印證了洪長泰的觀點，中共對城市空間的重新配置，與其在意識形態上重建中國和建立「宣傳國家」的計劃互為表裡。[12]

　　近年有學者認為，建國初期的北京舊城改造運動，是中國共產黨對城市空間進行政治化改造的代表性工程。這一改造是將空間「政治化」的典型案例。所謂「政治化」，即賦予某地以政治含義，達到國家宣傳的目的。[13] 但整個五六十年代，改造杭州空間維度似乎更加多元複雜。究竟是將杭州發展為一個生產空間，還是建設成一個外交空間，成為有「東方日內瓦」之稱的國際會議中心？浙江省政府與杭州市政府態度一

10　Sasha D. Pack, *Tourism and Dictatorship: Europe's Peaceful Invasion of Franco's Spain* (Houndmills, Basingstoke, UK: Palgrave MacMillan, 2006), 5.

11　Paul Hollander, *Political Pilgrims: Travels of Western Intellectuals to the Soviet Union, China, and Cuba, 1928–1978* (Oxford: Oxford University Press, 1981), 17.

12　Chang-tai Hung, *Mao's New World: Political Culture in the Early People's Republic* (Ithaca, NY: Cornell University Press, 2011), 8–19.

13　例如，于水山論述了建築師如何利用建築空間，宣揚社會主義民族主義，參見 Shuishan Yu, *Chang'an Avenue and the Modernization of Chinese Architecture* (Seattle: University of Washington Press, 2012), 57。潘宗億主張，在天安門廣場，由國家主導的紀念性建築和活動，體現了中國共產黨通過愛國救亡的記憶以發揚革命傳統，參見 Tsung-yi Pan, "Constructing Tiananmen Square as a Realm of Memory: National Salvation, Revolutionary Tradition, and Political Modernity in Twentieth-Century China" (Ph.D. Dissertation, University of Minnesota, 2011)；亦見 Yan Li, *China's Soviet Dream: Propaganda, Culture, and Popular Imagination* (London: Routledge, 2018), 91–108。

直游移不定。[14] 儘管新中國政府對國家空間的改造計劃是思想教育和國家宣傳的重要一環，但由於當地政府對城市空間的設想模棱兩可，從一開始這就對政府的改造計劃構成了挑戰。

更重要的是，花港觀魚公園這樣的城市景觀，從來都不僅僅是自上而下強加於當地居民的政治空間。大多時候，它們更是普通市民的生活空間。米歇爾‧德塞托（Michel de Certeau）指出，空間實踐（spatial practice），即日常生活中人們在特定場所內居住、使用、行走所「開展的一系列活動」，能夠創造出異於規劃者所設想的空間。[15] 周傑榮（Jeremy Brown）的主張與德塞托一脈相承，他認為毛澤東時代下，正是在日常生活領域，個人的「行為方式與政策制定者、規劃者和擁護者的意圖背道而馳」。[16] 不過，周傑榮的論點預設了一種先驗的日常生活，它獨立於國家干預的外部力量，不受其影響。同樣，高崢在其開創性著作《接管杭州》中，也假定杭州存在一種先驗的「傳統」文化，南下幹部與之相互影響互動，並由此表明杭州城市文化能夠帶來「與共產主義思維方式不一致的變化」。[17]

相比之下，本章強調毛澤東時代下杭州的城市文化和市民的日常生活皆處在不斷演變之中。我認為，首先，中共力求將空間政治化以達到國家宣傳的目的。但這種努力常常帶來意想不到的效果，因為不同的參與者會有意無意間劃分出自己的空間——政治空間、話語/記憶空間、體驗/日常生活空間。換言之，將花港觀魚公園建設成宣傳意識形態的

14　James Z. Gao, *The Communist Takeover of Hangzhou: The Transformation of City and Cadre, 1949–1954* (Honolulu: University of Hawai'i Press, 2004), 218.

15　Michel de Certeau, *The Practice of Everyday Life*, trans. Steven Rendall (Berkeley: University of California Press, 2011), 117.

16　Jeremy Brown, "Moving Targets: Changing Class Labels in Rural Hebei and Henan, 1960–1979," in *Maoism at the Grassroots: Everyday Life in China's Era of High Socialism*, ed. Jeremy Brown and Matthew D. Johnson (Cambridge, MA: Harvard University Press, 2015), 381n4.

17　Gao, *Communist Takeover of Hangzhou*, 5.

政治空間，始終都不是界定、使用這一公園的唯一方式。其次，儘管公
園的使用並不完全按照當地政府的設想，但其建造與存在本身對城市居
民和遊客的日常生活均產生了深遠影響。在公共花園中，本地居民和外
來遊人可以參與各類政治活動，體驗、感悟並表達藝術情懷，或者從中
獲利(有時是非法營利)。與其認為這項公共工程侵入了中國社會「純真」
(即未被政治污染)的日常生活，我認為它是毛澤東時代中國下新型日
常生活的一個構成要素，是政治、文化傳統與個人體驗的綜合體。

正如前文分析，杭州地方政府有意將花港觀魚公園規劃為一個政治
空間。巫鴻的研究表明，政治空間既是「政治意識形態在建築上的表
現，也是激發政治行動和政治表達的建築場所」。[18] 花港觀魚公園理應
承擔這兩個任務。然而，在形式上，此公園未能體現「政治意識形態在
建築上的表現」這一原則。在五十年代的中國，「文化休息公園」概念中
的意識形態分量日益加重，並成為景觀業最權威性的形式。但花港觀魚
公園建築設計師孫筱祥對這種形式卻不以為意。恰恰相反，孫筱祥有意
避免硬套蘇聯公式，轉而借鑒英國、日本和中國明清時代的園林技巧與
理念。景觀設計師以自主的能動性選擇恰當的風格與方法，驗證了柯律
格(Craig Clunas)的觀點，即對人造景觀的想像、呈現和詮釋，創造一
個「兼具不同意義的場所」。[19] 孫筱祥之所以能夠擁有難以動搖的專業自
主權，部分原因在於浙江當地的幹部缺乏園林設計方面的專業知識。[20]

---

18 Hung Wu, *Remaking Beijing: Tiananmen Square and the Creation of a Political Space*
    (Chicago: The University of Chicago Press, 2005), 9.

19 Craig Clunas, *Fruitful Sites: Garden Culture in Ming Dynasty China* (London:
    Reaktion Books, 1996), 102.

20 長期以來學者發現，在毛時代，中國共產黨為推進其社會和經濟目標，
    都積極與各領域的專家進行合作，並賦予後者很多自主性。例如Dwight
    H. Perkins, *Market Control and Planning in Communist China* (Cambridge,
    MA: Harvard University Press, 1966), 3; Eddy U, *Disorganizing China: Counter-
    bureaucracy and the Decline of Socialism* (Stanford, CA: Stanford University Press,
    2007), 59。

而孫筱祥之所以順利地借鑒中國封建時期的園林技術和理念，也是因為長期以來黨和政府「將文物界定為國家遺產」，[21] 從而得到國家政權保護。這種做法帶來了意想不到的後果：花港觀魚公園逐漸成為了一處文化懷古之地。孫筱祥受乾隆皇帝 (1711–1799)〈花港觀魚〉詩（「花家山下流花港，花著魚身魚嘬花。最是春光萃西子，底須秋水悟《南華》。」）啟發，以花和魚作為公園的核心元素。[22] 這樣一來，花港觀魚景點的復興勾起了新中國時代廣大學者與文人騷客的詩情畫意，令這座公共花園成為皮埃爾·諾拉 (Pierre Nora) 所說的記憶之地。[23] 柯必德 (Peter Carroll) 認為，在現代中國，如何處理各種「記憶之地」正是歷史古城實現現代化與城市改造的關鍵。[24]

然而，問題也隨之而來：花港觀魚美景中的花與魚，即所謂「記憶之地」中的主要元素，究竟是誰的記憶？換句話說，公園提供了一處「記憶之地」，但並非所有人都同樣享有。如果說在設計者與學者、詩人心中，文化懷舊的需求高於空間政治化，那麼本地普通市民也並不一定與文化精英共享同樣的記憶，而是以多種多樣的方式「使用」這一公共花園。對他們來說，公園是約會、散步、品茗或者偷偷帶走小魚小蝦的場所。我在這裡強調公園的「使用」，靈感源於林培瑞 (Perry Link) 對建國

---

21 Ho, *Curating Revolution*, 214.

22 中國建築文化中心編，《中外景觀》（南京：江蘇人民出版社，2011），頁 35。

23 Pierre Nora, *Realms of Memory: The Construction of the French Past*, vol. 1, *Conflicts and Divisions*, trans. Arthur Goldhammer (New York: Columbia University Press, 1996), 1. 李慧漱認為，西湖在宋亡之後就已經變成一處記憶之地。李慧漱，〈《西湖清趣圖》與臨安勝景圖像的再現〉，載李淞編，《「宋代的視覺景象與歷史情境」會議實錄》（桂林：廣西師範大學出版社，2017），頁 184。

24 Peter J. Carroll, *Between Heaven and Modernity: Reconstructing Suzhou, 1895–1937* (Stanford, CA: Stanford University Press, 2006), 15.

後十七年小說的分析。林培瑞認為，毛澤東時代的文學作品具有多重功能，這些功能不能僅用「閱讀」來簡單概括，更準確的詞是「使用」。不同讀者對小說的「使用」不盡相同。[25] 就此，文學作品正可與園林景觀相類比，正因為它們均具有多義性，可有無數種理解和詮釋。正如羅伯特．羅滕伯格（Robert Rotenberg）所言，景觀本質是許多「聽覺」和「視覺」之間的「對話」。[26]

正因為文本與景觀具有可比性，米歇爾．德塞托將閱讀文本與在街道行走相類比，畢竟兩者均可認為是空間實踐。[27] 空間實踐賦予了特定景觀以多重含義，並挑戰了視覺文化大師米契爾（W. J. T. Mitchell）提出的、景觀是「文化權力工具」的說法，[28] 因為景觀有能力賦予「意識形態的抽象概念以實體性」。[29] 在毛澤東時代的花港觀魚公園，不同的行動者懷著不同的意圖，在這座公共空間裡各行其是，創造出各自的政治空間、話語空間、記憶空間和生活空間。德塞托認為空間實踐是「日常生活的策略」，[30] 如果此論仍適用於 1949 年後的中國，那麼杭州市民與遊客如何利用花港觀魚公園，就可以反映出在毛澤東時代的中國，國家為意識形態和宣傳目的而發起的公共項目，如何創造個人的日常生活。

25　Perry Link, *The Use of Literature: Life in the Socialist Chinese Literary System* (Princeton, NJ: Princeton University Press, 2000), 285.

26　Robert Rotenberg, *Landscape and Power in Vienna* (Baltimore: Johns Hopkins University Press, 1995), 4.

27　de Certeau, *Practice of Everyday Life*, 117.

28　W. J. T. Mitchell, "Introduction," in W. J. T. Mitchell, ed., *Landscape and Power*, 2nd ed. (Chicago: The University of Chicago Press, 2002), 1–4.

29　Kenneth Robert Olwig, *Landscape, Nature, and the Body Politic: From Britain's Renaissance to America's New World* (Madison, WI: University of Wisconsin Press, 2002), 216.

30　de Certeau, *Practice of Everyday Life*, 115.

花港觀魚：源起與流變

花港觀魚與山水畫

南宋時期，內侍盧允升權勢顯赫。盧於1225年至1239年間在西湖邊建造別墅，名曰「盧園」，這便是花港觀魚的雛形。[31] 盧園很快衰落，但因園中飼養了數十種珍奇魚類，且坐落於花家山下的港口，而在歷史上被人們所銘記。[32] 此後數百年，無數文人墨客都想當然以為「花港」意為繁花盛開之港，但幾乎所有人都忘記的事實是，所謂「花港」只是一個地名，別無深意。南宋時，儘管這座園林在盧允升過世不久就日益衰頹，但它始終能勾起人們的無限情懷。宋理宗時期（1224–1264）的畫家陳清波首開先河，為自己的西湖畫作題寫四字標題，如《斷橋殘雪》和《蘇堤春曉》等等。此後，「西湖十景」均以四字命名，作為西湖的代表景點，文化上的重要性日益凸顯。[33]

文人畫家雖對西湖十景青眼有加，但不一定有意願或有能力精確描繪其風貌。藝術史學家發現，畫家為了配合畫作的整體佈局，有時會擅自改變了某些景點的地理位置。[34] 葉肖岩的《花港觀魚》與他的《柳浪聞鶯》場景就極為相似，幾乎如出一轍。[35] 對此，李慧漱認為，這類畫作

31　楊舒淇、進士五十八，〈中国杭州「西湖十景」の変遷からみた風景地の成立過程〉，《ランドスケープ研究》，第60卷，第5期，頁465。

32　田汝成，〈西湖遊覽志〉，載王國平編，《西湖文獻集成，第3冊：明代史志西湖文獻專輯》（杭州：杭州出版社，2004），頁47；李衛等編，《西湖志》（台北：成文出版社，1983），頁234。

33　陳漢民，〈西湖十景的由來和現狀〉，載杭州市園林文物管理局編，《西湖風景園林（1949–1989）》（上海：上海科學技術出版社，1990），頁116。

34　王雙陽、吳敢，〈從文學到繪畫〉，《新美術》，第1期（2015），頁70。

35　Xiaolin Duan, "The Ten Views of West Lake," in *Visual and Material Cultures in Middle Period China*, ed. Patricia Buckley Ebrey and Shih-shan Susan Huang (Leiden: Brill, 2017), 172.

不必反映西湖的真實情景，因為它們只是「記憶之所」。[36] 換句話說，這些畫作中，意境大於景物的實際情況。更有可能，畫作缺乏準確性或許意味著畫家並不一定根據真實的場景作畫，而可能是依憑他們的記憶、猜測和想像。換言之，早在宋代，西湖十景其實就已經是上層畫家們的想像、圖畫和話語建構。其實後世的評論家對此也心知肚明，因此可以大膽地說：先有山水畫，後有十景。[37]

清朝的重建工程

隨著南宋的滅亡，花港觀魚也不可避免地因政局動盪而湮沒。[38] 在宋清之間數百年，花港觀魚事實上只存在於畫家詩人虛無縹緲的記憶之中。到了清朝，地方政府和本地社會賢達分別於1699年和1869年兩次著手重建花園。毋庸諱言，這兩次均出於政治原因：第一次是康熙皇帝（1654–1722）試圖通過南巡與江南地方士紳階級和解，畢竟明清交替之際，江南受兵災之禍與政治打壓最甚；第二次則是在太平天國運動（1851–1864）幾年後，地方精英通過重造花港觀魚，祈望飽受戰亂的清王朝恢復元氣。清朝康熙年間，為了再造這一遺址，清朝的浙江地方官員隨意選擇了一處西湖邊上的地方，即原定香寺遺址（位於盧園原址以南1.5公里處），重建花港觀魚，以備康熙皇帝南下遊覽。[39] 1699年，花港觀魚的建造者們顯然不知園名首字「花」原為姓氏，「花港」原意為花家山下之港口，而是望文生義地認為園名寓意著此景點的兩大關鍵元素：魚與花。1731年李衛等編纂的《西湖志》生動描繪了新建成的這片矩形池塘內的景象：「或潛深淵，或跳清波，以泳以游，咸若其性」，

36　李慧漱，〈《西湖清趣圖》與臨安勝景圖像的再現〉，頁184。

37　翟灝、翟瀚，〈湖山便覽〉，載王國平編，《西湖文獻集成，第8冊：清代史志西湖文獻專輯》（杭州：杭州出版社，2004），頁630–631。

38　宋凡聖，〈花港觀魚縱橫談〉，《中國園林》，第9卷，第4期（1993），頁28。

39　李衛等編，《西湖志》，頁42–43。

「落紅千片，飛墜水面，與朱蘊碧藻，點綴映帶」。此情此景，讓人不由生出超然物外之感。這種感覺類似於莊子（公元前369年至前286年）膾炙人口的「魚之樂」。[40] 現存幾乎所有關於花港觀魚的詩詞，都不免引述莊子般的無拘無束和永恆至樂，例如清代著名詩人厲鶚（1692–1752）在其〈清江引·花港觀魚〉結尾寫道：「魚吞花吐花，花逐魚生花，人不如魚樂」。[41] 前述乾隆皇帝的詩無非重複了這些意思：「底須秋水悟《南華》」。[42]

花港觀魚公園

清朝末年，乾隆和中國古代一眾詩人所鍾愛的珍奇金魚，逐漸從花港觀魚銷聲匿跡。進入二十世紀上半葉，這片風景名勝也日益衰敗荒蕪。隨著附近的私人別墅紛紛湧現，景區規模也相應縮小，逐漸無人問津。民國後期，此園不僅佔地面積僅餘下0.2公頃，[43] 而且其珍奇魚類的盛名也江河日下，導致越來越多的遊客選擇前往玉泉觀魚。1949年前，玉泉似乎有望後來居上，取代花港觀魚，成為西湖十景之一，稱為「玉泉觀魚」。[44]

在此情況下，1952年，即蘇聯專家穆欣建言將杭州建造為「公共休閒空間」的前一年，一項整修、擴建花港觀魚公園的計劃開始實施。[45] 按照規劃，這座公園主要並非為杭州市民而設，而是為了服務於新建的

40 同上，頁234。

41 王起，《元明清散文選》（北京：人民文學出版社，2001），頁436。

42 沈德潛，《西湖志纂》（台北：文海出版社，1971），頁150。

43 胡緒渭，〈花港觀魚公園〉，載杭州市園林文物管理局編，《西湖風景園林（1949–1989）》，頁77。

44 李乃文，《杭州通覽》（上海：中國文化出版社，1948），頁27。

45 Gao, *Communist Takeover of Hangzhou*, 218.

醫院、療養院等設施。通過此舉，中國共產黨新政權向部分社會和政治
群體（如工人和軍人）賦予很高的榮譽並給予獎勵。杭州當地的規劃者
們因此可以用「為人民服務」的口號，作為修復這座古老園林的理由。
例如，花港觀魚的總規劃師余森文認為，花港觀魚是西湖「回到人民懷
抱」後建造的「第一個大型的別具風格的新型公園」。為此，公園規劃者
和支持者不得不改動這一風景名勝的歷史敘述，它不再是封建統治階級
政治勢力、生活方式和文化價值的象徵，而成為「久為人民所喜愛」的
「古跡」。[46] 如此，地方幹部與建築師將封建時期的宦官、皇帝和地方官
員納入「人民」的範疇，將花港觀魚轉型為群眾喜聞樂見的休閒場所，
「群眾易於理解，便於贏得支持」，[47] 進而展示出社會主義相對於舊社會
的優越性，這是新中國政府宣傳工作中較為常用的宣傳手法。

當地政府的規劃

　　新公園的規模之巨大前所未有，而這也可以被認為是社會主義優越
性的表現之一。1964年最後一期工程結束時，公園佔地面積已達到
1949年前的42倍之大。[48] 在當時幹部和群眾眼裡，1949年前後這一園
林規模的巨大落差，本身就具有政治和意識形態的重要性。1956年一
位杭州市園林管理局的幹部提交的報告指出，1949年前杭州「城市建設
和西湖風景設施都是為反動統治階級服務的……由於資本主義私有
制，對城市建設工作不可能有個總體規劃設計」；相反，正是中華人民
共和國時期的土地公有制，實現了「總體規劃設計」。[49] 換言之，擴建花

46　孫筱祥、胡緒渭，〈杭州花港觀魚公園規劃設計〉，《建築學報》，第5期
　　（1959），頁19。
47　Hung, *Mao's New World*, 263.
48　胡緒渭，〈花港觀魚公園〉，頁77。
49　〈杭州市園林建設工作報告（1949–1955）（節錄）〉，載王國平編，《西湖文獻
　　集成，第12冊：中華人民共和國成立50年西湖文獻專輯》，頁172–173。

港觀魚本身就具有宣傳價值,這座歷史名勝的整修計劃亦因此成為一項宣傳－運動項目。眾所周知,土地公有制是中華人民共和國社會制度中最重要的組成部分,中共關於土地公有制優越性的主張在花港觀魚項目中顯得有理有據:因為私有制的廢除,中共當局得以徵用附近私人別墅的土地和其他空間來大幅擴建公園。但事實證明,「總體規劃設計」比中共官員所預想的更加繁複。1952年最初制定的規劃建議將周邊私人住宅區的土地納入園中,特別是蔣莊,從而將花港觀魚公園從0.2公頃左右擴大到1.7公頃。規劃中特別強調了一塊佔地1,800平方米的草地,可以栽種各類觀賞植物,並命名為大草坪或雪松大草坪。[50] 然而,同年,中共杭州市委卻提出了另一項規模更大的建議,不僅要改造花港觀魚公園,還要將其與西湖西岸的大片土地相連:

> 南面沿湖部分,就原有的蔣莊、花港觀魚、劉莊和丁家山打成一片,以毛主席銅像為主闢為休養區公園。湖西環湖路以西至山腳丘陵地約近5000畝,全部闢為休養區。[51]

有意思的是,直到1956年,仍有一本名為《美麗的西湖》的遊覽小冊子告知讀者,政府有意在這裡建造一個3,000畝大小的西山公園。[52]然後,這一本意將西湖西南岸的西山區變成一整個面積超大公園的計劃最後無疾而終,主要原因是劉莊和丁家山不久就被用於建造毛澤東主席和其他中央領導人的別墅。儘管此項目未獲成功,但它恰好符合穆欣起草的1953年城市規劃。1953年規劃避開了西湖東北部人口稠密的行政區和北部的大學城,將相對偏僻的西湖西岸劃為「修養區」。儘管蘇聯

50 〈西湖風景建設五年計劃〉,載王國平編,《西湖文獻集成,第12冊:中華人民共和國成立50年西湖文獻專輯》,頁84–91。
51 〈關於西湖風景整建工作計劃的報告〉,載王國平編,《西湖文獻集成,第12冊:中華人民共和國成立50年西湖文獻專輯》,頁262。
52 任微音,《美麗的西湖》(上海文化出版社,1956),頁24。

專家擁有至高無上的權威，但1953年的計劃也未能付諸全面實施。貫穿整個五十年代，西山區因其地理位置離市區稍遠、環境清幽，吸引了全國各地的政府和部隊機構在此興建醫院、療養院和賓館，穆欣提出的杭州整體城市規劃因此無法施行。事後來看，這些設施紛紛湧現，加之中央領導人的別墅一般不對外開放，不經意間避免了西山地區的過度開發與建設。直到今天，這一地區的景觀變化仍不算太過劇烈，令後世的學者與城市規劃者深感慶幸。[53]

建設與設計

雖然建設佔地面積巨大的西山公園的雄心大計無疾而終，但花港觀魚逐漸發展成為一座頗具規模的公共花園。在二十世紀五六十年代，公園的建設分三階段進行。第一階段為1952年至1955年，政府在清代的花港觀魚原址以西，拆除一座舊別墅，徵用農田、菜園、農舍和池塘，共清理出14.6公頃土地。該項目於1952年冬正式啟動；1953年，工人們進行土地施工準備，鋪設道路，並開始挖掘公園最大的水體——紅魚池；1954年底，佔地1.1公頃的牡丹園竣工。至此，這座名勝古跡最重要的兩大組成部分——魚和花，正式出現在公園中。此外，公園北部的大草坪前還修建了一座木竹結構的翠雨廳，作為湖畔的主要休息場所。第二期工程始於1959年，重點是修復清代花港觀魚的遺跡。為此，人們重建御碑亭，安放乾隆皇帝為花港觀魚所題的石碑。第三期工程於1964年開始，公園進一步擴大，佔地面積達21.3公頃，合併了前章提及的、在西湖疏浚工程中被指定為堆放淤泥場地的鄰近地塊。[54]

53　傅舒蘭，《杭州風景城市的形成史：西湖與城市形態關係演進過程研究》（南京：東南大學出版社，2015），頁105–124。

54　施奠東，《西湖志》（上海：上海古籍出版社，1995），頁160–161。

圖 2.1　影片顯示，這塊清代「花港觀魚」石碑已被修復，但到了1958年，
為保護石碑而設計的御碑亭尚未建成。影片《西湖》截圖（上海科學
教育電影製片廠，1958）。

　　值得一提的是，三期工程的完成並沒有按照周密設計的藍圖進行。
相反，十多年來，這座公園的設計和建設經歷了不斷的修改和重新規
劃。例如，公園的規劃面積就曾三次更改。在1952年秋提交的第一份
提案中，公園佔地面積不足兩公頃。市政府很快就改變想法，決定徵用
14.6公頃土地擴大這一公園。到1964年，公園面積又擴大了三分之一。[55]
很長一段時期內，公園名稱似乎都未能確定。例如，1955年一期工程
竣工時，負責該項目的地方政府主要幹部如余森文似乎不願沿用封建時
期的舊名，而將其命名為「西山公園」。[56] 直至1979年，仍有不少人堅

55　胡緒渭，〈花港觀魚公園〉，頁77。

56　余森文，《余森文回憶錄》，載政協杭州市委員會文史委編，《杭州文史資料
　　（第20輯）》（1998），頁122。

持稱之為「西山公園」。如作家榮鼎昌 (筆名黃裳，1919–2012) 認為，花港觀魚公園事實上只是「大型新式公園」西山公園的一部分，從而將這一園林所謂的「新」、「舊」兩部分割裂開來。[57] 實際上，圍繞是否需要保護、修復清代遺址的爭議持續了近十年之久，這也暗示出由於花港觀魚與中國封建社會的統治階級文化關係極為密切，因此對於一些中共幹部來說，他們並不容易接受這個歷史淵源久遠的園名。[58]

尤其耐人尋味的是，由專業園林設計師孫筱祥提出的第一份公園設計方案遲至 1954 年 10 月開始施工，直到 1955 年 9 月才完工，處於第一期工程的尾聲。事後，研究人員總結表示，只有若干橋樑、翠雨廳、北面的大草坪以及紅魚池的一些植物是嚴格按照孫筱祥的設計圖紙施工。土地清理、假山佈置、植被種植以及牡丹園的建設，大部分都僅以較為籠統的「總體規劃」為基礎。此處的「總體規劃」意思是帶有一些指導原則，但缺乏必要細節的粗略計劃。就此意義而言，公園的第一階段是在建築師與施工人員的妥協與合作之下完成的。當時杭州園林管理局的一位幹部表示，公園的施工和設計是在一種「非正常狀態」下同時進行的。這種「非正常狀態」體現為「按照竣工現狀來補充完善公園整體設計圖」，這樣造園的過程已然超出了設計師的控制範圍。[59] 更嚴重的是，公園在第三期建設中的大規模擴建完全改變了景觀設計師孫筱祥在 1959 年向全國觀眾展示的設計規劃，這點將在下文中詳細論述。

建築師與規劃者

景觀設計師孫筱祥當時是杭州浙江農業大學的風景園林教授。孫筱祥於 1946 年獲得風景園林學士學位，並在五十年代初接受余森文的

57　黃裳，《山川，歷史，人物》(香港：生活・讀書・新知三聯書店，1981)，頁 42。

58　胡緒渭，〈花港觀魚公園〉，頁 77。

59　同上。

邀請，著手設計花港觀魚公園。[60] 孫教授對於歐式園林印象頗深，尤其是上海公共租界和法租界的一些公園。因為孫筱祥發自內心地喜愛這些外國式公園，他曾宣稱上海的公共花園，如法國公園（今復興公園，建於 1909 年）和兆豐公園（Jessfield Park，今中山公園，建於 1914 年），才是他真正的導師，正是這些公園教會了他如何在設計現代公園中使用等高線等西方造園技巧。因此，儘管花港觀魚公園在設計和施工過程中出現了種種混亂，孫筱祥仍被譽為該公園的總設計師，花港觀魚也被稱為第一個採用垂直設計和等高線設計的園林。在中國的造園歷史中，這些設計方法還是首創。[61]

然而，如果以為孫筱祥在設計花港觀魚公園時只採用了歐美園林的建築技術，那就有失公允了。其實，孫筱祥的設計特點是不拘一格，兼收並蓄，善於借鑒各種經驗、技術和風格。首先，他吸收了清代皇家園林的元素。1953 年 9 月至 1954 年 7 月，他以客座教授身份在北京講授園林建築課程時，仔細觀察了頤和園的景福閣和諧趣園，並以此為基礎設計了後來的翠雨廳和紅魚池。其次，孫筱祥從日本園林中獲得靈感，重新佈置了紅魚池的假山，擺放了大塊的日式山石。第三，孫筱祥立志仿效愛丁堡皇家植物園等歐洲園林，在設計牡丹園時關注植物生態。[62] 從這個意義上來說，花港觀魚公園就是一個全新設計的公園，帶有幾種不同的風格。可以想像，這樣的新形式與風格一定會遭致一些人的不滿。黃裳就曾直言不諱指出：花港觀魚公園「對遊人的吸引力還是比不上另外一些舊有的風景點，就因為它的歷史色彩比起自然風景來不能算是突出的」。[63]

60　施奠東，《世界名園勝景 1：英國，愛爾蘭》（杭州：浙江攝影出版社，2014），頁 5。

61　孟兆禎、陳曉麗，《中國風景園林名家》（北京：中國建築工業出版社，2010），頁 191。

62　同上，頁 196。

63　黃裳，《山川，歷史，人物》，頁 42。

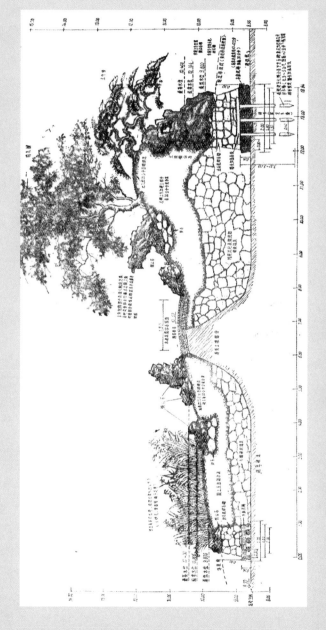

圖 2.2　建築師孫筱祥採用歐美模式設計的花港觀魚公園。轉載自孫筱祥、胡緒渭，〈杭州花港觀魚公園規劃設計〉，《建築學報》，第 5 期（1959），頁 22。

　　因此可以説，不論是為公園選擇最合適的風格，還是決定摒棄蘇聯模式 (即「文化休息公園」)，孫筱祥都享有充分的專業自主權。儘管孫筱祥後來承認他有意迴避蘇聯風格，但他無意挑戰政府權威。相反，在很多場合，孫筱祥也曾公開對蘇聯風格大唱讚歌。例如，他在五六十年代出版的書籍和發表的文章中，往往會採用這樣的方式：首先，在著作或者文章前面幾段或幾頁大力頌讚蘇聯式的「文化休息公園」；而後在正文中再提倡中國封建晚期園林的設計風格和技術。[64] 對於孫筱祥及其他這一代風景園林師而言，「文化休息公園」一類的辭藻無疑新奇而陌生。有學者指出，了解社會主義制度類似於學習一門「外語」，而政治宣傳則為大眾提供了全新的語法。[65] 在尚未完全理解的情況下，不論是象徵性或是實際地使用這種新語言，都是投入參與社會主義的一種方式。在此，孫筱祥對新語言使用的目的，正是為自己開闢出專業自主的空間。由於風景園林並非余森文等大多數中共幹部的專長，孫筱祥得以行使自主選擇和表達的權利。對孫筱祥這樣的專業設計師來説，他們既可以全心接受蘇聯模式，也可以置之不理。

　　儘管孫筱祥無意效仿蘇聯模式，但在1959年他與園林管理局一位幹部聯合撰文，強調建設這座公園是為了向城市居民提供一處休息、康復和觀景的場所，並詳細介紹了花港觀魚的設計和規劃。兩位作者明確指出，花港觀魚不是蘇聯意義上的文化休息公園，原因如下：花港觀魚面積相對較小，因此無法配備運動設施；其與杭州市區距離較遠且公共交通不便，這裡也沒有娛樂設施和兒童遊樂場。[66] 到了2006年，孫對於

64　例如孫筱祥，《園林藝術與園林設計》(北京：中國建築工業出版社，2011)，頁3。

65　Peter Kenez, *The Birth of the Propaganda State: Soviet Methods of Mass Mobilization, 1917–1929* (Cambridge, UK: Cambridge University Press, 1985), 255. 亦參見 Naiman, "Introduction," in *The Landscape of Stalinism: The Art and Ideology of Soviet Space*, ed. Evgeny Dorbrenko and Eric Naiman (Seattle: University of Washington Press, 2003), xii。

66　孫筱祥、胡緒渭，〈杭州花港觀魚公園規劃設計〉，頁19。

圖 2.3　花港觀魚的大草坪，體現出「借景」的設計技巧：湖光山色與蘇堤美
　　　　景，皆可從開放空間中「借」來。攝於 2020 年 4 月。

為何有意規避建設一座蘇聯式「文化休息公園」又給出了另一種解釋：
建設新公園時，他必須考慮杭州的本土文化與西湖的風景。[67]

　　這兩種拒絕建設一個「文化休息公園」的解釋都有深刻的時代烙印。
從 2006 年的解釋可見，一方面，孫筱祥有意彰顯自己作為設計師的專
業性，這種專業性最好的體現就是他不受黨和政府指令的干預；另一方
面，強調城市深厚的文化底蘊在二十一世紀則有更強烈的政治意義（見
結語一章）。而在五十年代末，蘇聯的「文化休息公園」仍是一種權威的
景觀設計實踐，孫筱祥無意背離。因此，孫筱祥不得不以空間有限為藉
口，解釋花港觀魚為何沒有按照蘇聯模式來設計。此外，如果回看五十

67　趙紀軍，《中國現代園林》，頁 49。

年代末的國際政治，特別是中蘇出現裂痕那段時間，我們不難理解，這一時期也是復興中國「傳統」的絕佳時機。既然蘇聯從中國撤走了專家，不再提供援助，中國必須強調自己的文化傳統。借用慈繼偉的觀點，中國也因此從共產主義的世界主義轉向，開始表達「源自深厚傳統的民族自信」。[68]

1959年的這篇文章第一次全方面總結了花港觀魚公園的設計。兩位作者在文中提到，為表現出「深厚傳統」，孫筱祥曾借鑒明末造園師計成（1582–1642）的園林建造經典著作《園冶》。具體而言，孫筱祥和他的同僚突出運用了他們從書中所學的一些概念和技巧，尤其是計成所謂「妙在因借」的觀念，其中「因」就是因地制宜（如將現有的魚塘改造成紅魚池），「借」就是「借景」。為了借景，孫筱祥努力借用花港觀魚公園之外的西湖風光。例如，在公園北部的大草坪，遊客可以「借」到風景如畫的蘇堤、棲霞嶺、丁家山和劉莊。[69]

儘管孫筱祥一再表示，他在設計大草坪時的園林理念和技術源自明代的造園名著，但花港觀魚的主要規劃者余森文後來回憶說，他堅持要建一個大草坪，是源於他在三十年代遊歷歐洲的經歷。1934年，尚在國民政府部門工作的余森文得到出國鍍金的機會，以「中國交通部國際電信局駐倫敦專員」的身份旅歐。在隨後的兩年中，余森文遊歷英國、意大利、法國等歐洲諸國，並拍攝大量照片。其中英國公園的大草坪給他留下了不可磨滅的印象。[70] 1949年後，余森文對英式廣闊草地的偏愛重新在中國獲得了政治上的合法性，因為在歐洲國家，公共草坪一直被視為鼓勵公眾參與政治和公共事務的場合，[71] 這點與新中國政府所支持

68 Jiwei Ci, *Dialectic of the Chinese Revolution: From Utopianism to Hedonism* (Stanford, CA: Stanford University Press, 1994), 41.

69 孫筱祥、胡緒渭，〈杭州花港觀魚公園規劃設計〉，頁19。

70 余森文，《余森文回憶錄》，頁73–88。

71 周向頻、陳喆華，《上海公園設計史略》（上海：同濟大學出版社，2009），頁38。

的群眾動員概念相去不遠。由此可見，余森文之所以力求在公園中建造大草坪，皆來源於他對歐洲公園的回憶，絕非他對明代園林「借景」手法的推崇。

空間以及對空間的使用

政治空間

非但公園規劃與設計者對於大草坪理解不一致，遊人對於這片草地如何使用也不盡相同。若論花港觀魚公園中不同的空間實踐，大草坪的不同視角就是一個生動例證。對於中共高層官員和地方規劃者而言，這座公園在兩重意義上發揮著政治宣傳空間的功能。在國內，它是湖濱療養區的一部分，與許多新建的療養院、賓館、醫院和娛樂設施配合重新定義工作與休閒，即社會主義社會中「勞動人民」不可剝奪的休息權。[72] 換言之，儘管「休閒活動」1949年前曾被視為統治階級的專有特權，但在毛澤東時代的中國，它們卻獲得了政治化的重新詮釋。[73] 1956年出版的一本旅遊指南以西湖的西南地區為例，強調了中國在1949年前後的顯著對比。作者闡述道：在共產黨執政之前，這一地區被地主和資本家瓜分，池塘裡的魚也被「日寇捕吃」。解放後，這片地區發展成為各種療養院的聚集區，「以滿足人民休養和遊覽的需要」。新建的花港觀魚公園業已完全融入這一地區。[74]

72　孫筱祥，《園林藝術與園林設計》，頁3。

73　Shaoguang Wang, "The Politics of Private Time: Changing Leisure Patterns in Urban China," in *Urban Spaces in Contemporary China: The Potential for Autonomy and Community in Post-Mao China*, ed. Deborah Davis et al. (Cambridge: Cambridge University Press, 1995), 156.

74　任微音，《美麗的西湖》，頁24–25。

　　長期以來，工人階級在療養院休息的權利，一直是宣傳社會主義制度相對於「舊中國」的絕對優勢之一。1960年的一份報告將1949年前勞動人民地獄般的生活與他們最近「天堂」般的生活相對照，構成鮮明對比：

> （舊社會）到杭州去休養，只是那些官僚，資產階級的事，自己卻連做夢也想不到的，解放後黨領導他們翻了身，不單工作和生活有了保障，還能到杭州休養，工資照拿，好像進了天堂，這都是由於有了共產黨才能有今天的幸福日子。[75]

　　所謂「天堂」，即西湖與湖畔的療養院；而花港觀魚公園則是天堂的中心，常見到療養的工人們「穿著睡衣散步到公園裡來，好像在自己家裡散步一樣」。[76] 1949年後，這種全新而和諧的日常生活形象，不僅在實踐中鞏固了新政治制度的合法性，也在外交上展示出一個社會繁榮、人人平等的共產主義中國。例如，1961年8月，由巴西副總統若昂·貝爾希奧·古拉特 (João Belchior Marques Goulart，1919–1976) 率領的代表團遊覽西湖，並參觀了為上海工人而設計建造的湖畔療養院。[77]

　　花港觀魚常被指定為外國重要訪客的接待地，如尼克松總統、印度尼西亞總統蘇加諾、柬埔寨諾羅敦·西哈努克親王等。公園成為了一扇窗口，讓國際友人有機會一窺相對封閉隔絕、外界知之甚少的毛澤東時代中國。借何蘭德之語，這個公園「可以讓所有人各取所需」，它既意喻著「一個勤勞、樸實、高效的現代化國家」，又體現出「數千年的中國文化」。可見，這些經過精心設計的參觀活動旨在展示中國共產黨「實現平等和社會公正」的成就，而這正是蘇聯未能實現的。[78] 因此，參觀社會主義新中國可以讓來訪者在中國找到本國「解決自身問題」的思路，

75　上海市檔案館，B119-2-629，頁41–42。

76　《西湖勝跡》（杭州：浙江人民出版社，1955），頁63。

77　施奠東，《西湖志》，頁125。

78　Hollander, *Political Pilgrims*, 287.

如暴力、社會不公和貧富分化等。[79] 現有的檔案記錄證實了何蘭德的看法。例如，五十年代初，時任浙江省省長的沙文漢 (1908–1964) 敦促浙江省政府的下屬幹部為外國遊客提供更好的住宿與接待服務，以加強後者對於「偉大中國」的認識，這樣可以衝破「美帝的造謠與污蔑，知道中國既富裕又愛和平，而且力量甚大，發展的很快」。[80] 為此，地方和中央政府通常會為這些外國遊客安排一些「不期而遇」的活動。例如，1962 年 9 月 28 日，印尼第一夫人在花港觀魚公園散步時，「巧遇」了幾位與印尼有關聯的「遊客」，其中包括一位「從印度尼西亞歸國讀書的僑生」和一位「剛從印度尼西亞萬隆回國探親」的華裔印尼婦女。[81]

　　在大多數情況下，花、魚、茶都是為政治之旅事先安排好的必要道具。例如，1957 年 4 月，蘇聯主席克利緬特·伏羅希洛夫元帥在導遊的帶領下參觀了花港觀魚公園，欣賞「有許多種顏色」的金魚，並在大草坪邊翠雨廳中品茶休憩。[82] 然而，長期以來，對於以傳統方式 (乃至自我東方化的方式) 展示新中國的做法，一直存在激烈的爭議。後來的四人幫成員之一姚文元 (1931–2005) 曾在 1962 年指出，在全國各地的公共園林中展示傳統建築結構、陳列珍稀植物，是封建社會士紳階層趣味借屍還魂的表現。用姚文元的話來說，「中國園林藝術的興起自然有它的階級的服務對象。古代園林藝術亭閣的佈置要適合於地主階級的生活情趣」。[83] 而政府致力於將消費城市 (包括杭州) 轉變為生產城市的長期

79　William L. Parish, *Village and Family in Contemporary China* (Chicago: The University of Chicago, 1978), 1.

80　華東師範大學中國當代史研究中心，《中國當代民間史料集刊 11：沙文漢工作筆記 1949–1954 年》(上海：上海東方出版中心，2015)，頁 440。

81　〈哈蒂妮·蘇加諾夫人到達杭州，浙江省省長周建人和夫人歡宴印度尼西亞貴賓〉，《人民日報》，1962 年 9 月 29 日。

82　〈伏老冒雨漫遊西湖名勝，晚間觀看蓋叫天名劇「惡虎村」〉，《人民日報》，1957 年 4 月 28 日。

83　〈毛澤東和中央首長談園林綠化問題〉，《園林革命》，第 5 期 (1968 年 1 月)，頁 1。

政治目標，更加強了激進派的反傳統主義傾向。[84] 在這種情況下，反傳統派終於在六十年代末開始著手清除花港觀魚公園中的「封建遺孽」，其中「牡丹園」被批判為「早春二月」。[85] 花港觀魚究竟應當作為外交事務的政治空間，抑或改造成經濟作物生產基地，中共政策的內在矛盾在所難免。因此，在「文革」過半時，花港觀魚公園在矛盾政策的重壓下幾乎土崩瓦解。

六十年代末，許多國家與中國關係不佳，中國在外交事務上遇到極大困難。正是這一時期，花港觀魚公園也陷入頹敗。從七十年代初開始，隨著中國政府準備與美國和其他西方國家恢復關係正常化，[86] 花港觀魚公園再次成為政治旅遊的主要舞台。例如，早在 1970 年，中央就提出「杭州是開放城市」，要求「迅速改變杭州的園林面貌」。1971 年，杭州市政府開始準備向外國遊客重開公園，不僅在公園內重新樹立新標牌，標牌文字也不再那麼偏激，政治上顯得更為中性。[87] 毛澤東時代的最後幾年，花港觀魚公園作為政治空間而被重新利用的重要價值，在美國總統訪華的大事件中達到頂峰。1972 年 2 月，尼克松總統訪問花港觀魚，並在公園內種下了三棵紅杉樹苗，這既是美國總統的禮物，也「象徵中美友誼」。[88]

話語／記憶空間

儘管中共當局有意將公園設立成為政治空間，但如前文所述，園林設計師孫筱祥著意讓中國的文化傳統煥發新的生機。五十年代初，當他

84　Gao, *Communist Takeover of Hangzhou*, 107.
85　吳子剛等，〈西湖及環湖地區的變遷和公園綠地的開拓〉，載杭州市園林文物管理局編，《西湖風景園林（1949–1989）》，頁 70。
86　馬繼森，《外交部文革紀實》（香港：中文大學出版社，2003），頁 278。
87　杭州市檔案館，71-004-0059，頁 7–31。
88　施奠東，《西湖志》，頁 115。

開始設計此公園時，他的「復興主義」風格（即恢復中國古代造園傳統）有其時代的合理性，因為當時蘇聯專家強調的是社會主義的世界主義，在整個社會主義世界中令「此前孤立的各國傳統匯聚合一」。[89] 五十年代末，當孫筱祥向全國觀眾介紹公園的設計和建設時，由於中蘇持續交惡，他必須指出公園設計「與蘇聯的巨大差異」，[90] 於是直言不諱地著重強調公園的「傳統」部分——即數百年來始終為文人墨客刻骨銘心記憶的花和魚。對於那些熟知花港觀魚文學作品的作家、學者和詩人而言，正是這座新建的公園，成為他們再現花魚典故的記憶之所。1949年之後，金魚仍是傳統詩詞家（如柳北野[91]和王退齋[92]）在創作詩賦時不可或缺的意象。以魚為題作詩歷史久已，因為魚之樂往往蘊含著對莊子式「逍遙遊」般個人自由的追求。1956年，著名通俗小說家周瘦鵑（1895–1968）在參觀公園時，也表達了對絕對自由的嚮往：「我雖非魚，也知魚樂，在池邊小立觀賞，恰符花港觀魚之實」。[93] 即便是郭沫若（1892–1978）這位擁護社會主義文化、為新政權全心全力服務的著名文化人，也於1959年在花港觀魚公園寫下了一首古體詩，表達了他對無憂魚樂的歆羨之情。[94]

　　在文化精英的各類文學作品中，花也是一個備受青睞的主題。例如，柳北野在〈西山公園牡丹亭〉寫道「西湖沴畔牡丹亭，三月遊人繫客舲」時，腦海中閃現的是蘇軾（1037–1101）熙寧五年（1072）三月二十三

89　Nicolai Volland, "Clandestine Cosmopolitanism: Foreign Literature in the People's Republic of China, 1957–1977," *The Journal of Asian Studies* 76.1 (February 2017): 186.

90　Harold Kahn and Albert Feuerwerker, "The Ideology of Scholarship: China's New Historiography," *China Quarterly* 22 (April–June 1965): 2.

91　柳北野，《芥藏樓詩鈔》（無出版信息），頁155。

92　王退齋，《王退齋詩選》（上海：上海古籍出版社，2016），頁59。

93　范伯群，《周瘦鵑文集珍藏版上》（上海：文匯出版社，2015），頁633。

94　吳仙松，《西湖風景區名勝博覽》（杭州：杭州出版社，2000），頁110。

日在吉祥寺觀賞牡丹花圃的場景。[95] 另一位舊體詩詞大師張厚絢偏愛池中蓮花，其西湖紀遊組詩中有〈西山公園〉，詩中寫道：「閒眺園亭坐畫中，蘇堤煙柳斷橋風。空濛山色連湖碧，一陣荷香帶雨濃」；[96] 著名作家沈從文（1902–1988）則對公園的菊花情有獨鍾：「花港觀魚菊花開後，高空明朗，木葉紅紅紫紫，早晚散步必可得到極好印象也」。[97] 園林設計師孫筱祥引進珍貴花卉品種，後來因忽視普通老百姓的需求而遭到批評。[98] 對此，孫筱祥於1959年公開致歉：他未能滿足群眾的需求，只顧追求「過多地從恢復發展花港觀魚古跡來考慮」，導致「服務對象不夠廣泛」。所謂「服務對象不夠廣泛」，即孫更加考慮到他同道文人知識分子的美學需求。[99] 然而，如果沒有當地幹部余森文的支持，孫筱祥的目標絕無實現的可能。因此，在「文化大革命」的高潮時期，余森文因主張在杭州各園林中栽培名貴花草而備受責難，被批判為「依靠資產階級的學者權威進行建設和科學研究工作」。[100] 無疑，孫筱祥即為典型的「資產階級的學者權威」。

生活／體驗空間

這些珍稀花魚構成了柯必德所說的文化精英的「記憶之地」，[101] 但同樣這些花和魚在杭州市民和遊客的日常生活中卻有著截然不同的意義。以花港觀魚相關詩歌中常見的牡丹為例，公園地處溫暖濕潤的華東地

95　柳北野，《芥藏樓詩鈔》，頁155。
96　顧國華，《文壇雜憶：全編三》（上海：上海書店出版社，2015），頁355。
97　沈從文，《沈從文全集24：書信修訂本》（太原：北嶽文藝出版社，2009），頁330。
98　〈杭州市園林建設工作報告（1949–1955）（節錄）〉，頁175。
99　孫筱祥、胡緒渭，〈杭州花港觀魚公園規劃設計〉，頁24。
100　〈斬斷陶鑄伸進植物園的黑手〉，《園林革命》，第5期（1968年1月），頁9。
101　Carroll, *Between Heaven and Modernity*, 15.

區，且公園遍植大樹遮陰，牡丹得以在此繁茂生長。[102] 遊客們希望在涼爽的環境中散步休息，因此，吸引普通市民與遊客的是公園中的陰涼處，尤其是牡丹亭，而不一定是牡丹本身。《人民日報》的一位撰稿人回憶道，當他住在附近的一家康復中心時，在林蔭下散步是他每日的例行活動。[103] 對於杭州人來說，因為杭州夏日炎炎不可忍受的暑熱，陰涼處比大草坪往往更受歡迎。有些遊客們借花港觀魚公園的別名「西山公園」，戲稱其為「西曬公園」。[104] 某種意義上來說，余森文和孫筱祥修建陰涼處是出於迫不得已，因為在草坪空地被烈日暴曬的遊客要求有一個相對比較涼快的去處。對遊客而言，大草坪的魅力並不在草地，也不在於孫筱祥努力推廣的「借景」技巧，而在於附近的翠雨廳。這是一座供遊人休憩品茶的木結構建築，1960 年，為確保附近劉莊（毛主席及其他中央領導人的杭州別墅）的安全，這座茶樓遭到拆除。從此以後，公園的這一地區「失去核心依憑，遊客日少」，大草坪的人氣也隨之一落千丈。[105]

　　與大草坪相對的幽謐僻靜的樹蔭，不僅是躲避烈日暴曬的好地方，也是年輕一代的談戀愛約會的最佳場所。知名女作家陳學昭於 1956 年 10 月夜遊花港觀魚時訝異發現，在公園深夜幽會的年輕男女中，有的才不過十四五歲。同遊的當地人解釋說：「每個星期天晚上都是這樣的，夏天還要多！這是反封建的成績！」[106] 自由戀愛、婚姻自由當然是國家發起和倡議的，旨在展示社會主義制度的進步性，這些年輕人憑藉國家言論的支持，在花港觀魚公園幽會談情，並利用這座最初被規劃為宣傳功能的政治空間，達成自己的意圖。這個例子彰顯出年輕一代的空間實踐如何偏離了政治當局的設想。與此類似，其他青少年也利用公園

102　喻衡，《曹州牡丹》（濟南：山東人民出版社，1959），頁72。

103　于敏，〈西湖即景〉，《人民日報》，1961 年 9 月 10 日。

104　〈杭州市園林建設工作報告（1949–1955）（節錄）〉，頁175。

105　吳子剛等，〈西湖及環湖地區的變遷和公園綠地的開拓〉，頁70–71。

106　野渠，〈夜遊有感，鄉村雜記〉，《人民日報》，1956 年 10 月 23 日。

捕一些水生生物，如名為「金蝦兒」的藻類，甚至直接從池中偷捕金
魚。[107] 就此而言，與其說國家建設項目侵入了個人日常生活的私人空
間，不如說，這些項目雖然是國家宣傳機器中的重要構成部分，但同時
也給予人們空間，在社會主義制度下創造出一種新型的日常生活。個人
為了各自的利益，對官方言論和實踐進行創造性利用。事實上，即使在
高度政治化的城市如北京，為特定政治和意識形態目的而建造的公共空
間也很容易變成人民休閒活動的場所。[108]

大草坪的三種空間

　　這種日常生活中普通人的世界，不同於中共幹部規劃中的世界。
在官方規劃世界中，年輕男女絕非追尋個人生活情趣的閒人，而應該是
公園中積極參與集體／政治活動的有志青年。在1955年的一則新聞報道
中，在公園遊覽的孩子們也被賦予了政治意義：「生長在毛澤東時代的
兒童，生長在西子湖邊的兒童，他們是多麼幸福」。[109] 同樣，1959年，
浙江省省長周建人 (1888–1984) 在一篇為花港觀魚公園揚名全國的文章
中，向全國讀者展示了一幅美好畫面：「星期天有小孩們圍坐唱歌，或
在草皮上遊玩或打滾」。[110] 1964年，《杭州日報》刊登了一幅漫畫，形象
地描繪了孩子們在花港觀魚參加集體活動和政治集會的場景，其中一隊
孩子正由一名解放軍士兵引導，參與集體活動。[111] 可見，年輕人被視
為中華人民共和國的化身，代表了一個年輕而充滿活力的共和國。在為
外國遊客預先安排的許多遊園活動中，孩子們都是不可或缺的演員，他

107　王旭烽，〈花港觀魚〉，《中國作家》，第9期 (2001)，頁168–169。

108　Chang-tai Hung, *Politics of Control: Creating Red Culture in the Early People's
　　　Republic of China* (Honolulu: University of Hawai'i Press, 2021), 148.

109　陸加，〈西湖和孩子們〉，《當代日報》，1955年6月1日。

110　周建人，〈杭州風物〉，《人民日報》，1959年8月20日。

111　荻風，〈花港觀魚新景〉，《杭州日報》，1964年12月4日。

圖 2.4　新中國政府早就開始宣傳一種理念，即西湖是新一代的天下。1952
　　　　年 6 月刊的《人民畫報》封面，就是兒童在西湖邊集體活動的畫面。
　　　　《兒童與西湖》，轉載自《人民畫報》(1952 年 6 月) 封面。

們象徵著中國人民的品格：努力工作、熱愛生活、樂觀豁達。例如，
1960年12月24日，柬埔寨王國的諾羅敦‧西哈努克親王訪問花港觀魚
公園時，一群兒童「碰巧」帶著各種樂器在大草坪上聚會，迎接他的到
來。在孩子們的笑聲和掌聲中，「西哈努克親王的兩位王子戴上了孩子
們表演大頭娃娃舞所用的娃娃頭，引得中國小朋友們大聲歡笑起來」。[112]

　　中共領導人計劃將大草坪用作政治空間，但正如前文指出，大草坪
的設計者孫筱祥卻別有用意。作為一種景觀建築實踐的公園草坪，本質
上是英國維多利亞時期的一種園林風格，最初在中國出現是在由外國人
設計、擁有的公共園林中。[113]但孫筱祥成功將其中國化，因為大草坪
廣闊的開放空間為他提供了實踐「借景」技巧的機會，而「借景」正是中
國古代歷史悠久的造園技術。由此可見，大草坪成為了一個話語空間，
用以表達文化與美學理念，孫筱祥藉此將明清時代的園藝技巧與毛澤東
時代中國的政治形勢緊密相連。然而，在孫筱祥的內心深處，他一心希
望恢復花港觀魚的古代遺跡，而非如政府所設想，提供教育和動員群眾
的公共服務。[114]孫筱祥曾接受過傳統繪畫的訓練，深知中國畫中的草
木蟲魚鳥獸，無不可為中國風景園林設計提供靈感。[115]正如前文所述，
孫筱祥的設計主要滿足了知識分子、作家和詩人的願望，讓他們得以重
溫千百年來反覆引用的花魚典故。

　　杭州普通市民和遊客在日常生活中的空間實踐，與中共領導人和建
築設計師皆不相同。對他們而言，大草坪是散步、喝茶、欣賞湖景和戶
外活動的空間。他們的空間實踐還包括對這一空間的刻意迴避，或為躲

112 〈浙江省省長周建人舉行宴會，歡迎西哈努克親王等貴賓〉，《人民日報》，
　　1960年12月23日。
113 周向頻、陳喆華，《上海公園設計史略》，頁38。
114 孫筱祥、胡緒渭，〈杭州花港觀魚公園規劃設計〉，頁24。
115 王紹曾、林廣思、劉志升，〈孤寂耕耘，默默奉獻——孫筱祥教授對「風景
　　園林與大地規劃設計學科」的巨大貢獻及其深遠影響〉，《中國園林》，第23
　　期(2007年12月)，頁28。

避烈日暴曬，或在樹蔭下尋找幽會場所，正是由於政府、文化精英（包括建築師孫筱祥）和普通遊客在空間實踐上存在差異。無怪乎，在「文革」期間激進的造反派們對所謂「修正主義者」大肆攻擊，怒斥這些「修正主義」幹部把杭州的公園變成了「老年休息、青年談戀愛、兒童玩樂場所」的公共地方，而對公園「重大的政治意義」視而不見。[116]

* * *

在本章中，我展示了一個政治化的地點如何發展成為政治宣傳、文化記憶和生活體驗的空間。花港觀魚公園的建設體現了捷爾吉·恩耶迪（György Enyedi）所說的，社會主義國家在「有計劃的城市化」過程中所產生「人為建造的環境」。這種城市化的集中規劃旨在改變「社會結構和關係」，但並不一定成功。[117] 本章突出了公園與使用者之間的複雜關係，使用者以自己的方式任意使用公園，並從新的公共空間中獲益。這三種空間絕非相互排斥，它們互相交叉。正如上文所示，魚是花港觀魚公園的最重要元素，作家、學者和詩人通過魚之樂，表達各自對莊子逍遙遊式自由的無限嚮往。而同樣的魚，卻也是附近居民和孩子們日常觀賞乃至偷釣的對象。同時，金魚也是政治領域的重要道具，珍稀魚類不斷吸引著遊園的外國遊客，其中包括1972年在中國進行破冰之旅的尼克松總統，他的那句感慨舉世聞名：「我從沒見過那麼大的金魚」（I never saw goldfish that large）。[118] 由此，魚成為三種空間相互交織的焦點。不妨說，新政權發起和領導的政治宣傳項目衍生出新的審美和生活體驗，進而創造出一種新的日常生活。

116 杭州檔案局，71-004-0059，頁 59。

117 György Enyedi, "Urbanization under Socialism," in *Cities after Socialism: Urban and Regional Change and Conflict in Post-Socialist Societies*, ed. Gregory Andrusz, Michael Harloe, and Ivan Szelenyi (Oxford: Blackwell, 1996), 102–104.

118 "Nixon and Chou Stroll and Go Boating in Hangchow," *The New York Times*, February 27, 1972.

　　我之所以強調公園的「政治／宣傳用途」與「體驗／日常用途」的交互作用，是為了區別於社會主義世界對日常生活研究的兩種趨勢。一種趨勢關注日常生活的特殊意識形態意義，即正是在日常生活中，黨和群眾權力結構變成一種自然而然的事情，便利廣大民眾了解和接受國家統治。[119] 另一趨勢則反其道而行，認為日常生活也為基層的個人提供了一個對抗政治控制的舞台。[120] 不同於以上兩種觀點，本章對所謂國家干涉與民眾抗爭之間的對立毫無興趣。在某種意義上來説，這樣撇開歷史本源一邊倒的闡述，本身就是西方政治宣傳的重要組成部分。我在此堅持認為，政治、文化記憶／話語與個人的現實可以相互成就，相互推動。它們之間的交融、互動和交疊，正是毛澤東時代中國日常生活的本質所在。

119 Christina Kiaer and Eric Naiman, "Introduction," in *Everyday Life in Early Soviet Russia: Taking the Revolution Inside*, ed. Christina Kiaer and Eric Naiman (Bloomington, IN: Indiana University Press, 2006), 2–6.

120 Jeremy Brown and Matthew D. Johnson, "Introduction," in *Maoism at the Grassroots: Everyday Life in China's Era of High Socialism*, ed. Jeremy Brown and Matthew D. Johnson (Cambridge, MA: Harvard University Press, 2015), 2; Brown, "Moving Targets," 381n4.

第3章

森林、宣傳與能動性
1950–1976年杭州的植樹造林運動

　　五十年代末，花港觀魚公園因孫筱祥於1959年《建築學報》發表的文章，再次受到舉國關注。這篇文章的發表正值大躍進運動的高潮時期，彼時中央政府號召在全國範圍內開展「大地園林化」運動。大躍進初期，全國上下普遍相信農業產量正呈指數級增長，因此政府有意將一部分農田改做其他用途，這便是「大地園林化」這一理念產生的時代背景。中央政府1958年12月頒佈的〈關於人民公社若干問題的決議〉將「大地園林化」作為改善人民生活和勞動條件、縮小城鄉差距的措施之一。根據該決議，在糧食產量大幅提高的前提下，「把現有種農作物的耕地面積逐步縮減到例如三分之一左右，而以其餘的一部分土地實行輪休，種牧草、肥田草，另一部分土地植樹造林，挖湖蓄水，在平地、山上和水面都可以大種萬紫千紅的觀賞植物，實行大地園林化」。[1] 這三個三分之一的說法，即所謂的「三三制」耕作制度。

　　1958年決議中提出的「園林」概念，也標誌著中華人民共和國政府在中蘇交惡的歷史大背景下，重拾包括園林在內的中國文化傳統，從而摒棄蘇聯「文化休息公園」的造園理念與實踐。[2] 需要指出的是，「大地

1　國務院法制辦公室，《中華人民共和國法規彙編：1958–1959，第4卷》（北京：中國法制出版社，2005），頁226。

2　趙紀軍，《中國現代園林》，頁107–108。

園林化」事實上是中共一以貫之的「綠化祖國」植樹造林運動的延續和升級。但對於大多數老百姓而言，「綠化祖國」運動以及五十年代後期迭代的「大地園林化」運動，無非是大規模種樹運動而已。例如，1959年3月27日《人民日報》發表題為〈向大地園林化前進〉的社論，明確將「大地園林化」等同於「因地制宜種植各種林木」。政府希望建造的樹林包括「用材林」、「經濟林」和「防護林」等。[3] 由此可見，如此強調造林，恰恰突顯出這場政治運動矛盾之處──儘管政府聲稱要努力追尋中國的文化傳統，但「大地園林化」強調造林的規劃摒棄的恰恰是中國傳統的觀賞性園林理念。[4]

本章將專門探討毛時代西湖地區的另一項功過參半的「宣傳－運動項目」──植樹造林。近來有學者發現，在不同的歷史條件下，植樹造林都與政府權力集中有關，即推進國家建設工程，從而達到「重整國家權威」的目的。[5] 同樣，在西湖周邊山地開展的長達數十年的植樹造林運動，也常被視為服務於國家建設的成功案例：長期戰亂導致該地區樹木大量減少，山體禿露，進而引發了1949年前嚴重的水土流失；相比之下，中國共產黨在執政杭州的三十年間，「在西湖周圍六萬畝荒山禿嶺上，栽植了三千萬多株既可觀賞，又有經濟價值之林木，使西湖群山萬木爭榮，鬱鬱蔥蔥」。[6]

西湖地區廣為宣傳的植樹造林活動是全國「綠化祖國」運動的一部分。1956年，這場運動最初與推廣農業集體化聯繫起來，同時也成為出產木材和其他林業產品的經濟任務。[7] 長期以來，世界各地的經濟規

3　〈向大地園林化前進〉，《人民日報》，1959年3月27日。

4　趙紀軍，《中國現代園林》，頁20。

5　Scott, *Seeing Like a State*, 14; S. John Lee, "Postwar Pines: The Military and the Expansion of State Forests in Post-Imjin Korea, 1598–1684," *The Journal of Asian Studies* 77.2 (May 2018): 321.

6　施奠東，《西湖志》，頁114。

7　《人民日報》1956年2月17日社論表示：「農業生產合作社應當成為綠化運動的主力。一切山區的合作社都要按照農業、林業、牧業的全面規劃，根

劃者和林業工作者有一個共識：科學林業（即發展單一樹種的人工林）可最大限度地提高木材產量。詹姆斯‧斯科特則從另一個角度來看待科學林業，將其視為是國家政權對現實自然環境的簡化和操縱。相比較人工林這種簡化的自然，真正的「現實遠更繁複龐雜」。[8] 在這種精心計算的林木管理下，樹木被抽象化，即「實際的樹木及其各種可能的用途，皆被代表木材或木柴數量的抽象樹木所取代」。拉維‧拉詹（Ravi Rajan）進一步指出，現代林業作為一種「官僚科學的資源管理方法」，本質上是一種「對價交換」，「以護林措施換取持續長期的收益」。[9]

斯科特和拉詹都強調了木材供應的經濟目標，以及國家在理性管理林木及其他植物的中心作用。然而，毛澤東時代西湖地區的植樹造林卻另當別論。生產木材並非植樹造林工作的核心。五十年代初，當地幹部制定了一項植樹造林計劃，旨在減少水土流失，促進農業生產。換言之，他們其實是在解決「乾旱問題」（desiccationism），即「把林木覆蓋率的下降與乾旱或水土流失等現象相關聯」。[10] 政府如此關注水土流失問題，正因為長期以來在中國林業與農業的關係密不可分。[11] 杭州的情況略有不同，水土流失問題更多與西湖有關。正如前章所述，鑒於西湖在政治旅遊中不可替代的作用，規劃者特別重視防止水土流失，以保持西湖水質純淨。

　　據水土保持的需要和合理利用土地的原則，組織相當的人力物力，因地制宜地進行造林、封山育林和護林工作」。這篇社論將「綠化祖國」這一概念與集體化運動的緊密關聯在一起。參見〈綠化祖國〉，《人民日報》，1956年2月17日。

8　Scott, *Seeing Like a State*, 11–12.

9　S. Ravi Rajan, *Modernizing Nature: Forestry and Imperial Eco-Development 1800–1950* (Oxford: Clarendon Press, 2006), 51–53.

10　Ajay Skaria, "Timber Conservancy, Desiccationism and Scientific Forestry: The Dangs 1840s–1920s," in *Nature and the Orient: The Environmental History of South and Southeast Asia*, ed. Richard H. Grove et al. (Delhi: Oxford University Press, 1998), 596–597.

11　Westoby, "'Making Green the Motherland,'" 236.

　　雖然當地幹部大力宣揚西湖植樹造林給杭州農業和旅遊業帶來的益處，但我們必須明白，國家的規劃很難做到一直井井有條、面面俱到。前章的西湖疏浚工程可見一斑。黨在植樹造林、栽培植物方面的政策經常變動，在地方上造成了一定的混亂和誤解。因此，此次西湖地區植樹造林活動的成效，與國內其他地區在不同歷史時期下的植樹造林活動一樣，受到當地文化、制度和經濟等諸多因素的制約。[12] 植樹造林運動成敗與否，超出了規劃者的預期與計算。

　　本章不僅記述杭州山區植樹造林運動的成就，也將探討林業工作者和地方幹部所面臨的困境和難題。數十年間植樹造林的偉大成就與令人痛心的毀林事件同時並存，這並非杭州獨有的特例。將兩種矛盾的敘述並置對照，正是目前有關1949年後中國林業學術研究的顯著特點。傑克・韋斯托比曾稱讚中國共產黨發起了「全世界有史以來最大規模的植樹造林活動」，[13] 而其他學者則強調國家對森林的大規模破壞代表了其敵視自然的態度。[14] 正如傑弗里・默里（Geoffrey Murray）和伊恩・庫克（Ian Cook）所言，新中國政權在環境方面取得了成功，毋庸諱言；但同時，毛澤東時代中國也存在嚴重的生態問題。[15] 兩種分歧恰恰證明在1949年後的中國存在「兩種不同的真相」，一種是「對社會主義的樂觀主義」，另一種則是對毛澤東時代政府「未能兌現一些社會主義承諾」的遺憾。[16]

12　Nicholas, K. Menzies, *Forest and Land Management in Imperial China* (London: St. Martin's Press, 1994), 52.

13　Westoby, "'Making Green the Motherland,'" 231.

14　例如 Shapiro, *Mao's War against Nature*, 1; Smil, *The Bad Earth*, 7; Marks, *China*, 270; Murray and Cook, *Green China*, 38; Daniel K. Gardner, *Environmental Pollution in China: What Everyone Needs to Know* (Oxford: Oxford University Press, 2018), 25。

15　Murray and Cook, *Green China*, 38.

16　Schmalzer, "On the Appropriate Use of Rose-Colored Glasses," 358.

　　在本書中我始終認為，這種分歧在很大程度上源於人們從兩個不同的視角（即「垂直視角」與「側面視角」）來看待、體驗和評價各宣傳活動。而本書對毛時代中國宣傳運動的研究，其核心就在於上級部門制定的藍圖與個人生活經驗之間的聯繫與差異。一方面，這些項目的規劃和實施不僅起到了國家主導的宣傳作用，還建立了一個地方民眾與國家進行互動的框架，民眾由此在社會主義制度下塑造其主體性，並從中獲益。另一方面，地方上的個人對於工程成果的體驗，往往與政府的預期不同。誠然，這裡的植樹造林項目是一種「參與式宣傳」，要求當地居民積極參與其中。[17] 然而問題隨之而來：地方上的個人如何參與並接受這一項目？正如下文所示，這樣的項目不僅僅動員了群眾，也有可能培養出自己的反對派：當地村民——以保護私有財產為重，對抗集體化和國家干預；盜伐者——非法砍伐樹木，用作柴火和木材；以及最重要的茶農——不惜以毀壞山林為代價，擴大自己的茶園。

　　以上敘述雖概括了國家政策與村民之間的衝突與互動，卻遺漏了杭州植樹造林運動中的一個重要角色：非人類——樹木和害蟲等。正如安妮・惠斯頓・斯本（Anne Whiston Spirn）所言，「人類並非景觀的唯一創造者」。其他生物也會影響景觀的形成，並對景觀的變化做出反應。[18] 在杭州的植樹造林運動中，非人類發揮相當負面的作用，給地方政府數十年的植樹造林工作蒙上了一道揮之不去的陰影：不僅人工種植的松樹密度低於預期，而且蟲害的破壞力無比巨大。因此，不難理解當地官員何以在他們的報告中將害蟲之災與人類破壞相提並論，二者皆為造林運動的大敵。[19]

17　Ho, *Curating Revolution,* 13.

18　Anne Whiston Spirn, *The Language of Landscape* (New Haven, CT: Yale University Press, 1998), 17–20.

19　杭州市檔案館，071-004-0038，頁13–18。

圖 3.1　西湖區地圖，本章提到的地點以重點標記。

五十年代早期的植樹造林運動

中共進入杭州後，立即在西湖地區展開了植樹造林運動；為合理化這一舉措，黨的宣傳策略是將西湖周圍的群山描繪成荒地，勾勒出一幅1949年前後杭州林區的慘淡景象：「（杭州山區）經日寇盤踞期間和投降後蔣匪軍的長期濫砍，杭市解放後山區群眾為了照顧目前生計困難，紛紛上山挖掘樹根，採割青柴，以致原有林木破壞得十分嚴重」。[20] 解放前生態惡化與解放後綠意盎然的新中國形成鮮明對比，象徵著「舊中國」與「新中國」的時間差距。借傅朗（Nicolai Volland）之語，社會主義「既是現在，也是未來」，而「他者（西方、資本主義）則成為過去，既是他們自己的過去，現已被拋諸腦後，也是全球歷史的過去」。[21] 無怪乎五十年代常見有關台灣森林砍伐的新聞報道，這與1949年前杭州森林遭到破壞的描述如出一轍，都是將解放前的中國與今天的台灣地區比作中華人民共和國的過去與他者。[22]

　　然而，強調1949年以前的杭州政府故意破壞森林或造林不力，其實與史無據。相反，國民黨政權也曾考慮改善杭州地區的植被情況。例如，抗日戰爭結束後不久，國民黨政府即在杭州實施了一項為期十年的植樹造林計劃。一份政府報告顯示，僅在1949年，杭州當局就計劃造林約15,000畝，佔西湖周邊山地20%以上。但由於國民黨在解放戰爭中節節敗退，該計劃最終未能付諸實施。與後來的新中國政府一樣，

20　〈杭州市建設局園林管理處1950年林業工作總結報告（節錄）〉，載王國平編，《西湖文獻集成，第12冊：中華人民共和國成立50年西湖文獻專輯》（杭州出版社，2004），頁406。

21　Nicolai Volland, *Socialist Cosmopolitanism: The Chinese Literary Universe, 1945–1965* (New York: Columbia University Press, 2017), 9.

22　例如《浙江日報》在1955年6月19日發表文章稱，在1945年至1955年期間，台灣一半的林地被毀，木材儲量銳減40%。參見〈在蔣介石賣國集團統治下的台灣〉，《浙江日報》，1955年6月19日。

國民黨時期的杭州市政府也曾頒佈禁令，嚴禁在湖邊山區擅自砍伐林木、採石、營造墳地，以保護山區林地。[23]

五十年代初，中共當局採取了類似的保護措施，簡稱「封山育林」，在全國範圍內推廣。這種方法要求封閉山林地區，禁止放牧、砍柴等人為破壞活動，以保護樹苗自然生長。再加上一些人工培育樹木，即可形成半人工林。[24] 就杭州而言，當地在1949年底成立了一個名為「西湖山區護林委員會」的政府機構，[25] 旨在動員群眾力量，扭轉該地肆意砍伐樹木的趨勢。1950年的一份報告不僅將矛頭指向「大批上山採割茅柴，並夾帶小樹和挖掘樹根」的群眾們，更嚴肅指出，「駐杭市的部隊為了節約生產和購置公債，也紛紛上山採割青柴，整車裝運」。面對如此棘手問題，委員會在岳墳、松木場、金沙港等成立了8個分會，組織了102個保護小組，吸納1,866名成員，以防範砍柴者、拾柴者和盜伐者。同一份報告證實，截至1950年底，13,373畝山地已被封鎖。[26]

如果沒有省市兩級政府的全力支持，委員會不可能實現其目標。1950年4月19日，浙江省最高領導人譚震林發佈命令，指示杭州的政府機構、學校和解放軍停止砍伐樹木，在山區和西湖附近的風景區恢復林地。[27] 1950年至1953年間，每年4月初至12月下旬進山禁令都會解除，允許當地人和茶農採拾薪柴，用作生活和製茶的燃料。[28] 相比之

23 杭州市檔案館，《民國時期杭州市政府檔案史料彙編：一九二七年－一九四九年》(杭州：杭州檔案館，1990)，頁525–527。

24 《中國林業》編輯委員會，《新中國的林業建設》(北京：生活‧讀書‧新知三聯書店，1953)，頁31。

25 南區、西區管理處，〈西湖山區護林和封山育林的初步報告〉，載杭州市園林管理局，《杭州園林資料選編》(北京：中國建築工業出版社，1977)，頁71。

26 〈杭州市建設局園林管理處1950年林業工作總結報告(節錄)〉，頁407–409。

27 〈浙江省人民政府為指示保護西湖風景區辦法五項〉，《西湖文獻集成，第12冊：中華人民共和國成立50年西湖文獻專輯》，頁5。

28 南區、西區管理處，〈西湖山區護林和封山育林的初步報告〉，頁72。

下，營造新墳的規章則格外嚴格，從中華人民共和國成立的第一天起，政府就明令禁止在山區修建墳墓。[29] 貫穿整個毛澤東時代，政府分別於1950年、1959年和1975年進行了三次調查，以評估「封山育林」計劃的成效。在玉皇山地區，1950年的情況是：「山上殘留樹椿很多，雜草叢生，土壤都被沖失」。到1959年，「殘留樹椿萌芽成叢，新播種子出苗生長，初步開始鬱閉，雜草減少，小竹成叢，土壤得到保護」。再十六年後，該地區展現出可喜的生物多樣性，形成「白櫟、化香、麻櫟、香樟、木荷、楓香、苦櫧、馬尾松為主混交林」。這些樹木的平均胸徑在8至16厘米之間，鬱閉度（樹投影面積與林地總面積比，這一指標常常用於指示樹林的疏密程度）為0.6至0.8。[30]

在西湖周邊山區的65,000畝山地中，約有10,000畝是在「封山育林」計劃下培育出的林地，其他大部分（約51,000畝）都是建國初期開發的人工林。[31]「封山育林」形成的林地與單一栽培的植樹造林有很大不同，前者是半人工栽培，人工干預有限，而後者則是單一樹種栽培，需要投入最多的勞動力。

杭州市政府對於發展單一樹種人工林頗有信心，其於1950年制定計劃，志在五年內完成6.5萬畝山林的綠化工作。[32] 但事實證明，培植單一樹種比想像更加要費時費力。號召杭州的工人、幹部、學生和普通市民參與植樹造林，是加快植樹造林運動的標準辦法。同時，通過動員可令普通老百姓全面認識何為社會主義下的群眾運動。其中，杭州各學校的學生通常是群眾動員的對象。他們為西湖地區的綠化運動出力，偶爾也

29　杭州市政府頒佈的第一項法規就明確規定，未經特別批准，不得在西湖風景區內的公共或私人土地建造墳墓。參見〈杭州市人民政府關於公佈《西湖風景區管理條例》的通告〉，《西湖文獻集成，第12冊：中華人民共和國成立50年西湖文獻專輯》，頁4。

30　南區、西區管理處，〈西湖山區護林和封山育林的初步報告〉，頁72。

31　同上，頁75。

32　〈改造中的西湖〉，《浙江日報》，1950年5月17日。

會獲得命名權的殊榮。例如，1955年兒童節，黃龍洞附近的一片林地被命名為「少年林」。[33] 當青年男女埋頭苦幹在全市各處植樹造林時，一位叫做大悲的僧人主動提出，應該讓不識字的和尚入山去植樹造林，而有文化的僧人可以去整理文化遺產。[34] 不可否認，類似的群眾動員成功組織了廣大杭州市民和周邊的農民，並宣傳了義務勞動的理念。從1956年到1961年的六年間，杭州參加造林的義務勞動人數高達80.8萬人。[35]

　　鑒於此，植樹造林運動體現了建國初期一種獨特的生產方式——通過大力提高勞動投入，在不付出高昂經濟成本的情況下克服物質資源稀缺的問題，高敏稱這種做法為「群眾工作」。[36] 傑克·韋斯托比認為，中華人民共和國在植樹造林方面的成功，應歸功於「數千萬中國人」在自己業餘時間全情投入、積極主動地參與「林業活動」。[37] 正如在西湖疏浚工程中一樣，政府並不指望義務勞動者能達到很高的效率，但義務勞動的組織形式卻能夠展示社會主義制度下，大規模勞動力動員能力和勞動者自我犧牲的精神。

　　實際上，加快植樹造林的最佳方案並不一定是加大勞動力投入，而是選擇速生樹種，尤其是馬尾松。這種選擇並非隨意為之。馬尾松被譽為全球「最具生態及經濟價值的樹屬」，是一種可「在寒冷乾燥的惡劣環境中」存活並生長的人工林樹種，[38] 其廣泛分佈於中國黃河以南地區。[39] 如前所述，四十年代末，國民黨政府曾實施為期十年的植樹造林計劃，

33　陸加，〈西湖和孩子們〉。

34　華東師範大學中國當代史研究中心，《中國當代民間史料集刊12：沙文漢工作筆記1955年》（上海：上海東方出版中心，2016），頁452。

35　《杭州市林業志》編纂委員會，《杭州市林業志》（北京：中華書局，2015），頁251。

36　Gross, *Farewell to the God of Plague*, 240.

37　Westoby, "'Making Green the Motherland,'" 239.

38　Peter A. Thomas and John R. Packham, *Ecology of Woodlands and Forests: Description, Dynamics and Diversity* (Cambridge: Cambridge University Press, 2007), 131–133.

39　王敬銘，《中國樹木文化源流》（武漢：華中師範大學出版社，2014），頁1。

並將馬尾松列為重點栽培樹種。[40] 解放後，馬尾松也很快成為新政權幹部推薦的快速推進植樹造林的指定樹種。[41] 六十年代進行的一項研究強調了各類松樹的優勢，尤其是馬尾松，例如可提供高韌性的堅固木材，可生產重要的工業原料松香。這份研究報告還突出了馬尾松驚人的生長速度：「一年可以長1米多，5、6年可高達3米多。枝條輪生，每年長一層，甚有規則。造林後5、6年就可修枝撫育，獲得薪柴」。[42] 其實早在二十世紀三十年代，中國的林業工作者就對馬尾松超常快速的生長能力印象深刻。當時一份江蘇江埔地區的調查指出，馬尾松是林場內所有樹種中生長最快的。[43] 正是考慮到馬尾松無可比擬的生長速度及其對惡劣環境的適應能力，杭州的地方官員才選擇馬尾松作為建國初期植樹造林的主要樹種。[44]

　　新政權政府將松樹作為主要樹種的原因之二，是杭州自古以來的文化傳統。1964年一位植物學家在一份報告中特別指出，許多唐代詩人如曾在杭州做官的白居易 (777–846) 都曾作詩歌頌揚松樹。白居易曾有詩曰：「松排山面千重翠，月點波心一顆珠」。[45] 自唐宋以降，杭州的一些風景名勝也因松樹林而聲名遠揚，如萬松嶺、九里松及北高峰等。[46] 傲然挺立的松樹意象，象徵著士大夫凌霜傲雪、絕不和光同塵的高尚品

40　杭州市檔案館，《民國時期杭州市政府檔案史料彙編：一九二七年－一九四九年》，頁525。

41　《中國林業》編輯委員會，《新中國的林業建設》，頁35。

42　黃心唐，〈水土保持樹種介紹之七：馬尾松〉，《農田水利與水土保持利用》(1965年3月9日)，頁10。

43　侯嘉星，《1930年代國民政府的造林事業：以華北平原為個案研究》(台北：國史館，2011)，頁82。

44　杭州市園林管理局，〈園林結合生產號，西湖風景面貌新〉，頁4。

45　周武忠，《心境的棲園：中國園林文化》(濟南：濟南出版社，2004)，頁205。

46　浙江省檔案館，J115-003-010，頁56。

質，松樹也因此成為中國古典繪畫、詩詞歌賦中最受歡迎的題材。[47] 不只中國，整個東亞儒家文化圈都普遍讚頌松樹的獨特品質，並探索其豐富的象徵意義——「長青、忠貞、美德，乃至陽剛之氣」，這無疑是東亞的一個跨文化傳統。[48] 其實，杭州地方政府一直敏銳意識到因地制宜的必要性，針對特定地區的文化傳統，培育特定的樹種。例如，政府在雲棲開闢了大片竹林，而在滿覺隴則重新引入桂花樹。[49] 長久以來，雲棲的翠竹和滿覺隴的清香桂花，都曾激發文人墨客的詩情畫意，令遊人訪客難以忘懷，因而有「雲棲竹徑」與「滿隴桂雨」兩大西湖景點。重拾中國文化傳統，選擇具有文化意涵的特定樹種，在這一時期的社會主義集團內部也具有特殊的政治文化影響：在政治普世主義（即國際共產主義運動）的背景下，也需要突出各個國家的民族特性。[50]

鑒於松樹在西湖地區的經濟、文化和政治意義，松林（主要是馬尾松）在杭州佔據了絕對的主要地位。到1964年，西湖區三分之二的山地被馬尾松覆蓋。[51] 1977年，因為病蟲害影響，在隨後的植樹造林運動中引入其他樹種後，這一比例有所下降。當時一項調查顯示，松樹林佔全部喬木林的49.3%。[52] 儘管成效斐然，西湖地區的松樹種植也並非全無問題。除了後文將詳細討論的害蟲問題外，馬尾松在西湖地區的成活率相當低。1950年的一項調查顯示，馬尾松的平均成活率為60%，比其

47　Martin Powers, "When Is a Landscape Like a Body?," in *Landscape, Culture, and Power in Chinese Society*, ed. Wen-hsin Yeh (Berkeley: Institute of East Asian Studies, University of California, 1998), 17–20.

48　Lee, "Postwar Pines," 321.

49　〈杭州市園林建設十年來的主要成就（初稿）〉，頁183。

50　Volland, "Clandestine Cosmopolitanism," 186; Katerina Clark, *Moscow, the Fourth Rome: Stalinism, Cosmopolitanism, and the Evolution of Soviet Culture, 1931–1941* (Cambridge, MA: Harvard University Press, 2011), 4.

51　浙江省檔案館，J115-003-010，頁56。

52　《杭州農業志》（北京：方志出版社，2003），頁676。

他樹種低10%到30%。[53] 事實上，60%這個數字可能還有所誇大。例如，據瓦斯拉夫・斯米爾（Vaclav Smil）估計，中國全國植樹造林的成活率僅為三成。[54] 儘管杭州的樹木成活率很可能遠高於全國水平，但歸根結底，杭州的林業工作者普遍發現馬尾松比想像的難以成活。

考慮到植樹造林的宣傳功能，樹木成活率低不僅可以理解，甚至可以預見，因為與緩慢持續的養林護林過程相比，最初的大規模勞動力動員更加引人注目，或者說更適合媒體報道。早在1957年，地方幹部已經開始對馬尾松林的不良林相深感擔憂。由於整個五十年代初亟需加快植樹造林，大部分（或者說全部）松樹的種植都在非常匆忙的情況下進行。必要的森林維護工作如疏伐，在很大程度上都被忽略了，導致的結果是：「林木異常擁擠，什木叢生，如不及時疏伐整理，不但影響林木生長，而且影響優良林相的形成」。[55] 八年後，當地官員證實，在過去的幾年中，他們實施了疏伐工作，注意保持株距，有效改善了森林形態。[56] 然而，1964年進行的另一項研究發現了一個新問題：樹苗難以長大。研究人員解釋道，理論上而言，松樹在15歲樹齡左右就足以借風播種，做到「種子飛散，新苗出生的情況」。但研究人員對幾片林地的觀察結果卻讓他大失所望。例如，1964年5月，他在16平方米的林地範圍內統計到12棵樹苗；9月回訪時卻失望地發現這些樹苗沒有一棵能夠長大。研究人員認為，這片林地繁衍力低下受多種因素影響，如地形不佳不利於種子發芽及新苗成活、鬱閉度過高、附近村民的盜伐以及松鼠等動物頻繁活動等。[57]

據此，這份報告揭示出一個令人不安的事實——該地區的植樹造林缺乏周密的規劃和適當的管理。就此而言，在嚴格意義上，大多數這

53　〈杭州市建設局園林管理處1950年林業工作總結報告（節錄）〉，頁80。

54　Smil, *China's Environment Crisis*, 59.

55　杭州市檔案館，071-002-0003，頁19。

56　浙江省檔案館，002-998-196523，頁4。

57　浙江省檔案館，115-003-010，頁68–69。

類馬尾松種植林都難以歸入現代科學林業的範疇，因為現代科學林業的特徵是「除草徹底、樹齡均勻、成行種植」。[58] 此外，這些樹林在十年內從密度過高變成密度相對較低，也表現出管理的失效。1964年的報告發現，平均每公頃林地上僅有2,096棵樹齡不足十年的松樹，[59] 而新中國林業管理部門在全國範圍內制定的目標是每公頃種植10,000到12,000棵樹苗，成活率達90%。[60] 但實際情況是，在中華人民共和國時期，十年生松樹林的密度為每公頃3,900到4,500棵。[61] 西湖地區如此低的種植密度是其成活率注定低下的一個證明。不過，林地管理不當在不知不覺中帶來一個好處——其生物多樣性略高於單一種植林。1964年的報告發現，杭州的馬尾松林中包含大量綠色植被。在所有馬尾松林中，有種子植物62科182種，蕨類植物4科5種，以及維管植物66科187種。在一片一百平方米的林地中，研究人員發現了二十多種植物，其中包括麻櫟和白櫟。[62]

五十年代後期以來杭州的植樹造林運動

1956年，以2月17日《人民日報》的社論為標誌，一場由中國共產黨領導的全國性運動——「綠化祖國」正式拉開帷幕。這篇題為〈綠化祖國〉的社論傳達了一些重要信息。首先，建國七年來，儘管一些地區

---

58 Jeyamalar Kathirithamby-Wells, "The Implications of Plantation Agriculture for Biodiversity in Peninsular Malaysia," in *Beyond the Sacred Forest: Complicating Conservation in Southeast Asia*, ed. Michael R. Dove, Percy E. Sajise, and Amity A. Doolittle (Durham: Duke University Press, 2011), 63.

59 浙江省檔案館，J115-003-010，頁59。

60 程崇德，《怎樣種植馬尾松》(北京：中國林業出版社，1956)，頁5–15。

61 高兆蔚，《森林資源經營管理研究》(福州：福建省地圖出版社，2004)，頁231。

62 浙江省檔案館，J115-003-010，頁59。

努力在山區或荒地植樹造林，特別是華北和西北地區，但全國的森林總面積始終停滯不前。[63] 其次，在這場運動中，木材和其他林產品的供應佔據了優先地位，因為「現有的林木資源遠遠不能滿足國家建設和人民對木材日益增長的需要」。[64] 換言之，中國的首要任務是實現工業化，而不是保護森林；擴大森林面積的目的正是提供工業發展的原材料。實際上，早在五十年代初，中國共產黨領導層，特別是毛澤東主席，就已經要求在中國植樹造林，以迅速增加木材供應。[65] 從某種意義上說，正是對木材的巨大需求反而抵消了全國各地植樹造林的努力。第三，植樹造林是全國性集體化運動的重要組成部分。按照社論的說法，在「分散的小農經濟的舊時代」，綠化全國是不可能的；只有在社會主義條件下，「依靠國家的支援和合作化的力量」才可以實現目標。因此，這篇社論呼籲農村集體組織積極參與綠化祖國運動，也就不足為奇。最後，這場運動敦促青年參與全國範圍內的群眾勞動，從而教育和動員了「19000萬左右的青少年」。[66] 由此可見，「綠化祖國」運動是一項典型的宣傳運動，旨在獲取經濟利益的同時，達到政治以及意識形態目的。

　　1957年10月，「綠化祖國」正式立項成為國策。1957年下發的文件〈一九五六年到一九六七年全國農業發展綱要〉採納了上述《人民日報》社論的全部意見，但補充道，「綠化用地，不應當佔用耕地」。[67] 1958年12月10日，一些中央領導人由於對於「人民公社運動」中全國糧食產量認識有所偏頗，誤認為中國當前面臨的不是缺糧，而是需要立刻解決全

63　根據傑克‧韋斯托比相對保守的估計數據，森林覆蓋率為5%，而馬立博（Robert Marks）則認為，全國森林覆蓋率應在5%到9%之間。參見Westoby, "Making Green the Motherland," 231–232; Marks, *China*, 276。

64　〈綠化祖國〉。

65　中共中央文獻研究室、國家林業局，《毛澤東論林業》（北京：中央文獻出版社，2003），頁78。

66　〈綠化祖國〉。

67　《建國以來重要文獻選編（第10冊）（1957年）》（北京：中央文獻出版社，1995），頁646–647。

國糧食生產過剩的新問題，於是下達了更詳細的指示，要求農民把農田的耕地面積減少三分之一左右。根據指令，農民節省下來的部分土地將發揮多重功能，如節約用水、植樹造林、發展經濟作物等。[68] 儘管這一指示是基於全國農業生產飛速發展的一種不準確認知，但擴大經濟作物生產是「大地園林化」的核心所在，也是「綠化祖國」運動不可分割的一部分，這樣的理念一直持續到毛澤東時代的最後幾年。

在中央提出將全國三分之一的土地改造成林地、觀賞園和經濟作物種植地後，杭州市領導幹部根據這一新的政策，於1959年4月27日提交一份報告，建議將西湖區三分之一的土地用於植樹造林、開挖人工湖、種植觀賞植物。因此，「大地園林化」運動將西湖地區的植樹造林引向了一個新的方向：從五十年代末開始，地方當局除了種植松樹和其他樹木外，也開始重視種植經濟作物。此之謂：「園林化必須與生產相結合」。為最大限度利用土地作為生產空間，報告還呼籲種植更多「芳香油料植物、藥用植物、果樹等」。[69] 據報道，到1965年，杭州沿湖的山林中不僅有松樹，還有「香樟、桂花、七葉樹、毛竹等經濟樹種」。[70] 到了七十年代中期，當地官員制定了一項詳細計劃，將杭州公共公園進行徹底改造。例如，杭州植物園中的「百草園」搜集種植了「1300種藥用植物」，被重建為專門種植藥材的苗圃，從而成為當地「普及中草藥知識的園地」。[71]

花港觀魚公園無疑是另一個主要目標。根據1976年發表的一份報告，花港觀魚引進了大量經濟作物，如桂花、柿子、柑橘、蘋果、墨

68 國務院法制辦公室，《中華人民共和國法規彙編：1958–1959，第4卷》，頁226。
69 〈杭州市園林建設情況和園林化規劃的初步意見〉，頁101–103。
70 〈西湖山區造林綠化的情況〉，《西湖文獻集成，第12冊：中華人民共和國成立50年西湖文獻專輯》，頁440。
71 杭州市園林管理局，〈園林結合生產好，西湖風景面貌新〉，載杭州市園林管理局，《杭州園林資料選編》（北京：中國建築工業出版社，1977），頁6–9。

紅、橙子、棕櫚和核桃。[72] 其中，早在1958年就已廣泛種植香料類經濟植物，是製造香水的重要原料。1958年，西湖香料廠和其他工廠相繼成立，以便及時加工當地產品。[73] 然而，杭州政府很快就發現了一個與「大地園林化」運動相關的重大問題：這些新工廠造成的嚴重污染不僅影響附近風景區，也威脅到沿湖居民的生計。[74] 1979年，杭州市政府終於計劃在三年內搬遷香料廠，而此時，這一污染性工廠已經發展成為擁有333名工人和幹部的中等企業。[75] 然而，污染只是植樹造林運動帶來的其中一個問題。在本章下半部分，我將詳細討論「綠化祖國」運動在西湖地區引發的其他相關問題，而這些問題很可能動搖植樹造林運動的根本。

植樹造林運動中產生的諸多問題

對於當地政府而言，最緊迫的問題是西湖山區中種植的樹木成活率低。這在一定程度上由人為因素造成，如當地村民和幹部管理不善；然而，非人為因素也不容忽視。在整個毛澤東時代，人為和非人為因素與規劃者、林業工作者相互博弈，不斷削弱西湖地區植樹造林工作的成效，改變造林的方針。

土地和林木所有權

從建國第一天起，西湖地區的中共幹部就面臨著湖邊山區土地所有權界定不清的嚴重問題。雖然杭州在建國伊始立即進行了土地改革，給

72　同上，頁6。

73　〈杭州市園林建設情況和園林化規劃的初步意見〉，頁100。

74　〈關於西湖風景區的調查報告〉，頁286。

75　〈關於西湖風景區內工廠、單位搬遷情況及今後工作的意見〉，《西湖文獻集成，第12冊：中華人民共和國成立50年西湖文獻專輯》，頁821。

予山區居民種樹的山地，但土地所有權複雜混亂，其中尤其以佛寺的土地所有權為甚。中國共產黨早在1947年就在中國各個地區廢除了寺廟的土地所有權。[76] 因此，杭州僧眾於解放後感覺前景不明朗，他們中的許多人紛紛還俗並離開杭州。這樣一來，以前由佛寺控制的大片山地就成了灰色地帶，一時無人問津。另有一些寺廟被政府和部隊機關佔用，地方政府也無法對這些土地進行適當管理。[77] 在此情況下，杭州本地政府將山地分為三類，以便推行植樹造林。第一類，私有山地由群眾自願植樹造林。第二類，在原屬於寺廟的土地上，採用公私合作植樹造林。第三類，在無法推動群眾造林的一些山地，由當地的部隊、機關幹部和學校教師和學生負責植樹。[78]

早在1949年，當地政府就頒佈了一項條例，進一步鼓勵第一類（即私人土地所有者）和第二類負責人（即合作造林者）種植更多樹木。條例規定，園林管理局負責監督私人所有的林地；如果政府和個人林農合作造林，則需要掌握雙方「公平分配」的原則；如在風景點附近造林，則風景點享受二成收益。[79] 然而，1949年的這項規定未能平息村民的不滿，他們仍堅持伸張自己對林地的權利。地方政府很快遇到了更多與植樹造林以及土地或樹木所有權相關的問題。例如，1949年的條例沒有考慮到樵夫和牧民的用益權，激化了植樹者和樵採放牧之間的糾紛。此外，一些山地的所有權並不明確，導致多方共同爭奪一座山林使用權的

76 Holmes Welch, *Buddhism under Mao* (Cambridge, MA: Harvard University Press, 1972), 43.

77 〈杭州市人民政府建設局對西湖風景區管理的意見〉，《西湖文獻集成，第12冊：中華人民共和國成立50年西湖文獻專輯》，頁6–7。

78 施奠東，《西湖志》，頁815。

79 戴善忠、絡平，〈杭州園林法規一覽表〉，載杭州市園林文物管理局編，《西湖風景園林（1949–1989）》（上海：上海科學技術出版社，1990），頁493–501。

問題。這種爭奪經常會以暴力方式 (械鬥) 解決。面對這種情況，政府於1952年頒佈了一項新規，對上述三類重新劃清界限。[80]

　　五十年代中期開始的農業集體化運動讓所有權變得更加複雜，嚴重挫傷了西湖地區以及浙江其他地區林農的士氣。隨著集體化運動逐漸達到高潮，當地居民多年栽培的樹木的所有權問題成為了一個棘手的難題。1956年的一份報告顯示，一些地區的樹木遭到任意砍伐，因為它們和土地一樣被貼上了公共財產的標籤。當地村民在加入合作社時需交出土地和林木，但樹木往往「作價過低，甚至和土地一樣無代價地歸社公有；有的把群眾宅旁、屋旁的零星樹木也統統歸社經營；有的高級社進行基本建設需要木料，就砍伐社員的樹木，不給或少給報酬」。[81] 因此，1956年年中，一篇期刊文章再次強調了《農業生產合作社示範章程草案》的第二十九條規定，「另 (零) 星樹木，歸社員自己所有，自己經營」；作者指出，允許村民擁有少量樹木無疑會增強其參與集體化運動的積極性。[82] 然而，這項規定常常被置若罔聞。1957年夏，浙江省政府內一位負責農業工作的幹部報告，林木入社尚有70%沒有完成，主要原因是地方幹部往往對原屬村民所有的樹木估值較低，對此村民們開始大規模砍伐樹木，以免樹木被公社以過低的價格收歸公有。[83]

　　在西湖山區，原屬寺廟所有的林地佔了山地的很大部分，各種問題也隨之而來。按照規定，這些土地全部由國家徵用管理。但各生產隊宣稱，多年來一些古樹在群眾造林護林的範圍之內，因此相應收入毫無疑問應該歸集體所有。因此，地方政府與生產隊之間的衝突愈演愈烈，到

80　浙江省檔案館，J117-005-067，頁 33。

81　〈妥善處理林木入社問題是當前防止亂砍濫伐的關鍵〉，《浙江林業通訊》，第 4 卷 (1956 年 7 月)，頁 1–2。

82　王毅，〈為什麼零星樹木不要入社？〉，《浙江林業通訊》，第 3 期 (1956 年 5 月)，頁 1。

83　華東師範大學中國當代史研究中心，《中國當代民間史料集刊 11：沙文漢工作筆記 1957–1958 年》，頁 272。

1965年仍未得到解決。[84] 如前所述，這類爭端甚至升級為武裝衝突。直至1974年，一份檔案文件仍有記錄，西湖人民公社在成立之後的大部分時間裡，不斷與下屬各生產大隊爭奪西湖山區的林地所有權。[85]

由於土地及樹木的所有權模糊不明、爭端頻頻，非法砍伐樹木的行為也屢禁不止，地方政府通常將這種行為定性為盜伐。如上所述，有些砍伐行為可以理解為村民不願參與國家強制推行的集體化運動。在大躍進接近尾聲時，情況又有新變化：經濟情況不佳，迫使一些當地居民偷偷砍伐山上的「公有」樹木並非法出售。最後，浙江省省委第一書記江華（1907–1999）於1961年決定嚴懲幾個違法者，以儆效尤。在一次五百人參加的公審大會中，四名盜伐者被判處一至三年有期徒刑，其中三人是靈隱生產隊普通社員，而另一人居然是滿覺隴大隊的黨支部成員。[86]「文化大革命」初期，由於公檢法運作不正常，山區林地管理不善的情況進一步惡化。1968年的一份報告顯示，無所事事的社會青年「少則幾十人，多則百餘人」有組織地破壞山林。他們活動的地區包括六和塔、吳山、寶石山、黃龍洞、棲霞嶺等。[87] 凡有人企圖阻止，他們皆加以攻擊，「更惡毒的是在夜晚破壞農民的集體生產，用石頭擲碎農民的住屋瓦片和門窗，甚至竟燒毀農民的草舍」。結果玉皇山的櫻花和洋房山毛竹林皆被盜砍無遺，「估計至少有十分之一的樹木被偷砍」。另外，一些周邊農村（如蕭山的一些公社）的農民潛入杭州盜取樹木的情況也十分猖獗。[88] 總之，杭州地區的森林經歷了三次主要的破壞：1958年，因大

84　〈杭州市人民政府建設局對西湖風景區管理的意見〉，頁442；杭州市檔案館，J115-003-010-055，頁4。

85　杭州市檔案館，071-006-011，頁8。

86　余森文，〈杭州解放後17年間的園林建設〉，頁154–156。

87　杭州市檔案館，071-004-0038，頁13–15。

88　〈杭州市園林管理局關於西湖山林破壞嚴重的情況報告〉，《西湖文獻集成，第12冊：中華人民共和國成立50年西湖文獻專輯》，頁448。

煉鋼鐵需要大量木材和燃料；1960–1962 年，因國家和地方經濟極度困難；以及「文革」初期，因地方政府運作失靈而導致的大面積毀林。[89]

茶農與林農之爭

以上針對護林員和地方幹部的暴力事件是 1949 年後的中國，植樹造林與農業之間的緊張關係的一個縮影。全國性的植樹造林運動備受矚目，吸引了國內外的關注，達到了宣傳目的，但這並不能掩蓋同時期政府為獲取木材、燃料和耕地而大量砍伐森林的事實。[90] 在整個中國，造林和毀林交替進行，耕地面積從大約八千萬公頃擴大到 1980 年的 1.2 至 1.3 億公頃。[91]

在西湖地區，與林業工作者發生衝突爭奪土地的更多是茶農。事實上，在杭州地區發展茶業也是一項政治意義重大的項目。首先，杭州產的茶葉是周恩來（1898–1976）和劉少奇等中共高層領導最青睞的飲品。[92] 其次，在毛澤東時代後期，中國與西方國家外交關係正常化，國際交流頻繁導致對杭州禮品茶的需求激增。最後，像梅家塢這樣的西湖產茶村成為新中國集體化的模範茶場，並得到了周恩來總理的肯定。中國外交人員常常以梅家塢為例，向外國遊客展示中國農業集體化運動的可喜成就。[93] 因此，茶葉生產在西湖周邊山區的生產空間中佔據著顯著地位。

有趣的是，在杭州的「大地園林化」運動中，茶葉通常並未被視為經濟作物。相反，除了向國家供應「禮品茶」的任務之外，產茶的村落

89　《杭州農業志》，頁 666。

90　Murray and Cook, *Green China*, 49.

91　Marks, *China*, 270.

92　施奠東，《西湖志》，頁 115–117。

93　辛薇，《點燃記憶》（北京：中央文獻出版社，2009），頁 51。

或大隊還要種植具有經濟價值的樹木。[94] 因此，不難理解為何植樹造林和茶葉種植的雙重任務會引發林農和茶農在土地使用方面的衝突。在建國初的27年，這種衝突在西湖沿岸的山林地區始終存在。解放初期若干年，杭州茶葉生產的重要性事實上是被低估了。1951年12月，杭州市政規劃人員以西湖「風景區面積有限」為理由，只劃撥了上限為三千畝的土地，用於建設茶園。[95] 這種保守的規劃表明，地方當局五十年代初的首要任務是西湖疏浚和西湖周邊療養院的建設。不難理解，五十年代中期不少茶農對於土地被侵佔難免心生抱怨。這種不滿產生的原因有三。首先，如第1章所述，一些土地被徵用堆放疏浚西湖時產生的淤泥。第二，茶農在植樹造林運動中失去了他們的土地。第三，各類政府和部隊機關修建療養院、賓館和醫院，造成了巨大的土地浪費，而這些土地最初大多屬於茶農。1957年，北京農業大學校長孫曉春(1906–1991)在杭州進行了一次調查，發現由於正在推行的「綠化祖國」工程，茶園失去了大量土地，比如規定「大道旁不准種茶」，另外有「毀茶地」的普遍現象。[96] 杭州市副市長也在1957年承認，多年以來茶農的利益都受到損害，但他認為不可能為了補償茶農而在部分造林地區反過來毀林種茶。[97]

在這三種原因中，茶農對地方官員不顧茶農生計而徵用茶園的規劃尤其不滿。由於西湖地區植樹造林運動的主要動機是為避免水土流失，一些茶農對此表示不能理解，他們認為水土流失對湖邊地區構成威脅，但和山地關係不大，為了種樹而毀掉茶園毫無道理。例如，在城隍山地區，政府接管了20戶茶農的土地，其中許多人沒有獲得任何補償。[98]

94　杭州市檔案館，071-005-0012，頁2–3。

95　〈西湖風景區建設計劃大綱(初稿)〉，《西湖文獻集成，第12冊：中華人民共和國成立50年西湖文獻專輯》，頁78。

96　華東師範大學中國當代史研究中心，《中國當代民間史料集刊14：沙文漢工作筆記1957–1958年》(上海：上海東方出版社，2016)，頁92。

97　〈解決西湖建設與擴展茶地的矛盾〉，《杭州日報》，1957年5月4日。

98　章紹堯，〈園林建設的七個矛盾〉，《杭州日報》，1957年4月8日。

1957年5月，為回應茶農的諸多抱怨，當地政府幹部、茶農和杭州市園林管理局代表共同參會並達成共識，決定開墾更多荒地種植茶葉。[99]

中華人民共和國成立幾年後，茶葉兼具飲品和禮品的屬性，在政治舞台上的重要性日益升高，杭州地區茶葉種植的影響力也因此與日俱增，茶園面積的增長也在情理之中。據統計，從1949年到1976年，整個杭州的茶園面積增加了近五倍（從7,807公頃增長到33,280公頃）。[100]雖然這裡沒有毛澤東時代西湖地區茶園面積的數據，但考慮到西湖周邊有不少以產茶著稱的村落，顯然它們也增長迅速。西湖人民公社下屬十幾個村莊（集體化時期稱生產大隊），迤邐聞名的龍井茶名字來源地的龍井就是其中之一。另外一個以出產龍井茶聞名海內外的是梅家塢。從1949年至1962年，龍井的茶園面積從300畝增加到450畝。[101]同樣，1964年梅家塢的茶園面積計劃在930畝的基礎上增加30%，雖然當地幹部承認可以利用的閒置空地其實並不多。[102]前面提到，1957年中共官員曾經承諾用荒地開墾種茶，但並非所有新茶田都由開荒而來；或者應該說，本來這些山地中荒地就不多。例如，1961年，經杭州市政府批准，龍井的90畝水田被改造成茶園。[103]在杭州的其他地區，地方政府也表現得相當慷慨，允許村莊或生產隊擴大茶園。例如，據報道，1954年杭縣下轄的一個偏遠村莊將133公頃土地改為茶田。[104]

在共和國前27年，經過官方批准的合法佔地與非法盜取林地的情況，在各村落或大隊同樣重要。據一位當地幹部在1965年調研結果可知，茶農之所以急於獲得更多土地種植茶葉，是因為西湖山區當時「居住著1889戶、8400多農民，由於農業生產發展和人口的自然增長，生

99 〈解決西湖建設與擴展茶地的矛盾〉。

100《杭州農業志》，頁566。

101 浙江省檔案館，J116-016-066，頁36。

102 浙江省檔案館，J116-020-064，頁46；J116-018-345，頁108。

103 浙江省檔案館，J116-016-066，頁415。

104 浙江省檔案館，J116-008-007，頁7。

產用地平均每人只有6分多」。然而,「農民種茶的積極性十分高漲,迫切要求擴大茶園面積」。當茶農不能如願時,他們不得不以合法或非法的方式從林地開闢更多空間,來解決長期以來的「林、茶矛盾」。例如,1960年至1962年間,約有兩千畝森林被伐。在大多數情況下,茶農若沒有獲得上級批准就保持低調;他們不會大張旗鼓地搶佔土地,但是會採用「蠶食」的方法,一片一片佔用林地。[105] 直到七十年代,儘管地方政府下達禁令,茶農蠶食林地的行為仍然屢禁不止。例如,1979年4月的一份政府報告證實,西湖區過去數年中有759畝樹林被當地茶農砍伐,土地被非法徵用為茶園,導致兩萬多棵樹木被毀。[106]

蟲害:松毛蟲

放眼全世界,在不同文化和社會背景下,農牧業對於土地的傳統用益權(在杭州則是茶農的權利)與現代科學林業之間的衝突都普遍存在;[107] 同樣,蟲害也是單一種植林中最常見的難題。[108] 由於西湖地區建國初期幾乎只栽培馬尾松,在解放後的前三十年裡,松毛蟲對這一地區的危害最為嚴重。回顧整個二十世紀,松毛蟲問題由來已久。早在1936年,國民政府治下的浙江、福建等省遭遇了較為嚴重的松毛蟲災害。為此,國民政府不得不頒佈蟲害防治條例。[109] 五十年代初,松毛蟲只零星出現。隨著植樹造林運動蓬勃開展,松毛蟲數量在杭州和浙江

---

105 〈西湖山區造林綠化的情況〉,頁441。
106 〈關於西湖風景區的調查報告 —— 省、市經濟調查組調查材料之二〉,頁287。
107 Charles Watkins, *Trees, Woods and Forests: A Social and Cultural History* (London: Reaktion Books, 2014), 205.
108 Scott, *Seeing Like a State*, 20.
109 南京林業大學林業遺產研究室,《中國近代林業史》(北京:中國林業出版社,1989),頁266–267。

其他地區急劇增長。例如，1951年至1955年間，浙江各地累計有121.2萬畝松林遭到松毛蟲危害；到了1971–1975年，受災面積猛增至703.5萬畝；七十年代中後期至1990年，松毛蟲害影響的山林面積仍不斷增加，至1990年代開始情況才有所緩和。[110] 總體而言，松毛蟲害約佔杭州及浙江其他地區全部森林蟲害的80%。[111]

　　杭州地區的松毛蟲災害給林業工作者和普通村民留下了慘痛的記憶。1956年的研究發現，一隻成年松毛蟲能在一天內吞食20多根松針，「不少松林被食害以後整片地枯死。松樹被食害以後，即使沒有枯死，也會影響正常的生長，使樹勢衰弱，引起次期害蟲（蛀蟲害蟲）的大發生」。[112] 1968年一份杭州地方幹部提交的報告更加生動描述了肆虐西湖地區的松毛蟲害：

> 最近留下地區松林普遍遭受「松毛蟲」為害，受害面積已達3000畝以上，蟲口多的每株達1400多條，……被害地區松樹針葉被吃光，形同火燒一樣。嚴重地區，松林成片枯死……相距一公里左右地方已發現蟲害，並在植物園……玉泉青龍山已發覺「松毛蟲」災害……而西湖山區百分之七十以上為馬尾松林，一旦被害，不僅十多年的綠化成果化為烏有，而且會把西湖面貌遭受後天破壞，同時還對山區群眾身體健康帶來嚴重威脅……目前西湖山林的松毛蟲災情已十分嚴重。據初步調查，西湖四萬二千畝馬尾松林，都有不同程度的為害……特別是緊靠轉塘、留下、古蕩地區的山林，如梅家塢、凡村、老和山、靈峰、桃源嶺、靈隱以及棲

---

110 《浙江省林業志》編纂委員會，《浙江省林業志》（北京：中華書局，2001），頁468。

111 葉松甫，〈不要把松毛蟲吃過的松樹都砍了〉，《浙江林業通訊》，第3期（1957年3月），封底。

112 闞秀如，〈防治松毛蟲〉，《科學大眾》（1956年9月27日），頁415。

霞嶺、寶石山等近五千畝松林，蟲害特別嚴重，平均每株松樹在幾百條至一、二千條幼蟲。[113]

殺蟲劑的缺失和其他殺蟲技術的匱乏往往加劇了松毛蟲害。面對這種情況，五六十年代，甚至到了七十年代，浙江和杭州地方政府通常會加強勞動力投入，以克服技術上的不足。例如，上述1968年的報告就建議動員當地居民在西湖附近的林地進行「人工捕捉」害蟲的群眾運動。[114] 為了激勵參與者，浙江一些縣級幹部制定計劃，用現金換毛蟲。儘管這一計劃結合了大規模勞動力動員的政治方法和金錢激勵的經濟方法，但村民熱情不高。最後，計劃不僅沒有調動村民的積極性，反而為他們提供了獲利的手段。一份目擊報告證實了以下情況：

> 去年該村曾先後發動群眾治過三次，由於沒有採取分組分片包幹，只採取蟲過秤，按蟲多少計酬的辦法……因此，在治蟲過程中，就產生了捉大蟲，不捉小蟲；捉矮樹，不捉高樹；捉容易捉的，不捉難捉的等偏向，沒有徹底治好。[115]

「發動群眾」、「群眾運動」是社會主義勞動組織的一個顯著特徵，但上述引文卻是與「發動群眾」有效性相對的反敘事，證明國家宣傳的意圖與宣傳運動參與者的日常現實之間不一致。村民們雖參與運動，卻無視國家集體利益，急於謀求自身利益，這印證了蒂莫西·約翰斯頓（Timothy Johnston）的觀點：在社會政治化的環境下，公民大多數「只是得過且過」，既不熱心支持也不反對國家主導和推動的政策。[116] 在另一些情況下，蟲害加劇源於村民的無知：他們以為「松毛蟲吃過的松樹都

---

113 杭州市檔案館，071-004-0038，頁19–22。

114 同上，頁23。

115 〈江山縣妙里圳鄉葛山社開展治松毛蟲的情況介紹〉，《浙江林業通訊》，第11期（1956年4月），頁39。

116 Johnston, *Being Soviet*, xxiv.

圖 3.2 松毛蟲目前仍是西湖地區松樹的主要威脅。照片攝於 2019 年 9 月，
可見湖邊山上受松毛蟲危害的枯樹，蟲害情況由此可見一斑。

要死掉，因此全部砍掉當柴燒了」。這樣，本可以救活的樹木也因此被砍毀。[117] 為了盡量減少松毛蟲的侵擾，蘇聯專家建議培育混交林，取代單一的松樹林。可惜的是，由於當地村民缺乏種植其他樹木的知識、經驗和必備的物質資源，這一建議被置若罔聞。[118]

蟲害：日本松乾蚧

與松毛蟲害相比，日本松乾蚧（*Matsucoccus matsumurae* [Kuwana]）是一種出現比較晚的害蟲，但自六十年代以來，它給杭州的馬尾松樹帶來的危害有過之而無不及。這種入侵性的害蟲原產於日本，據研究早在五十年代日本松乾蚧就在山東出現，主要為害赤松。隨後又在南方諸省發現了這種害蟲。[119] 1966年前後，日本松乾蚧終於在杭州西湖山區的九曜山出現，並迅速擴展全西湖整個山區、杭州郊區以及餘杭縣。[120] 1972年，西湖地區的馬尾松林遭到嚴重破壞，罪魁禍首正是日本松乾蚧。[121] 到1973年底，這場難以控制的蟲害毀壞了約兩千公頃松林，損失約三十萬株樹木，「馬尾松樹林幾近覆滅」。[122] 七十年代後半期問題愈發嚴重，約有466萬棵松樹受到日本松乾蚧的危害，「已死亡砍掉二百三十三萬株……相當於五千八百二十五畝松林被毀，佔西湖風景區一萬五千畝松林的三分之一還多。其餘松樹也處於生長不良的瀕死狀

117 葉松甫，〈不要把松毛蟲吃過的松樹都砍了〉。

118 姜文奎，〈感謝蘇聯專家對浙江林業工作的幫助〉，《浙江林業通訊》，第11號（1957年11月），頁2。

119 上海昆蟲研究所，〈中國的松乾蚧〉，《林業科技資料》，第1期（1976），頁14；〈日本松乾蚧的新天敵——隱斑瓢蟲的初步研究〉，《浙江林業科技》，第3號（1977），頁1。

120 浙江省松乾蚧研究協作組，〈松乾蚧的研究〉，《浙江林業科技》，第2號（1974），頁1、18。

121 浙江省檔案館，J117-019-133，頁1；J117-019-370，頁57。

122 施奠東，《西湖志》，頁815。

態」。除西湖地區外，同時期，杭州市郊有63.9%的馬尾松受到日本松乾蚧影響。1980年的一份報告回憶道，當地幹部不僅對樹木大量死亡焦頭爛額，而且由於松樹大量消失，風景區的面貌也發生了變化。據報告的說法，鑒於西湖在七十年代是政治旅遊和吸引外國遊客的重要景點，樹木的大量消失「在外事接待中造成了不良影響」。[123]

　　為應對日益惡化的形勢，各省幹部和昆蟲學家齊心協力，努力研究日本松乾蚧爆發後的破壞機理。七十年代初中期湧現了大量的研究，發現日本松乾蚧其實是一種介殼蟲，體型如芝麻粒大小，「寄生於松樹幹、枝隙縫和小枝表面以及松葉基部吸取樹液，致使枝條軟化下垂，繼而自下而上地枯死，皮層組織敗死，形成爛斑」。[124] 與此同時，研究人員也想出了各種辦法來解決蟲害問題。在1973年12月召開的有關治理日本松乾蚧的會議上，來自遼寧、山東、江蘇和浙江的代表團提出，可以使用氟乙醯胺溶劑除害。此外，異色瓢蟲和蒙古光瓢蟲等昆蟲也是日本松乾蚧的主要天敵。[125] 此後，人們逐漸發現了更多天敵。更重要的是，七十年代，人們對日本松乾蚧的不同天敵進行了研究，也對這種當時知之甚少的害蟲有了更深入的了解。[126] 然而，儘管科研人員取得了進展，但當地村民對害蟲防治技術的基本知識仍然一無所知。1976年，一位調查員曾目睹村民從受日本松乾蚧蟲害的松樹上砍下木柴，再轉手出售，人為傳播了害蟲，這令調查者深感不安。[127]

＊　＊　＊

---

123 浙江省檔案館，J117-019-133，頁1–2。另一份資料顯示，實際上松乾蚧破壞了西湖山區667公頃的松樹林。參見〈馬尾松的新害蟲 —— 松乾蚧〉，《科技簡報》，第15期（1973年4月），頁32。

124 〈馬尾松的新害蟲 —— 松乾蚧〉，頁32。

125 〈一九七三年松乾蚧防治研究協作會議紀要〉，《林業科技資料》，第1期（1974），頁13。

126 〈日本松乾蚧的新天敵〉，頁1；上海昆蟲研究所，〈中國的松乾蚧〉，頁14。

127 浙江省檔案館，J117-019-133，頁2。

　　地方政府的官方文件常常將破壞山林面貌的致命蟲害和砍伐西湖林地的偷伐者並列，並稱為杭州植樹造林運動的兩大敵人。[128] 本章已經闡明，在西湖周邊山地植樹造林的宏偉計劃受到當地一系列人類和非人類因素的制約。如果説現代科學造林無一例外會造成國家調控與當地具體情況之間的矛盾，[129] 那麼本章則説明，這種緊張關係的形成，當地居民（村民、幹部、林業工作者、僧眾和茶農）的積極行動或消極被動只是原因之一，一系列非人類元素（如樹木和害蟲）也有相當影響。

　　在本書中，我始終強調人類和非人類實體所擁有的非目的性能動性，可以影響甚至改變國家的統籌規劃。在西湖地區的植樹造林運動中，湖邊山區的村民並無意反對政府的農業林業政策，他們只是為盡可能保護自己的利益，實現利益最大化。為此，林農因土地權和林木所有權的問題，與當地幹部爭執不斷。這種矛盾因為杭州市政府在植樹造林和擴大茶園之間搖擺不定而加劇。杭州市政府的政策前後不一，有時默許甚至鼓勵茶農從林地竊取土地。國家發起的全國植樹造林運動與村民的私人行為之間存在相當大的分歧，村民顯然無意挑戰對毛澤東時代中國農村集體化和植樹造林運動，但他們的行為，如為應對集體化運動而砍伐樹木、與地方政府爭奪土地和樹木所有權、偷伐樹木、蠶食林地、捉蟲換錢，都對黨政策的執行產生了或多或少的影響。害蟲亦如是，由本章的討論可見，因人類無知（如欠缺有關松毛蟲繁殖的知識、缺乏必要的殺蟲設備和技術、出售已經被害蟲侵襲的樹木）和不作為（如未能培育混交林）而導致嚴重後果，反令害蟲受益，迫使人類對害蟲的存在和行為做出應對。因此，隨著蟲害襲擾，植樹造林的政策和技術也在相應地不斷調整。此之謂昆蟲的能動性。

　　儘管植樹造林計劃在毛澤東時代經歷波折，但其核心內容數十年來基本未變，即在西湖周邊培育更多綠林，將1949年後的新中國與舊中國

128　杭州市檔案館，071-004-0038，頁13–18。

129　Rajan, *Modernizing Nature*, 50–51.

形成鮮明對比。就此意義而言，西湖植樹造林儘管付出了巨大的財力和人力成本，但培育了數百萬棵樹木，作為宣傳－運動工程取得了一定的成功。社會主義勞動組織的一個顯著特點就是義務勞動，在植樹造林運動的過程中，普通民眾有機會了解並參與義務勞動。作為國家宣傳的組成部分，在全國開展的植樹造林運動吸引了一些來華的外國遊客。例如，1954年，一位英國遊客親眼目睹了「新中國的綠化運動」，深受震撼，令「後來他在印度」的所見所聞都相形見絀，因此他樂觀預言，由於這場群眾運動，中國的「洪水和淤積的河水將只存在於文學和記憶中」。[130]

顯然，舒喜樂所謂之「兩種不同的真相」在1949年後的中國又一次得到了驗證。[131]「兩種真相」之間的差異源於上層政府與地方居民之間的分歧。從政治領導人的角度來看，這場運動至少實現了部分目標，符合政府制訂的政策和國家宣傳。從當地村民的角度而言，這場運動長達數十年，構成了他們日常生活的一部分，他們或積極配合黨的議程，或得過且過，或自謀私利，以達到趨利避害的目的。在此，人類和非人類可以互相類比，因為二者都具有非目的性的能動性。在它們與黨政策的互動、響應以及內化過程中，這種能動性被激發。因此，沒有造林這種項目的開展，則不會有這種能動性的產生，但這種能動性對宣傳運動項目的策劃者和執行者產生了深遠影響。換言之，杭州地區的植樹造林運動，一如五十年代的西湖疏浚工程，既招募了眾多人類與非人類參與者，但同時卻被這些參與者拖了後腿。

---

130 Patrick Wright, *Passport to Peking: A Very British Mission to Mao's China* (Oxford: Oxford University Press, 2010), 380.

131 Schmalzer, "On the Appropriate Use of Rose-Colored Glasses," 358.

第4章

社會主義的豬

毛澤東時代杭州的肥料、集體化
與文化遺產問題

按照浙江省和杭州市政府的計劃，西湖理應成為一個生產性空間。按照這個原則，林業工作者可以在西湖周邊山地植樹造林，收穫各類林產品。出於同樣的原因，地方政府也動員西湖邊的村民們積極發展養豬事業。本章以西湖地區的養豬業為中心，在中華人民共和國政府號召在全國範圍內大力推動養豬運動的背景下，探討毛澤東時代中國的人和非人類（本章主要指豬）的能動性。在人類歷史的悠悠歲月中，豬一直具有重要的社會、政治和經濟意義。例如，J. L. 安德森（J. L. Anderson）指出，養豬業是全球資本主義經濟中生產－消費關係的一個縮影；[1] 事實上，本章標題的靈感就來源於安德森對過去兩百年美國養豬業的研究成果，即《資本主義的豬：美國的豬、豬肉與權力》。

在社會主義中國，養豬業具有特殊的政治和意識形態涵義。1959年10月31日，毛主席在一封給當時新華通訊社社長吳冷西（1919–2002）的信中表揚全國幹部和農民養豬的積極性，毛主席認為這體現了馬列主義者的「雄心壯志」，是「真正共產主義者的風格」。毛澤東強調：以前民間常說「馬、牛、羊、雞、犬、豕（豕即豬）」，現在要重新排序，應

1　J. L. Anderson, *Capitalist Pigs: Pigs, Pork, and Power in America* (Morgantown, WV: West Virginia University Press, 2019), 5.

該是「豬、牛、羊、馬、雞、犬」，因為「豬為六畜之首」，「一頭豬就是一個小型有機化肥工廠」，也是肉類和工業原料的重要來源。在這封信中，毛澤東談及農業、林業與畜牧業三者並舉，相互依存，而養豬業提供的糞肥正是這一切的基礎。[2] 由於中國養豬歷史悠久，使用動物糞肥的經驗豐富，[3] 農民對於養豬和動物糞便處理的實踐經驗和知識也因此極受重視。對於毛主席來說，這是實現農業現代化的先決條件。

在毛澤東時代的中國，養豬的意義不僅在於提供豬肉和有機肥料。這場由政府發起的養豬運動是一項典型的全國性宣傳運動，通過群眾動員實現自給自足的生產生活方式，展示中國實現工農業現代化的意願和能力。正如毛澤東在其信件中所示，儘管黨和國家發揮領導作用推動養豬業，但這場群眾運動其實是在基層以群眾運動形式進行的，需要農民表現出積極主動的精神，並結合他們已有的畜牧知識。各級政府宣傳的既是「農家肥」（即糞肥）等農業知識和理念，也是農民自身的轉變，比如不識字的農民如今已蛻變為掌握先進醫療知識的獸醫師；用舒喜樂的話說，中國共產黨津津樂道於「農民擁有的一套知識」，以挑戰「知識精英的特權地位」。[4] 此外，豬糞的生產和使用雖需要更多勞動力，但經濟和技術成本較低，[5] 這些是毛澤東時期「群眾工作」的典型特徵，即增加密集型勞動投入，以彌補技術與管理的不足，實現自給自足的目標。[6]

2 《毛澤東思想萬歲（1958–1960）》（無出版信息），頁261–262。

3 E. C. Ellis 和 S. M. Wang 發現，早在約公元500年，中國農民已經開始使用糞肥。參見 E. C. Ellis and S. M. Wang, "Sustainable Traditional Agriculture in the Tai Lake Region of China," *Agriculture, Ecosystems and Environment* 61 (1997): 181。

4 Sigrid Schmalzer, *Red Revolution, Green Revolution: Scientific Farming in Socialist China* (Chicago: The University of Chicago Press, 2016), 115–116.

5 艾仁民（Christopher Isett）指出，清代江南農民更喜歡施用豆餅肥料，甚於糞肥和運河淤泥，因為後者需要密集的勞動力投入。參見 Christopher Mills Isett, *State, Peasant, and Merchant in Qing Manchuria, 1644–1862* (Stanford: Stanford University Press, 2007), 236。

6 Miriam Gross, *Farewell to the God of Plague: Chairman Mao's Campaign to Deworm China* (Berkeley: University of California Press, 2016), 240.

　　由於養豬與社會主義生產方式關係緊密，即便在毛澤東寫下這封信的幾年前，養豬業業已成為一場席捲全國的群眾運動。不僅是農民，城市居民也被要求：如有條件，盡力養豬。1955年，國務院發佈指令，要求政府機構和城郊學校大力養豬，以緩解市場對豬肉產品供應的壓力。[7] 因此，養豬戶在與其他農民和城市居民爭奪空間時，難免發生衝突。1957年4月，上海《文匯報》發表一篇專門文章，公開抗議家豬長期非法佔用西湖孤山上著名的辛亥革命烈士徐錫麟（1873–1907）的陵墓。這篇諷刺文章的題目〈鴨子和社會主義，歷史文物和迷信，豬和徐錫麟〉，也是本章標題的另一個靈感來源。文章嬉笑怒罵間，提出豬與社會主義之間的聯繫：

> 誰都知道，豬不會吃掉社會主義，相反的，社會主義一定要吃豬，誰不擁護社會主義？徐錫麟是什麼東西？既不能充飢，又不能作補品！為了社會主義，讓可愛的豬們出出風頭吧！看呀，它們多胖多白！我們是唯物論（？）者，寧願愛「唯物的」豬們而不愛「唯心的」先烈的墳墓的呀！[8]

　　這篇筆墨官司的緣起，是因為作者在一次杭州舉辦的農業博覽會上，目睹這位清末反滿義士的墓場被政府官員改造得面目全非，完全變成了一個農業博覽會下面的養豬展覽館。墓場被完全封起來，上面加蓋了新的房子，因此遊客完全無法看到陵墓。[9] 這篇文章傳達了一些重要信息。首先，將杭州建設成生產型城市的目標，與建設文化遺產和旅遊城市的藍圖背道而馳。其次，在中共幹部的內心深處，徐錫麟與其他辛亥革命烈士並不屬於中國歷史上的「人民」範疇，他們的墓穴不值得保

7　中華人民共和國第二商業部食品商業局，《我國發展養豬生產的參考資料》第二版（南京：畜牧獸醫圖書出版社，1958），頁5。

8　胡明樹，〈鴨子和社會主義，歷史文物和迷信，豬和徐錫麟〉，《文匯報》，1957年4月13日。

9　同上。

護。最後，中共地方幹部存在一個根深蒂固的看法：豬是社會主義的組成部分，而城市的歷史文物則可有可無。

本章以杭州西湖地區的村莊為例，探討養豬業與農村社會主義生產方式之間的聯繫，突出養豬業在農村集體化運動中的作用或反作用。魏昂德（Andrew Walder）認為，在五十至七十年代的集體化運動中，包括養豬在內的「家庭副業」被政府禁止，[10] 但與此論相悖，杭州郊區的案例表明，由於技術和經濟原因，個體家庭養豬其實比集體化養豬更合適中國當時的特殊條件。南山農業合作社（原名南山村，後稱南山大隊）是西湖人民公社（舊稱西湖區）下轄的一個村莊，本章以南山農業合作社的養豬工作為案例進行研究，由此得出中心論點——養豬業與集體主義的理念有衝突的地方：在毛澤東時代的中國，養豬業最優選擇是個體化、家庭化的生產模式，而不是集體化生產模式。然而，開展養豬運動時公開宣傳的理念恰恰是推進農村集體化運動，其中矛盾之處不言而喻。當下許多學者已經強調了中國農民如何有意無意間違背了政府的集體化運動，[11] 例如不參加會議、拒絕勞動[12] 或藏匿農作物、借貸資金、侵佔未登記的土地等等，[13] 但本章將突出豬這一非人類因素，說明家豬如何給當地幹部的集體化努力帶來新的問題。正如下文所示，所謂豬的反集體主義傾向源於建國初期十幾年集中養豬產業的一個特殊困難：由於大型集體或國有養豬場中豬的密度極高，而疫苗普遍不足，豬群極易

10 Andrew G. Walder, *China under Mao: A Revolution Derailed* (Cambridge, MA: Harvard University Press, 2015), 85.

11 Shue, *The Reach of the State*, 70; Daniel Kelliher, *Peasant Power in China: The Era of Rural Reform, 1979–1989* (New Haven, CT: Yale University Press, 1992), 239–243; Kimberley Ens Manning and Felix Wemheuer, "Introduction," in *Eating Bitterness: New Perspectives on China's Great Leap Forward and Famine*, ed. Kimberley Ens Manning and Felix Wemheuer (Vancouver: UBC Press, 2011), 19.

12 Edward Friedman, Paul G. Pickowicz, and Mark Selden, *Revolution, Resistance, and Reform in Village China* (New Haven: Yale University Press, 2005), 11–12.

13 高王凌，《人民公社時期中國農民「反行為」調查》（北京：中國黨史出版社，2006），頁3。

染上疫病。此外，長期以來，之所以個體農戶養豬積極性高，因為他們可以以種植豬飼料作物的名義，保留甚至擴大自己的自留地。高王凌的研究發現，在大躍進時期，為保留自留地而進行的鬥爭正是農民與地方幹部博弈的核心內容。[14]

　　鑒於豬在中國農業和經濟政策方面發揮關鍵作用，現有對養豬業社會政治影響的研究並不充分。在學術著作中，養豬往往只是順帶提及，很少作為中心主題。例如，陳永海的調查顯示，因香港新界人口稠密但土地不足，年輕已婚婦女參與養豬補貼家用，由此揭示出中國南方農村的性別化分工。[15] E. C. Ellis和S. M. Wang則證實，人口增長可能導致豬的數量增加，但不一定是為了提升豬肉供應量，而是為了生產更多糞肥，因為培植蔬菜等農作物需要充足養分。[16] 施堅雅（G. William Skinner）則認為，在毛澤東時代的中國農村，蔬菜種植和養豬業相互促進。施堅雅嘗試評估了蔬菜和養豬的政治影響，他認為由豬肉、蔬菜等副產品生產帶來的自給自足，簡化了社會主義中國的計劃經濟政策的制訂與執行。[17] 相比之下，肯尼斯·沃克（Kenneth Walker）[18] 和艾麗卡·普拉特（Erika Platte）[19] 則更加明確地點明了養豬與中國農村自留地之間的關係。不過，豬、自留地與國家農村集體化政策之間的緊密聯繫，尚需進一步論證。

14　同上。

15　Wing-hoi Chan, "Women's Work and Women's Food in Lineage Land," in *Merchants' Daughters: Women, Commerce, and Regional Culture in South China*, ed. Helen F. Siu (Hong Kong: Hong Kong University Press, 2010), 86.

16　Ellis and Wang, "Sustainable Traditional Agriculture in the Tai Lake Region of China," 185.

17　G. William Skinner, "Vegetable Supply and Marketing in Chinese Cities," *The China Quarterly* 76 (December 1978): 737–754.

18　Kenneth R. Walker, *Planning in Chinese Agriculture: Socialisation and the Private Sector, 1956–1962* (London: Frank Cass, 1965), 43–55.

19　Erika Platte, "The Private Sector in China's Agriculture: An Appraisal of Recent Changes," *The Australian Journal of Chinese Affairs* 10 (July 1983): 82.

同時，學者們也未忘記養豬在中國歷史的社會和政治中不可或缺的作用。近年一項研究稱，在田間以豬糞施肥以提高糧食產量養活了大量人口，是中華文明數千年綿延不絕的決定性因素。[20] 舒喜樂的研究關注豬的社會政治意義，即豬「與家庭、社區和社會之間的獨特關係」，這些關係是人類社會歷史的重要一環。[21] 舒喜樂主要針對科學的普世主義與中國在現代化過程中本土特殊情況之間的矛盾。而本章則將養豬置於歷史研究的中心，探討在中國共產黨政權對農村的勞動力與農民日常生活進行集體化重組的過程中，這種家畜如何對這一工作造成困擾。一方面，豬能夠影響到集體化工作，是因為豬的不可或缺性：城市居民需要消費豬肉，農民也需要豬糞作為肥料，國家出口部門更需要豬的相關產品出口換取外匯。另一方面，正如陳佩華（Anita Chan）和安戈（Jonathan Unger）所言，豬肉被歸類為「二類」商品，中國政府不必像對待糧食等「一類」商品那樣強制實行嚴格的配額制度。[22] 因此，中央和地方政府都願意不時制定、實施有利於養豬戶的靈活政策。

作為基本國策的養豬業

第一個五年計劃伊始，中央政府就敦促農民加倍努力發展養豬事業。由於各地人民，特別是在建國初期的大城市居民，對豬肉產品的需求不斷增長，政府於1954年4月明確發佈指示，要求盡快增加養豬數量。指示列出了養豬的三個理由：滿足日益增長的豬肉需求、增加肥料供應、提高農民收入。由此可見，雖然糞肥的重要性將在幾年後得到廣

20 杜新豪，《金汁：中國傳統肥料知識與技術實踐研究 (10–19世紀)》（北京：中國農業科學技術出版社，2018），頁3–5。

21 Sigrid Schmalzer, "Breeding a Better China: Pigs, Practices, and Place in a Chinese County, 1929–1937," *The Geographical Review* 92.1 (January 2002): 19.

22 Anita Chan and Jonathan Unger, "Grey and Black: The Hidden Economy of Rural China," *Pacific Affairs* 55.3 (Autumn 1982): 456.

泛宣傳，但在此時只是大規模養豬運動的幾個原因之一。為了實現迅速增加養豬數量的目標，指令呼籲在沒有養豬傳統的地區，也要鼓勵農民參與到養豬運動。此外，指令還要求地方政府確保豆餅等飼料的充足供應，並警惕生豬常見疫病的爆發。[23]

　　繼建國首三年養豬業飛速發展，1952年至1953年間全國養豬業開始疲態盡顯，勢頭明顯不足。上述1954年的指令正是在這樣的背景下發佈。現有數據顯示，1949年（7,377.3萬頭）至1952年（1.5522億頭）期間，全國生豬數量增長了一倍多；但1952年至1953年（1.6569億頭）期間的增長率僅為6.6%，頗令人失望。[24]隨著海內外豬產品需求的激增，不難理解為何中央政府致力於在全國範圍推行養豬項目。然而，1954年的指示收效甚微。1955年底，周恩來總理承認當年的目標未能實現。[25]令人沮喪的事實是，從1954年的1.7587億頭到1955年的1.5397億頭，全國生豬數量居然下降了12.5%。[26]整個二十世紀五十年代，豬肉產品在中國國民經濟、社會穩定乃至國防中的地位日益重要。1955年，浙江省委副書記李豐平（1912–2008）公開表示：「今日的鋼鐵進口，是靠豬肉的出口解決的」。[27]然而此時生豬數量卻在下降，讓人無法接受。在這種情況下，周總理於1955年12月發佈的一項指示中再次強調養豬的重要意義。[28]

23　中華人民共和國第二商業部食品商業局，《我國發展養豬生產的參考資料》，頁1–3。

24　農業部畜牧獸醫司，《中國動物疫病志》（北京：科學出版社，1993），頁186。

25　中華人民共和國第二商業部食品商業局，《我國發展養豬生產的參考資料》，頁4。

26　農業部畜牧獸醫司，《中國動物疫病志》，頁186。

27　華東師範大學中國當代史研究中心，《中國當代民間史料集刊11：沙文漢工作筆記1949–1954年》（上海：上海東方出版中心，2015），頁457。

28　中華人民共和國第二商業部食品商業局，《我國發展養豬生產的參考資料》，頁3–7。

　　周恩來總理的報告中沒有提到的是，在全國範圍的農村集體化運動中，有些農民故意殺害牲畜，有些則因過失而未能避免豬的大量死亡。肯尼斯·沃克 (Kenneth Walker) 的研究指出：「1954年至1956年中期生豬數量驟降，這與農業的社會主義化運動和政府的自留地政策密切相關」。自留地佔農民私有財產的很大一部分，在很多地方是以為種植豬飼料的合法理由而保留下來的。由於地方幹部積極推廣集體化運動，在五十年代中期開始各地減少甚至取消自留地，農民「繼續殺害生豬家禽，(或者) 疏於照管，任由牲畜死亡。由於合作化運動以及隨之而來的所有權不確定性，生豬數量從1954年起已經開始下降，農民的做法更加劇這一衰退趨勢」。[29] 前述浙江省委副書記李豐平的報告提到：1955年，由於農業集體化運動，全中國共計100多萬頭豬遭到屠宰。[30]

　　為解決這一問題，中央政府繼續號召農民努力養豬。例如，1956年2月25日《人民日報》發表題為〈大量養豬〉的社論向農民保證，養豬不會過度消耗糧食。社論引用諺語「豬吃百樣草，看你找不找」來說明中國「飼料來源是很豐富」的。許多地方包括旅順，生豬的主要食物已經是粗飼料。同時，社論也承認，僅僅讓豬吃粗飼料會影響生豬生長。為了種植更多飼料，社論指示各地地方幹部「建立飼料基地，利用隙地和休閒地種植高產飼料作物、瓜類和綠肥作物」。總體來說，這篇社論既承認農戶私養生豬的合理性，同時也繼續為豬的公有制大唱讚歌，以宣傳農村集體化和人民公社制度的優越性。對於農民擔憂大量飼養「公有豬」會導致豬疫病爆發，社論要求農村合作社「傳授家畜衛生防疫知識和注射各種疫苗的技術」，盡早培養農村中的獸醫力量。[31] 正如本章後文所論，在建國後若干年內、中國廣大農村地區要達到《人民日報》社論設定的理想狀態，困難重重。

29　Walker, *Planning in Chinese Agriculture*, 61–62.

30　華東師範大學中國當代史研究中心，《中國當代民間史料集刊11：沙文漢工作筆記 1949–1954年》，頁456。

31　〈大量養豬〉，《人民日報》，1956年2月25日。

　　此外，儘管全國上下都在呼籲加快集體化進程，政府卻訴諸市場機制來吸引農民養豬。1956年7月，周恩來總理明確指出，豬的收購價格與不斷上漲的糧食價格並不相符，顯然削弱了農民養豬的積極性。[32] 由於一些政治上偏激的地方幹部廢除私產以及一些地方集體養豬的失敗嘗試引發了一些爭議，[33] 周總理於兩個月後宣佈重新開放自由市場，刺激地區正常貿易和鼓勵私人從事副業。事實上，周總理早已意識到公有制養豬的弊端，並建議調整現行政策和措施。他提議將豬重新分配給養豬個體戶，由全國的合作社對養豬個體戶實行靈活的政策傾斜。中央政府之所以願意放鬆對市場的嚴格控制，部分原因正是生豬數量減少，不僅影響了城鄉居民的日常生活，也影響了中國的農業發展。由於豬糞是肥料的重要來源，1956年7月中央發佈的指示首次重點強調，豬糞生產和需求對支持中國養豬業的重要意義。[34]

　　1957年2月，曾被毛澤東比作「小腳女人」、在1955年集體化運動中因保守謹慎而受到批評的國務院副總理鄧子恢（1896–1972）發表文章〈關於國營農場問題和發展養豬問題〉，[35] 將中國的農業發展與養豬業更緊密地聯繫起來。作為主管農業的中央官員，鄧子恢強調：「發展農業生產的一個關鍵問題，在於解決對肥料的需要」。這是因為「即使在十年內實現了生產1,500萬順化肥的計劃以後，也還遠不能滿足農業發展的需要」。[36] 鄧子恢樂觀預測，在第二個五年計劃（1958–1962）的最後一年，中國農民將養豬2.5億頭，並將因此產生約315億斤至520億斤的豬糞，相當於750萬噸化肥。

32　中華人民共和國第二商業部食品商業局，《我國發展養豬生產的參考資料》，頁9。

33　Walker, *Planning in Chinese Agriculture*, 66–67.

34　中華人民共和國第二商業部食品商業局，《我國發展養豬生產的參考資料》，頁8。

35　高化民，《農業合作化運動始末》（北京：中國青年出版社，1999），頁193。

36　鄧子恢，〈關於國營農場問題和發展養豬問題〉，《中國農墾》，第6期（1957年2月24日），頁3。

鄧子恢一貫大力倡導「私人養豬」，[37] 樂於見到中國90%以上的豬都
由私人飼養、所有。在鄧子恢看來，只有「私有私養公助」才能讓養殖
戶得利，才能「大大促進合作社的鞏固」。[38] 質言之，保障農民的私人利
益才是合作化成功的前提。「私有私養公助」政策最初由國務院在1956
年7月提出，旨在調動養豬農民積極性，扭轉全國豬群數量減少的趨
勢。[39] 但本質上，這一政策與生產資料公有化原則不相符合，而生產資
料公有制正是農村集體化運動的基石。無論如何，既然國務院副總理公
開推動「私有私養公助」養豬制度，《杭州日報》決定響應中央號召。報
紙於1957年3月29日發表社論，強調國家決心切實獎勵養豬戶，保護
農民「私養」利益。文章提到，政府已將生豬收購價提高了10.9%。[40] 此
社論完全贊同鄧子恢的說法，對「私有、私養、公助」的政策給予了高
度評價。此社論以本章的主要研究對象 —— 西湖南部的南山農業合作
社為例，大力宣傳「私有、私養、公助」的絕對優勢：農民可利用現有
的豬圈和工具，成本很低；村民可在農閒時照料豬群，不影響農活；豬
群分散，可最大限度地減少豬疫病的危害。同時，南山農民還善於收集
粗飼料餵豬，可節省穀物和豆餅。[41]

《杭州日報》這一社論出台的背景是1957年初期農民對集體化日益
增長的不滿。在這種意義上來說，社論對生豬私有制的讚許，可以解釋
為杭州市政府的應對策略。1957全年，全市範圍都出現了反集體化運
動。現有記錄顯示，1957年初99%的杭州農戶均加入合作社，但此後
不久，要求退出集體化的呼聲此起彼伏，貫穿整個1957年。[42] 然而，杭

37　Xiaohong Xiao-Planes, "A Dissenting Voice against Mao Zedong's Agricultural Policy: Deng Zihui—1953–1962," *Études chinoises* 34.2 (2015): 1–9.

38　鄧子恢，〈關於國營農場問題和發展養豬問題〉，頁2。

39　中華人民共和國第二商業部食品商業局，《我國發展養豬生產的參考資料》，頁11。

40　〈多養豬，養好豬〉，《杭州日報》，1957年3月29日。

41　同上。

42　《杭州農業志》（北京：方志出版社，2003），頁198–199。

州的區一級政府或公社對農民的要求沒有做太多反應，並在五十年代後期陸續廢除「私有、私養、公助」政策。因此，從1959年到1961年，杭州市集體養豬的比例達到了80%，同時期生豬的年末存欄量銳減37.09%。[43] 杭州生豬存欄量的變化曲線與全國一致，全國生豬年末數量同期更是減少了48%。[44] 因此可以毫不誇張地說，生豬存欄量與「文革」前中國農村集體化的程度和公有制的擴大程度成反比。

肥料

1962年，即第二個五年計劃的收官之年，全國生豬數量有所回升（1.0852億頭），但僅為鄧子恢在五十年代中期預測的57.19%。[45] 為消除過度集體化對養豬業等農業生產造成的傷害，1962年，各級政府競相進行去集體化改造。以杭州地區為例，西湖人民公社於1962年10月解散。[46] 同年，杭州市政府制定了一系列政策，如「以肥換糧」，獎勵養豬戶私人養豬。因此，杭州的年末生豬數量從1962年的77.69萬頭增至1966年的126.44萬頭，增長62.75%。[47] 無獨有偶，這一時期杭州生豬數量的增長曲線依舊與全國保持一致：1962年至1966年全國的年末豬存欄量增長了93.42%。[48] 全國豬肉生產的情況也差不多，豬肉產量也增長38.27%，從1957年的398.5萬噸增至1965年的555.1萬噸。[49]

由此可見，政府調整政策，允許農民出售豬肉和豬糞，是生豬數量顯著增長和豬肉產量大幅提高的關鍵。舒喜樂指出，由於養豬成本相對

43　同上，頁761。

44　農業部畜牧獸醫司，《中國動物疫病志》，頁186。

45　同上。

46　《杭州農業志》，頁57。

47　同上。

48　農業部畜牧獸醫司，《中國動物疫病志》，頁186。

49　趙書廣，《中國養豬大成》（北京：中國農業出版社，2000），頁11。

較高，風險較大，一般農民常常有保留態度，故而新中國政府著力強調
豬糞給田地帶來的好處。[50] 鄧子恢在1957年撰寫的文章，明確引用「農
家肥」一詞來定義用豬糞製成的肥料。舒喜樂認為，政府使用這些術
語，體現出中國共產黨對「農民知識體系」的認可或對知識的政治化。[51]
應該理解，新中國政府不遺餘力地推廣「農家肥」，既是一種政治行動，
也是一種經濟上的權宜之計。正如馬立博 (Robert Marks) 指出，到1949
年，中國幾乎所有的耕地都缺氮元素。[52] 由於建國伊始，中國尚沒有能
力生產足量的化肥，豬糞顯然是一個現實的選擇。自五十年代中後期以
來，中央政府提出「以糧為綱」的口號，加大促進農業生產的力度，豬
糞的重要性也由此凸顯。如前文所述，從1956年7月開始，在中央政府
向全國推行鼓勵養豬政策時，周恩來總理就以豬糞作為推行政策的主要
理由之一。[53] 因此，利用豬糞為耕地施肥的做法起到了國家宣傳的作
用。由此，黨和國家立志實現自力更生的承諾也深入人心。在整個毛
澤東時代，類似的說法屢見不鮮。就連來華的外國遊客也受到教育，認
識到豬糞舉足輕重的作用。例如，美國作家夏偉 (Orville Schell，生於
1940年) 在回憶錄中重提了毛澤東的著名論斷：「一頭豬就是一個小型
有機化肥工廠」。[54]

　　夏偉於首次訪問中國的時間是1974年。正是那一年，化肥在農業
中的使用量在中國農業史上第一次開始超過糞肥。以杭州為例，1974
年，一畝田地平均施用相當於8.1千克氮的糞肥 (7.38千克豬糞和0.72千

50　Schmalzer, *Red Revolution, Green Revolution*, 103.

51　同上，頁116。

52　Robert B. Marks, *China: Its Environment and History* (Lanham: Rowman &
　　Littlefield, 2012), 267–269.

53　中華人民共和國第二商業部食品商業局，《我國發展養豬生產的參考資
　　料》，頁7。

54　Orville Schell, *In the People's Republic: An American's First-hand View of Living and
　　Working in China* (New York: Vintage Books, 1978), 206.

克牛糞），但氮肥的施用量為39.96千克。[55] 然而，在六十年代及以前，動物糞肥無疑在農村佔主導地位，尤其考慮到1949年中國只有兩家大型化肥廠的情況下。[56] 在所有的動物糞便中，豬糞因含有大量氮而比其他家畜更有優勢。1959年《人民日報》公佈的研究表明，豬糞含氮量為1.56%至2.96%，比馬糞和牛糞高出數倍。雖然羊糞和豬糞的含氮量差不多，但豬糞釋放氮的速度更快，另外豬糞有機磷含量更高，優勢不言而喻。因此，1959年中國科學院的一位研究員在《人民日報》發表文章，證實豬糞能夠大大改善田地的土壤質量：「鹽鹼土的，施用豬糞二、三年後，就可以改變土質，達到畝產小麥二百斤的水準」。[57]

在毛澤東時代，將豬糞轉化為生物肥料的科普知識廣為流傳，以上這篇文章就是典例。但這類文章卻沒有提到豬糞堆積、儲存、堆肥和施肥所可能帶來的危害。近年的研究表明，儲存過量豬糞會對農村居民的生態環境造成非常大的威脅。例如，豬糞會通過水體傳播、引發並加劇腸道和其他疾病。[58] 目前，如何處理豬糞已成為全球普遍的環境問題。台灣是世界上養豬場密度最高的地區，當地豬場在2000年以後不得不採用成本高昂的廢物處理系統，「類似於城市的污水工程系統，其中包括氧化物的處理」。[59] 此外，在田地施用堆肥或有機肥，可導致動物糞便流入水道污染水源。[60]

55　《杭州農業志》，頁61–65。

56　Marks, *China*, 269.

57　席承藩，〈豬糞是好肥料〉，《人民日報》，1959年12月30日。

58　Tiffany T. Y. Guan and Richard A. Holley, *Hog Manure Management, the Environment and Human Health* (New York: Kluwer Academic / Plenum Publishers, 2003), 1–2.

59　同上，頁125。

60　Nigel Key, William D. McBride, and Marc Ribaudo, *Changes in Manure Management in the Hog Sector: 1998–2004* (Washington, D.C.: U.S. Department of Agriculture, Economic Research Service, 2009), 7.

在中國大陸地區，直到最近，學界才開始研究規模化養豬場導致的環境問題。2011年的一份研究表明，在毛澤東時代的中國，即使是超過萬頭的豬場，也不存在系統的豬糞處理方式。傳統上，固態糞便以低廉的價格出售，液態糞便則被用於生成沼氣。然而，生產沼氣附帶產生的廢水，往往成為水污染源。[61] 根據現有數據，我們不難估算出杭州農村某一年的豬糞施用比例。以1963年為例，杭州市耕地面積為3,085,905畝，[62] 同年的生豬飼養量為160.3萬頭。[63] 七十年代中期的一份研究表明，一頭成年豬可產生兩千多公斤糞便。[64] 如前所述，豬糞含氮量在1.56%到2.96%之間（此處取最小數1.56%計算）。如果所有糞便都用作肥料，每畝地的最低施氮量將達到16.207公斤，近五倍於1963年記載的實際施氮量 (3.55公斤)。[65] 換言之，約有80%的豬糞未被利用。考慮到當時中國各省的養豬業發展逐步平衡，[66] 其他地區並不大量缺乏豬糞，將豬糞運往其他省區不僅成本高昂，而且毫無必要。由此可以推斷，杭州的絕大多數豬糞都沒有運走，任由豬糞污染杭州地區的水資源。

如果說生態問題尚不能引起農民和地方政府幹部的重視，那麼面對豬瘟爆發時，他們無疑會產生嚴重焦慮不安。在五十年代中期開始的農

---

61 李瑞波、吳少全，《生物腐植酸肥料生產與應用》(北京：化學工業出版社，2011)，頁92。

62 《杭州農業志》，頁96–97。

63 同上，頁758。

64 胡江青，〈豬肥的价值〉，《河南農業科技》，第3期 (1977)，頁19。

65 《杭州農業志》，頁261。

66 七十年代，托馬斯・萊昂斯 (Thomas Lyons) 指出，只有豬肉總產量的7.5%跨省進入市場 (參見 Thomas P. Lyons, "Interprovincial Trade and Development in China, 1957–1979," *Economic Development & Cultural Change* 35.2 [January 1987]: 232)。他的研究表明，在毛澤東時代的中國，即使不是所有省份，大部分省份也都有能力飼養足夠的生豬來供應本省需求。

業集體化運動中，瘟疫給養豬農戶造成了巨大的災難。例如，1954年，浙江全省約10%的養豬場均感染豬霍亂，導致豬「死亡少者數十隻，多至上千」，農民養豬積極性嚴重受挫。事後，研究人員指責農民未能提高防疫意識，拒絕執行必要的預防措施；一些農民頑固不化，從疫區購買豬隻且不做檢疫工作；對獸醫的建議充耳不聞。[67] 然而，防疫知識匱乏、獸醫的稀缺是一個全國性問題。上海市委書記陳丕顯(1916–1995) 在 1960 年撰文指出，即使在上海這樣擁有一流的教育基礎設施和醫療培訓設施的經濟發達地區，合格的獸醫也極度稀缺。[68]

　　由此可見，人們缺乏對預防豬相關疫病的正確認識，成為困擾中國各地農村的難題。現有數據顯示，1954年，中國僅有2.51%的家豬接種了疫苗。整個毛澤東時代的27年，僅在1965年、1970年和1973–1976年這六年期間，全國有超過半數的豬接種了疫苗。[69] 更糟的是，農民不願撲殺、焚燒、掩埋病豬，而是選擇食用病豬肉，進一步助長了豬瘟的傳播。[70] 為此，整個五六十年代，黨政機關報一再告誡農民要警惕豬病的潛在危害，並呼籲各省就地培養農民成為獸醫。例如，1959年11月6日，《人民日報》在頭版頭條發表新聞報道，讚揚杭州西湖人民公社的養豬成就。報道著重指出，公社下屬的南山合作社將11名村民培養成獸醫，「今年基本上消滅了豬瘟、丹毒、肺疫等病害」。[71]

67　中國畜牧獸醫學會，《中國畜牧獸醫學會參考資料選輯豬傳染病防治問題》（北京：財政經濟出版社，1956），頁65–71。

68　陳丕顯，〈上海農村的一畝地一頭豬運動〉，《紅旗》，第4期（1960年2月），頁14。

69　農業部畜牧獸醫司，《中國動物疫病志》，頁186。

70　中國畜牧獸醫學會，《中國畜牧獸醫學會參考資料選輯豬傳染病防治問題》，頁71。

71　〈西湖公社每畝有豬一頭多〉，《人民日報》，1959年11月6日。

西湖人民公社

　　西湖人民公社是由位於杭州市區以西、西湖周邊的村落組成。借用施堅雅的說法，西湖人民公社屬於杭州的「近郊」。七十年代，施堅雅觀察到，在毛時代的中國，儘管中共堅持貫徹要「以糧為綱」的基本國策，卻允許人們在杭州近郊從事如蔬菜種植等「副業生產」。[72] 在中華人民共和國時期，該地區既是遠近馳名的旅遊景區，也是享譽全國的龍井茶生產基地。作為一個行政單位，其名稱和範圍在共和國前二十年經歷了頻繁的變更。1950年5月，在中共接管杭州一年之後，該地區立即被命名為「西湖區」，是杭州市的行政區之一。[73] 1958年底，大躍進運動進入高潮，西湖區正式更名為西湖人民公社，[74] 1960年4月再次更名為西湖城市人民公社。[75] 1962年，公社化浪潮退卻，其又被改名為西湖區。1969年春，再次更名為杭州「郊區」。至1972年，一開始便使用的「西湖區」名稱再次回歸。[76] 這段名稱更迭的簡史揭示出這一地區的模糊性質：在整個毛澤東時代，它都是城市與農村的交界地帶，甚至連地方政府都無法確定其性質是城市還是農村。

　　西湖區很早就開始了集體化運動。1952年1月，區政府發佈指令，號召農民加入互助組或合作社。到1955年12月，82%的農戶實現了集體化。一個多月後，農戶集體化的比例躍升至95%，為之後建立人民公社鋪平了道路。[77] 然而，成立合作社或人民公社也許不難，但將所有農

72　Skinner, "Vegetable Supply and Marketing in Chinese Cities," 747.

73　陳野，《滄桑巨變的區域紀實》(杭州：浙江人民出版社，2009)，頁55。

74　伊心恬、龔家驊，〈公社鮮花艷西湖——浙江杭州西湖人民公社現景〉，載新華通訊社編，《農村人民公社調查彙編上下》(1960)，頁729。

75　杭州市地方志編纂委員會，《杭州市志(第十卷)》(北京：中華書局，1999)，頁97。

76　陳野，《滄桑巨變的區域紀實》，頁55。

77　同上，頁56–57。

民、尤其是大部分山區農民真正聯合起來，則相當不易。1955年，作家陳學昭指出，在西湖周邊的山區組織互助組「很困難，因為各家各戶居住得都很分散」。[78] 現有檔案記錄顯示，西湖區在1970年代下屬的十四個生產大隊中，有十三個大隊位於西湖山區，佔有西湖周邊山區六成左右的土地。[79] 由於這樣的獨特的山地條件，茶葉歷來是這些大隊的主要經濟作物，每年的茶葉銷售收入佔公社總收入的六成以上。[80]

在這十四個大隊中，梅家塢大隊因盛產龍井茶而享譽世界。1954年，國務院指定梅家塢為茶葉專產地，要求梅家塢每年四月上交最高品質的茶葉，作為外交事務的禮品。[81] 如前章所述，梅家塢還被提名為政治旅遊指定地點，專門向外國遊客展示中華人民共和國獨特的農村組織。例如1955年，陳學昭邀請薩特（Jean-Paul Sartre，1905–1980）和波伏娃（Simone de Beauvoir，1908–1986）訪問梅家塢。[82] 自1957年以來，周恩來總理曾五次訪問梅家塢，對此地一草一木以及幹部和社員都非常熟悉。[83] 五十年代末期的一些新聞報導稱，梅家塢的茶葉種植歷史悠久、舉世聞名。而茶葉產量的大幅增長是因為有了新的秘密武器——豬糞。1959年的一篇新聞報道公佈了大隊茶葉產量創造紀錄的消息：「平均畝產達到320斤，比大躍進的1958年畝產236斤增加了35.12%，總產量230777斤。增加49.7%」。這樣幅度的增長有賴於養豬業發達：

78　Xuezhao Chen, *Surviving the Storm: A Memoire*, trans. Ti Hua and Caroline Greene (Armonk, NY: M. E. Sharpe, 1990), 31.

79　〈杭州市園林建設十年規劃補充意見（節錄）〉，載王國平編，《西湖文獻集成，第12冊：中華人民共和國成立50年西湖文獻專輯》（杭州出版社，2004），頁154。

80　伊心恬、龔家驊，〈公社鮮花艷西湖——浙江杭州西湖人民公社現景〉，頁730。

81　陳野，《滄桑巨變的區域紀實》，頁56。

82　Chen, *Surviving the Storm*, 31.

83　施奠東，《西湖志》（上海：上海古籍出版社，1995），頁115。

養豬數量方面比1955年增長50%以上，全隊養豬2000頭，平均每畝茶地有豬2.13頭，1959年1年積肥8萬擔，平均每畝茶地積豬糞85.4擔，保證供給茶樹足夠肥料，使茶樹吃飽。因為就地建場，肥源增多，運肥方便，使歷年來只能施一次肥料的高山茶園，也都能施足三次肥。

總結起來就是：「豬多、肥多、茶多」。[84] 另一篇文章則提出在山地養豬的新理由：在靠近田地的山區養豬可以少接觸豬疫，母豬「不會受驚而引起霉胎或者小產，不易流產」。因此，西湖人民公社的山地被視為養豬的理想地點。[85]

通過媒體的曝光，梅家塢和西湖人民公社都被宣傳為社會主義中國新農村的典範。1959年，新華社發表了一篇文章宣揚「西湖美，西湖公社更美」，以顯示農業集體化無可爭議的優勢。這一優勢不僅體現在公社茶葉和糧食產量的飛速增長，也體現在生豬數量的顯著提高。據稱，在五十年代的最後一年，西湖人民公社飼養了一萬多頭豬，其中一半賣給國家。豬群密度超過每畝耕地一頭。[86] 為將西湖人民公社樹立為全國養豬模範單位，同年《人民日報》發表文章，進一步誇大了數據，聲稱豬群密度達每畝地2.2頭，平均每戶養豬8.1頭。[87] 儘管在大躍進運動的高潮時期，這些數據難免有失準確，但至少我們知道，梅家塢大隊的豬群密度約每畝地2.13頭，接近全公社的統計平均值。[88]

84 杭州市特產局，〈西湖公社十月隊畝產320斤龍井茶〉，《茶葉》，第1期（1960），頁13。
85 商容，〈地頭養豬好處多〉，《茶葉》，第5期（1959），頁32。
86 伊心恬、龔家驊，〈公社鮮花艷西湖——浙江杭州西湖人民公社現景〉，頁730–731。
87 〈浙江大量增養家禽家畜〉，《人民日報》，1959年6月23日。
88 杭州市特產局，〈西湖公社十月隊畝產320斤龍井茶〉，頁13。

南山大隊

　　儘管梅家塢在國際上享有龍井聖地的美譽，但自五十年代中期以來的全國範圍的養豬運動中，梅家塢的鄰居南山大隊卻獨領風騷。梅家塢村民平均每畝田養豬兩頭多，而同一時期南山的豬群密度則達到每畝4.3頭。[89] 南山位於西湖以南的山地（以玉皇山為主），毗鄰淨慈寺，是西湖人民公社下屬的一個耕地極少的大隊。1963年，南山的人均耕地面積僅為0.43畝，[90] 是同年杭州地區的人均耕地面積的一半。[91] 歷史上，除玉皇山的一些樹林外，南山的自然資源極其匱乏，與梅家塢和其他有產茶傳統的湖邊村莊比較也相形見絀。因此，在西湖周邊的所有村莊中，南山一直在經濟上處於絕對弱勢。1949年前，南山130戶人家中，「四分之三的人家，是走投無路從天南地北逃荒到這窮山窩裡來謀生的。近百戶人家是依靠租用轎子，終年累月地扛著大官商賈遊山玩水得來的勞力錢度日」。[92] 南山是典型的那種沒有養豬歷史、但中央政府卻立志在這裡從頭發展養豬傳統的地區。[93]

　　1949年後，商業性旅遊業在杭州漸漸式微，南山村的經濟和社會結構發生了巨大變化。鑒於南山沒有規模可觀的稻田和茶園，當地幹部在五十年代初開始把養豬作為村裡的經濟支柱。很快，南山的成就引起了省政府的關注。時任浙江省委宣傳部部長的陳冰（1920–2008）有意將南山塑造成為一個養豬事業的明星合作社。[94] 1956年10月，新華社發

89　浙江省檔案館，J116-017-140，頁122。

90　浙江省檔案館，J116-017-331，頁164。

91　《杭州農業志》，頁97。

92　浙江省檔案館，J116-017-140，頁122。

93　中華人民共和國第二商業部食品商業局，《我國發展養豬生產的參考資料》，頁3。

94　胡小孩，〈到生活中去〉，載江蘇省文化局、中國戲劇家協會江蘇分會編，《談戲集》（南京：出版社不詳，1983），頁91。

表了文章〈南山農業社每畝養豬三頭以上〉，使得南山的大名第一次在全國變得家喻戶曉。這篇文章重點介紹了南山自繁自養幼豬的經驗：

> 這裡過去飼養的小豬是向外地購買的，成本較高，而且小豬並不完全合意。農業社成立後，就著手自繁自青。十個月來，這個社原有的十七頭母豬加上後來買進的三十頭母豬共生了二十九胎，產出小豬三百多頭。社員已不再需要向外購小豬了。……
>
> 小豬斷乳以後分給社員飼養，採用公有分養的辦法，由社裡供應米糠，豆腐渣等飼料。這個社制定了多養多得、超過規定重量給予獎勵的包工包產制度，使社員養豬積極性大大提高，平均每隻豬每天能長半斤到十二兩肉。社裡出賣肉豬的收入，和其他收入一起，每隔一個時候就預支給社員。丁金泉在9月以前養了四隻豬，每次預支六元左右；9月以後增加到十六隻，每次預支就有九元以上。[95]

正是這篇新聞報道，令南山首次享譽全國。同時這也是一篇信息量很大的報導，闡述了五六十年代整個中國農村養豬業的困境和成就。首先，五十年代末以前，幼豬交易長期被私人商販壟斷。1955年12月在浙江召開的一次會議上，著名經濟學家馬寅初 (1882–1982) 指出，市場上的小豬價格過高，「每斤八角，而大豬則只值二角多些，同時小豬買賣則都在私商手中」。[96] 正因此，南山自己繁殖養育小豬，可以視作社會主義集體經濟對市場經濟的勝利。其次，疫病仍然是一個重要問題。雖然得益於南山獸醫的辛勤工作而「五年不死一頭豬」，[97] 但正如上一節所述，中國各地的農民尚未形成為生豬注射疫苗的意識。1959年的一份報告顯示，南山社員會定期清理豬圈，而且成年豬「一年預防注射2–3次，小豬生後20天注射一次，以後三個月再注射一次」；在緊急情況

---

95 《新華社新聞稿》(1956)，頁26。

96 華東師範大學中國當代史研究中心，《中國當代民間史料集刊12：沙文漢工作筆記1955年》(上海：上海東方出版中心，2016)，頁419。

97 浙江省檔案館，J116-001-114，頁40。

下，還可以接種額外的疫苗。[98] 可見，南山有能力定期為生豬接種疫苗，這與全國普遍存在疫苗短缺的現實形成了鮮明對比。這就體現了宣傳運動的一種運作方式。也就是説，政府的無限支持保證了少數模範或明星單位（如南山）的持續成功，而後者擔負了宣傳項目代言人的角色。

　　第三，也是最重要的一點：1956 年的這篇新華社文章觸及了養豬業的一個關鍵問題，即私養與公養。五十年代中後期，所有描述南山成功故事的文章或報道都強調了個體農戶養豬的必要性，而不提集體養豬或國營養豬場。例如，1957 年 3 月 27 日《杭州日報》的一篇新聞報道詳細介紹了個體養豬戶的責任和優點：

> （南山合作社）是採用「公有私養」的辦法養豬的。由社裡集中飼養母豬繁殖小豬，再分給社員飼養。社員養豬，以九個月為一期。在此期間，社裡供給每隻豬青貯飼料一千五百斤⋯⋯社員飼養的豬分為三等。在九個月的飼養時間內，一等小豬每隻要養到二百斤，二等小豬要養到一百八十五斤，三等小豬要養到一百七十斤。如果超出規定重量，就在超出部分抽出 60% 作為給社員的獎勵；如果養不到這個對頂重量，社員要賠償 30%⋯⋯社裡給社員的養豬報酬是每隻豬每月評給八個工分（本來是五工分）。[99]

　　這樣看來，南山的政策與六十年代短期實行過、但在「文革」後盛行的「家庭聯產承包責任制」有類似地方，但又並不完全相同。馬克・塞爾登（Mark Selden）總結説，家庭聯產承包制通過以下方式實施：首

98　同上，頁 43–44。

99　章兵，〈南山社養的豬又大又肥〉，《杭州日報》，1957 年 3 月 29 日。工分制是毛澤東時代中國公社廣泛採用的一種平均主義報酬制度。最初，該制度所依據的是村民「好好勞動總的態度，而不論其勞動性質、數量如何」，卻導致了混亂、爭議、缺乏公正度，削弱了社員們的士氣。參見 Huaiyin Li, "Everyday Strategies for Team Farming in Collective-Era China: Evidence from Qin Village," *The China Journal* 54 (July 2005): 92。

先,「使用權由村按規定期限承包給各家各戶」;第二,國家「控制化肥、種子和油等關鍵要素的供應和價格」;第三,家庭聯產承包制下的村莊「為農民提供一系列服務」;最後,「市場由國家創造,受國家控制」。[100] 同樣,在南山的案例中,承包到戶的是豬的養殖權。合作社控制著一項「關鍵投入」——豬飼料的供應,並提供疾病控制和防疫等服務。此外,南山的可售成年豬要按規定賣給國家。有意思的是,所有這些宣傳集體化經濟下公社制度優越性的報道,都不約而同地傳達出一個信息:個體家庭養豬以及有形的物質獎勵才是南山成功的關鍵所在。

最後,1956年的新華社報道還突出了丁金泉(生於1926年?)在合作社的模範社員作用。一年後,丁金泉升任合作社主任。[101] 1957年,丁金泉作為明星養豬戶,終於得到了全國人民的認可,當選為「全國勞動模範」。他的「全國勞動模範」申請表顯示,南山合作社在丁金泉的領導下飼養了115頭母豬和715頭小豬,成活率為91%(650頭)。由此可見,南山成為浙江省養豬模範單位是丁金泉申報勞動模範的主要依據。[102] 1959年,丁金泉的名字出現在全國媒體上。《人民日報》的一則報道重點介紹了他用青飼料餵豬的試驗,尤其稱讚他「帶領黨團員上山下水,採集青飼料,進行養豬試驗,結果用80%以上青飼料餵養的一百多頭豬」。因此,南山社員不再擔心養豬會消耗過多糧食。此外,南山「建立了六十畝飼料基地,組織了飼料專業隊,種植下蕉藕、南瓜、番薯(甘薯)、蘿蔔等高產飼料作物」。[103]

100 Mark Selden, "Household, Cooperative, and State in the Remaking of China's Countryside," in *Cooperative and Collective in China's Rural Development: Between State and Private Interests*, ed. Eduard B. Vermeer et al. (Armonk, NY: M. E. Sharpe, 1998), 18.

101 全國農業展覽會,《1957年全國農業會展覽會資料匯編下》(北京:農業出版社,1958),頁718。

102 浙江省檔案館,J116-001-082,頁26。

103 〈多餵青粗飼料豬肥豬壯,浙江推廣南山生產隊用青飼料養豬經驗〉,《人民日報》,1959年11月24日。

到了1959年，丁金泉作為農業和養豬業明星，聲望達到頂峰，但同時糧食短缺的問題開始襲擾全國，為節約糧食而尋找替代豬飼料的緊迫感隨之而來。這就是為什麼上述表彰丁金泉的文章重點突出「種植下蕉藕、南瓜、番薯（甘薯）、蘿蔔等高產飼料作物」。在這一時期，類似的新聞報道遍佈《人民日報》的版面。例如1959年，《人民日報》的一篇報道就宣傳了浙江的另一位勞動模範，以擅長利用野菜、野草餵豬而聞名。[104] 然而，這些新聞報道並非建立在認真研究的基礎上，大多是政治上的權宜之計，目的是為減輕豬飼料供應不足的壓力。事實上，這些報導與《人民日報》幾年前的文章明顯口徑不一致。如1956年發表的社論〈大量養豬〉，明確反對大量用粗飼料或青飼料，因為這樣反而會讓豬無法增重，延長配種時間，浪費大量豬飼料。[105]

儘管報道自相矛盾，但作為黨和政府喉舌的《人民日報》還是成功地將丁金泉樹立為全國人民熟知的勞動模範。與此同時，丁金泉還因養豬成就積累了巨大的政治資本。1962年，丁金泉當選為杭州市政協37名常委之一。[106] 將丁金泉塑造成斯達漢諾夫式的模範人物，為宣傳運動賦予了新的內涵，這是前幾章未曾涉及的。西格爾鮑姆（Lewis Siegelbaum）指出，「利用斯達漢諾夫式的模範作為體驗者和宣傳者」，既宣揚了社會主義公民勤勞犧牲的品質，也使社會主義國家更有效管理行政人員和工程技術人員。[107] 彭麗君指出，在毛澤東時代的中國，勞動模範是一種崇高人物，他們體現了「毛澤東思想，並鼓勵人們模仿，以獲得革命精神」。彭麗君研究的是「革命群眾難以企及」、「超越普通人」

---

104 〈祝瑞香施展養豬本領〉，《人民日報》，1959年11月25日。

105 〈大量養豬〉。

106 《杭州市政協志》編纂委員會，《杭州市政協志1950–2002》（北京：方志出版社，2005），頁23。

107 Lewis H. Siegelbaum, *Stakhanovism and the Politics of Productivity in the USSR, 1935–1941* (Cambridge: Cambridge University Press, 1988), 297.

的模範人物，[108] 而丁金泉等人所體現的顯然是「革命群眾」可以達到的目標，是普通人養豬人中的一員。

杭州地方政府在報紙上宣傳丁金泉是一位能力很強的領導人。但此後不久，新聞界又在西湖人民公社的普通社員中發現了另一位楷模。1960年，杭州出版了一本小冊子，將20歲的孫翠娥宣傳為年輕但是經驗豐富的養豬者。據小冊子道，黨支部於1957年調動孫翠娥工作，讓其成為豬飼養員，目前已有三年。在此期間，她成功飼養了59頭母豬，產下了1,017頭小豬。自1959年7月以來，小豬的成活率達100%。孫翠娥被描繪成一個為了公社的公共利益、不惜犧牲個人生活的新一代女性，她的青春年華在豬圈裡度過，她甚至將養豬內化為人生的終極意義：當有人問她為何不像其他青年女性一樣追求美，孫翠娥堅定地回答：「為人民養豬最漂亮，不愛勞動才是最髒」。[109]

豬與集體化運動

1960年，即上述小冊子發行的這一年，正值大躍進時期農業集體化運動的高潮。孫翠娥被官方媒體描述為西湖人民公社集體化豬場的模範飼養員。孫翠娥自我犧牲的形象起到了教育群眾的作用，更彰顯了大規模集中養豬乃至農村集體化運動的優越性。1959年至1961年間，杭州地區號召全市大辦畜牧業，由市、縣組織部長親自負責，在各個社隊「大辦千豬場」。同時，限制個體社員家庭養豬，導致集體養豬比例高達八成。[110] 在中國其他地方，地方政府甚至在集體化運動高潮時建立起

---

108 Laikwan Pang, *The Art of Cloning: Creative Production during China's Cultural Revolution* (London: Verso, 2017), 194.

109 中共浙江省委畜牧生產委員會，《紅色飼養員》(杭州：浙江人民出版社，1960)，頁88–89。

110 《杭州農業志》，頁761。

「萬頭豬場」。例如，在江蘇省東台縣，數千頭不同品種的豬被趕到一個
新建的農場，然而消毒和防疫措施卻沒有相應落實，導致「一家生病，
禍及全區」。到1960年，這所集體所有制的養豬場就因豬群中的流行性
肺炎而倒閉。[111] 這種高度集中的養豬方式早在1959年就曾遭到國內媒
體的批評。[112] 九十年代，研究人員得出結論，各地農民和當地幹部經
營高度集中的養豬場時，「在技術上、物質條件上都缺乏相應的準備，
結果以失敗告終」。[113]

　　在杭州，政府建立「千豬場」實現養豬集體化的政策打擊了農民的
積極性，為養豬業帶來了巨大損失。年末生豬存欄數量從1957年的
90.78萬頭，銳減到1961年的57.11萬頭。[114] 就連周恩來總理也意識到
了集體化運動對西湖地區養豬業的毀滅性破壞。1960年12月，周恩來
在梅家塢視察時，了解到大隊養豬戶從三戶減少到一戶，他深感憂慮並
重申了村民家庭養豬的重要性。[115] 1957年後，被打為「右派」的前浙江
省省長沙文漢[116]和妻子陳修良（1907–1998）恰好在杭州郊區生活。陳修
良觀察發現，集體養豬場和養雞場都無法持續發展。養雞場由於缺乏食
物和水，幼雞數量銳減。大型養豬場也易受到流行疫病的侵襲。陳修
良敏銳意識到，集體豬場或養禽場需要科學的管理和最新的技術設備，
而這些在當時的中國都不具備。更重要的是，農民也缺乏積極性，用陳

111 王林雲，〈「養豬小區」不是「大辦集體豬場」〉，《豬業科學》，第3期（2007
　　年3月25日），頁23。

112 宋容大，〈對人民公社集體養豬若干問題的意見〉，《中國畜牧雜誌》，第4
　　期（1959年4月4日），頁121。

113 張子儀、張仲葛，〈對「豬為六畜之首」及「私養為主」的再認識〉，《中國畜
　　牧雜誌》，第30卷，第5期（1994），頁18。

114 《杭州農業志》，頁261。

115 葉建新，《周恩來與西湖》（杭州：杭州出版社，2006），頁45。

116 Keith Forster, "Localism, Central Policy, and the Provincial Purges of 1957–1958:
　　The Case of Zhejiang," in *New Perspectives on State Socialism in China*, ed. Timothy
　　Cheek and Tony Saich (Armonk, NY: M. E. Sharpe, 1997), 193–196.

修良的話説：「農民根本就不願集中養」。陳同時發現，廢除自留地也是導致農民士氣低落的一大因素。[117]

正如前文所論，長期以來，擁有自留地一直是對養豬戶的一種事實上的獎勵。從理論上講，給養豬戶分配自留地是為了種植豬飼料，如甜瓜和南瓜。但實際上，在集體化和公社化的時代，自留地相當於私有財產。高王凌在研究大躍進時期中國農民對集體化的消極抵抗時發現，持有甚至擴大自留地是農民偷偷對抗國家高度干預的一種表現。這種所謂對抗包括「瞞產、私分、偷、借、自留地」，其中農民擴大自留地的辦法是將所有土地都「自留地化」。這樣給國家的農業集體化政策帶來了很多問題。[118]

在「文化大革命」前的 17 年中，私有土地始終是一個棘手的難題。中共的決策者在兩難境地中猶豫不決，既想通過自留地吸引積極性不高的農民參加養豬，又要最大限度地為土地和私有財產的集體化開展運動。鑒於養豬業在畜牧業、農業和工業中具有不可或缺的作用，國家通常願意承諾並滿足養豬戶的需求。例如 1957 年 6 月，全國人民代表大會批准了國務院關於高級農業合作社條例的修正案，以滿足養豬戶對增加自留地面積的需求。[119] 值得一提的是，豬並不是唯一與集體化相悖的農產品，高王凌認為蔬菜在本質上也是反集體主義的，或者説「不適宜集團生產」，原因是「菜不是整季整茬出產，到時候分一次就完了，而是一茬茬零星生產，季節性很強，因此管理很困難」。因此，共和國最初的 27 年時間裡，農民不願意在公有田地種植蔬菜。[120]

五十年代末、六十年代初，公社開始收回種植蔬菜和豬飼料的自留地時，農民的積極性一落千丈。如前所述，杭州市政府擴大公有豬場的

---

117 秦棟、亞平，《沙文漢與陳修良》（寧波：寧波出版社，1999），頁 42。
118 高王凌，《人民公社時期中國農民「反行為」調查》，頁 3、135。
119 中華人民共和國第二商業部食品商業局，《我國發展養豬生產的參考資料》，頁 17。
120 高王凌，《人民公社時期中國農民「反行為」調查》，頁 129。

計劃導致當地的生豬數量驟減。面對養豬業的一蹶不振，《人民日報》於1960年8月6日發表社論，提醒全國各地的公社這樣一個事實：小型養豬戶也有其重要價值，不能全盤否定。因此黨和國家的養豬事業的方針修正為「公養為主，私養為輔，公私並舉」。[121] 浙江省政府於1962年作出回應，發佈〈公社三級牧場暫時堅決停辦的指示〉，並再次提出「私養為主」的口號，將「公社、大隊、集體所有的公母豬轉為戶有戶養」。養豬個體戶由於生產生豬和動物糞肥，獲得了糧食和化肥作為獎勵，這一計劃與南山合作社在五十年代中期的計劃類似。因此，1962年至1965年間，生豬存欄數的年增長率達到18.3%。[122]

豬、文化遺產與旅遊業

杭州地方政府發起的養豬運動，體現了其立志將西湖發展為生產空間的決心。然而，西湖地區的生產活動，如養豬、種植經濟作物和提高工業生產，卻也是西湖水質惡化的一個原因。七十年代末、八十年代初，研究人員發現，西湖水體長期受到污染，已成為富營養化水體。[123] 第1章所未提及的是，富營養化水體其實為西湖養魚提供了最佳條件。1983年的一項調查顯示，西湖水體充滿了營養物質，其中一部分正是來自豬和其他動物的排洩物，乃至養魚戶無需提供額外的魚食。[124] 然而，政府強調提高西湖地區生產力，卻與中央政府將杭州建設為政治旅遊勝地的規劃背道而馳，兩個宣傳項目的衝突在所難免。到了七十年

---

121 〈發展養豬業必須公養為主公私並舉〉，《人民日報》，1960年8月6日。
122 杭州市地方志編纂委員會，《杭州市志（第九卷）》，頁503。
123 毛發新，〈杭州西湖的環境水文條件與水體富營養化問題〉，《地理科學》，第6卷，第2期（1986年5月），頁162。
124 施奠東，《西湖志》，頁76。

代早期，中國政府緊鑼密鼓地與美國和其他西方國家發展友好關係，這種衝突愈加明顯。在此情況下，1973年，杭州的政府官員與地方幹部開會討論，認為只有改善湖泊水質才能「有利於外賓觀賞」，從而改善「國際影響」。[125]

令人掩鼻的渾濁湖水給杭州旅遊業造成了負面影響，在旅遊景點和歷史遺跡中養豬給人以焚琴烹鶴之感，讓杭州的歷史蒙羞。正如本章一開始引用的1957年的《文匯報》文章指出，在徐錫麟墓地養豬無疑是對辛亥革命烈士的褻瀆。作者在文章中提到，其他地方幹部曾試圖勸阻浙江農業廳徵用徐錫麟墓，但遭到斷然拒絕。當地官員的想法是：社會主義可以沒有徐錫麟，但不能沒有豬。對此，作者反駁道：

> 社會主義很需要他們（辛亥革命烈士）。徐錫麟在中國開天闢地以來只有一個，他的革命事蹟和革命精神對下一代還是有教育意義的；而歷史文物毀了一件就少一件……徐錫麟和歷史文物不能像養鴨子、養豬一樣養出很多來，所以保護歷史文物應該是絕對的！[126]

在作者觀點的背後，是「建設生產型城市」與「保護杭州文化傳統，建設文化旅遊城市」這兩種主張之間的內在矛盾。保護杭州歷史遺產至關重要，對於將反清革命烈士墓用作養豬展覽館，即使是浙江省農業廳內態度最強硬者也感到愧疚。農業廳公開承認在「徐烈士墓道辦農業展覽會這件事是不夠妥當的」。儘管如此，浙江省農業廳還是決定反擊，指出了上述這篇文章中的一些事實錯誤。1957年5月4日，浙江省農業廳在《文匯報》上發表來信澄清道，由於籌備農業博覽會的時間緊迫，省農業廳無法找到替代徐錫麟墓的展覽地點，「而徐烈士墓道原是浙江省工業展覽館的舊址，有許多房子可以利用」。此外，在農業博覽會期

---

125 〈會議紀要〉，載王國平編，《西湖文獻集成，第12冊：中華人民共和國成立50年西湖文獻專輯》，頁280。

126 胡明樹，〈鴨子和社會主義，歷史文物和迷信，豬和徐錫麟〉。

間，沒有一位杭州幹部曾對這一安排提出申訴。來信證實，農業廳正考慮提前關閉博覽會，以便修復徐錫麟墓。[127]

這封信透露了一個公開的秘密：自建國以來，孤山地區的墓地一直被徵用為各類博覽會的會址。1951年4月至7月，浙江省土特產交流大會在西湖湖畔舉行，在這三個月期間，一些歷史悠久的旅遊文化景點也被選為展館，如西泠印社、岳廟、鳳林寺等。其中，徐錫麟墓被改建為「工程展覽館」，展出的內容包括「棉麻紡、機械、土木、化工礦產等」。[128] 1951年土特產交流大會的組織者在墓場修建了展廳，大大改變了墓場本來的面貌。土特產交流大會結束後，浙江博物館接收了徐錫麟墓地。[129] 1952年9月至10月，又一場展覽會開幕，徐錫麟墓和孤山的其他景點繼續被用作工業產品展廳的場地。[130] 博覽會後，浙江博物館將其改建為「職工宿舍，堆放模型以及其他雜物」。[131] 因此，之所以上文信件認為農業廳「臨時」佔用徐錫麟墓無可非議，正是因為這是1951年以來的一貫做法。

浙江農業廳很快招來新的批評。浙江省文學藝術界聯合會主席宋雲彬（1897–1979）也加入了抗議政府部門佔用徐烈士墓的聲討隊伍。宋雲彬首先指責農業廳的工作人員在徐錫麟墓養豬，對墓地造成較大的變動：在「墓前的祭台上蓋了木板房子，裡面放些有關畜牧方面的圖片、標本等等，在墓兩旁養著不少作為展覽品的豬，又把徐錫麟的墓用布圍起來，裡面堆放些雜物」，這種做法明顯褻瀆了辛亥革命烈士。雖然前述農業廳的回信指出杭州當地幹部從未反對在徐錫麟墓設立展覽廳，但宋雲彬對此並不認同，他記得浙江省文化廳的一位副廳長曾起草信件，敦促農業廳更改展覽地點，但他的意見被置之不理。最後，宋雲彬譴責

127 〈來信照登〉，《文匯報》，1957年5月4日。
128 施奠東，《西湖志》，頁96。
129 杭州市檔案館，071-001-0024，頁145。
130 施奠東，《西湖志》，頁97。
131 杭州市檔案館，071-001-0024，頁145。

圖 4.1　徐錫麟墓。該墓於 1964 年底遷離孤山，
在遠郊重建（詳見第 5 章）。攝於 2017 年 8 月。

農業廳領導「文化水準太低，不懂歷史而又一貫自以為是，不肯接受別人意見」。[132] 長久以來，宋雲彬一直堅定保護浙江的文化遺產。五十年代中期，為了保護龍泉縣的佛塔和西湖孤山的墳墓，他與當地中共幹部展開論爭並因此聲名鵲起 (第 5 章將作詳細敘述)。1957 年，宋雲彬被打成「右派」，呼籲搶救徐錫麟墓是宋雲彬在此政治運動前的最後一次發聲。[133]

　　修復徐錫麟墓的呼聲很快引起了杭州市政府的重視。1957 年 5 月，杭州市園林管理局正式提出恢復徐錫麟墓的申請，要求「責令有關單位必須讓出徐錫麟烈士墓的整個地區並拆除全部臨時性質的建築物」。[134] 但這一過程事實上非常漫長曲折。四年後，徐錫麟墓終於清理完畢，重新向遊客開放。浙江省文化廳的一份報告稱，為紀念辛亥革命五十週年，徐錫麟墓的豬圈已於 1961 年下半年拆除。[135] 由此可以想見，在這位辛亥革命英雄的墓地裡，養豬活動至少持續了十年之久。事實上，徐錫麟墓並不是唯一一座養豬的墓地。曾在正統十四年 (1449) 贏得北京保衛戰、並挽救大明王朝的愛國將領于謙 (1398–1457) 也遭遇類似情況。他在三台山的墓地和祠堂，十年來一直被西湖人民公社的社員佔據。1961 年底的一項調查發現，「于謙墓的墓道兩旁有廁所，凌亂不堪，祠堂內養豬，堆放物資」。[136]

＊　＊　＊

　　豬與歷史人物的空間之爭，見證了建國最初的 27 年間杭州城市規劃的內在矛盾。1980 年代以前，不管是因為蘇聯專家提出建議，還是杭州政府自身的政治需要，杭州被建設成為一個面向國內外遊客的旅遊

---

132 海寧市檔案局 (館)，《宋雲彬日記 (中冊)》(北京：中華書局，2016)，頁 311。

133 陳修良，《陳修良文集》(上海：上海社會科學出版社，1999)，頁 552–553。

134 杭州市檔案館，071-001-0024，頁 145–149。

135 浙江省檔案館，J101-013-207，頁 8。

136 同上，頁 10。

城市。同時，浙江省與杭州市政府從未停止將杭州發展成為生產空間的目標。養豬產業和政治旅遊這兩個宣傳項目互不相容，養豬不僅對杭州古墓等歷史文物的保護構成了實際的威脅，更對當地環境造成破壞，有損杭州旅遊勝地的美譽。

同時，養豬業雖體現了新中國農業自給自足的精神，卻與政府制定的重要農業政策——集體化運動背道而馳。由本章可見，在密集的豬場中，未接種疫苗的生豬極易感染疫病；而農民為了獲得並保留私有土地，更願意個體養豬，這些都動搖了農業集體化的根基。換言之，雖然豬在社會主義中國具有非凡的經濟和政治意義，但在本質上卻是反集體經濟的。楊大利認為，毛澤東時代之後中國的去集體化可以追溯到大躍進時期。正是在大躍進經濟困難的時期，民眾的「信仰發生了重大改變」，由此提出「農村制度變革（即去集體化）的要求」。[137] 然而，對杭州乃至全國養豬業的研究表明，即便在大躍進運動最順風順水的高潮時期，農業集體化已然存在很多問題。

集體化運動政策的推行，無法掩蓋農民要求家庭養豬和保留自留地的願望。農民和養豬戶的能動性是非目的性的，他們的動機是在與地方政府博弈時，最大限度地增加自己的經濟收益。與此同時，生豬在家庭豬圈中繁衍生息，卻在集體豬場中奄奄一息乃至大規模死亡，構成了豬的能動性。這一能動性使農民對私養生豬的訴求具有相當的合理性。現有的學術著作大多關注農民面對集體化運動的生存技巧，即用以「誤導政府」的「蠅營狗苟」，[138] 但本章則強調人類與非人類參與者（即豬）如何形成一種非有意識的共謀，以減緩、阻礙集體養豬這項運動。有意思的是，一開始用以宣傳農業集體化的養豬事業，卻在大躍進時期證明了集體化的局限性。

137　Dali L. Yang, *Calamity and Reform in China: State, Rural Society, and Institutional Change Since the Great Leap Famine* (Stanford: Stanford University Press, 1996), 14.

138　Frank Dikötter, *Mao's Great Famine: The History of China's Most Devastating Catastrophe, 1958–1962* (New York: Walker & Company, 2010), 198.

第5章

「與鬼為鄰」
1956–1965年西湖地區的遷墳運動

　　二十世紀五六十年代，豬與名人墓地在西湖地區爭奪空間，其根源是地方政府對遍佈西湖岸邊的墳墓搖擺不定的態度。社會學家費孝通（1910–2005）於1956年7月在《人民日報》發表文章，口吐怨言：「西湖原來是個公墓」，並表示不解地問：「這樣一個內容豐富的西湖，為什麼採取了這個公墓形式來表現呢？」[1] 作家兼記者黃裳後來在一篇文章中表達了與費孝通類似的觀點，他發現「西湖邊上，在很長一段時期裡幾乎成為活人與死人一起撐市面的地方」。[2] 湖濱處處可見大大小小的墳墓遺址，見證了杭州和西湖空間重置的歷史過程。自辛亥革命以來，隨著杭州城牆漸次被拆除，西湖對於杭州城市的地位也發生了變化：它從杭州的偏遠郊區，一躍成為城市的核心地區。[3] 因此，過去在杭州城牆以外偏於一隅的墳塋，此時卻佔據了城市的中心位置，顯得非常不合時宜。一旦城市居民和遊客意識到他們與亡靈比鄰而居時，不快之感自然而生。例如，早在1934年，著名通俗小說家張恨水（1895–1967）將湖邊遍

1　費孝通，〈為西湖不平〉，《人民日報》，1956年7月26日。

2　黃裳，《山川，歷史，人物》（香港：生活・讀書・新知三聯書店，1981），頁61。

3　傅舒蘭，《杭州風景城市形成：西湖與城市形態關係演進過程研究》（南京：東南大學出版社，2015），頁63–64。

佈墳墓視為西湖十大可惡事物之一，排名第七：「沿湖隨處有人家私墓，封碑巨石，大夫孺人字樣，觸目皆是，可厭者七」。[4]

根據柯律格（Craig Clunas）的說法，在古代中國，理應是私人產業的墳墓卻歷來被視為「公共場所」。[5] 西湖岸邊的大大小小名人墓葬尤其如此，因為它們早已融入湖光山色之中，激盪起人們的英雄之氣或傷懷之感。1961年，一位作家指出西湖之美在於完美融合了英雄美人的敘事：

> 如果西湖只有山水之秀和林壑之美，而沒有岳飛、于謙、張蒼水、秋瑾這班氣壯山河的民族英雄，沒有白居易、蘇軾、林逋這些光昭古今的詩人，沒有傳為佳話的白娘子和蘇小小，那麼可以設想，人們的興味是不會這麼濃厚的。[6]

因此，那些英雄人物長眠之處及浪漫靈魂安息之所，無疑就是這些史詩和故事的化身，為西湖增光添彩。然而同時，在思想上較為激進的幹部和群眾看來，殯葬古代名人並進行祭祀屬於「封建傳統」，而摒棄「封建傳統」正是實現中國現代化的必要條件。[7] 因此，在毛澤東時代，古代墳墓的價值一直備受爭議。

本章記錄了「文化大革命」之前十幾年，主張保存墳墓人士與立志破舊立新的一些激進分子之間的拉鋸戰。在這場曠日持久的爭奪戰中，毛澤東是這些古墓的主要反對者。根據他的意見，一些浙江當地幹部曾於1956年下令清除孤山地區的墳墓，但這項命令旋即遭到抵制，並最終由周恩來總理拍板決定撤銷。到1964年底和1965年初，湖邊的所有

---

4 張恨水，〈西湖十可厭〉，載王國平編，《西湖文獻集成，第14冊：歷代文選專輯》（杭州：杭州出版社，2004），頁472。

5 Craig Clunas, *Fruitful Sites: Garden Culture in Ming Dynasty China* (London: Reaktion Books, 1996), 131.

6 于敏，〈西湖即景〉，《人民日報》，1961年9月10日。

7 Lisa Rofel, *Other Modernities: Gendered Yearnings in China after Socialism* (Berkeley: University of California Press, 1999), 25.

墳墓基本被清除殆盡。雖然在二十世紀六十年代中期，激進派在與溫和路線人士的拉鋸戰中取得了暫時的勝利，但無法消除過去的所有痕跡——墳墓、牌坊、紀念碑和寺廟，這與政府在改造北京時的壓倒性勝利形成了鮮明對比。在首都北京，政府通過改造北京城市空間，能夠「既創造過去，也創造現在」，「既代表過去，也代表現在，既代表人民，也代表歷史」。[8] 巫鴻的觀察表明，首先，在毛澤東時代，空間和時間的重構相互交織、相互支持。其次，城市空間改造為意識形態服務，因此也服務於宣傳目的，普及了一種特殊的時間概念，藉否定過去來展示年輕共和國勃勃生機的現在與前途不可限量的未來。

然而在杭州，意圖全面改造城市的激進幹部和知識分子卻發現自己陷入了一場經年累月的消耗戰。他們企圖清除西湖墓葬來重塑西湖地區的空間，但不曾想這些墓地正是西湖在時間維度上的象徵。激進派重建西湖的努力遲遲收不到效果，首先是因為來自中央和地方政府的反對聲音。不僅是黨外的知識分子和社會活動家，連黨內的各級幹部也對清除墳墓的要求不以為然。例如，周恩來總理曾在各種場合，特別是在1956年的遷墳運動中，明確表達了他對清理西湖周邊墓地的保留態度。周總理之所以堅持其保護墳墓和其他歷史遺跡的立場，主要基於雙重政治考慮，一是統戰立場：必須團結具有不同政治背景、文化理念的各界人士；二是革命外交立場：西湖作為政治旅遊勝地，應悉心保護，以推進毛主席倡導的世界革命事業。這種對立似乎證明了新政權提倡歷史的時間概念有多重性。何若書的研究只強調了創造新社會主義文化時的一個時間維度，即「歷史的連續性」；[9] 葉夫根尼·多布倫科（Evgeny Dorbrenko）則指出了共產主義社會中時間性的雙重性，即對過去的「破

8　Hung Wu, *Remaking Beijing: Tiananmen Square and the Creation of a Political Space* (Chicago: The University of Chicago Press, 2005), 34.

9　Denise Y. Ho, *Curating Revolution: Politics on Display in Mao's China* (Cambridge: Cambridge University Press, 2018), 246.

壞與博物館化」二者並存。[10] 如果後者的研究對我們理解毛澤東時代西湖的平墳運動有啟發的話，那就是對於墳墓的「破壞與博物館化」是社會主義社會時間概念的兩個不同面相。質言之，保護墳墓的積極分子與企圖清除墳墓的激進派並非完全相互對立，而是一體兩面，都是政府為追求政治目標而重讀、重釋歷史的策略。

其次，蘇聯專家對於將杭州建成休閒旅遊城市的建議以及黨和政府從解放以來一直貫徹的保護傳統文化政策，給運作平墳的積極分子出了不少難題，從而數次保住了大多數歷史名人墳墓。[11] 第三，儘管激進派最後在1964年和1965年取得了遷墳、平墳的決定性勝利，但五六年之內，展示中國文化傳統的政治旅遊將重新復甦。名人墓葬是西湖不可或缺的組成部分，體現出西湖「陽剛之氣」（民族英雄的豪氣干雲）和「陰柔之美」（西湖愛情故事中的纏綿悱惻）的完美結合，這些墳墓很快也將重新煥發生機。事實證明，平墳的破除舊文化運動之所以始終未竟全功，很大程度上是因為西湖和墳墓皆有其自主性：西湖的永恆之美在於千百年來人類與非人類、環境與文化、生者與死者之間不斷的相互作用。

這些墳墓並不僅僅是冷冰冰的地點和建築，或受人保護，或被人清除，毫無自身能動性。根據汪悅進（Eugene Wang）的說法，墳墓是一種「topos」。這個古希臘語單詞具有兩重意義，既是「地點」也是「主題」。Topos「可激發相關的寫作、引發話題性的思考，鐫刻在集體記憶中」。既然一座墳墓實體的建築乃至具體的地點要在歷史上經歷不斷改造，因此這些反而並不是最重要的，最重要的是流傳久遠的「主題」或話題。[12]

10 Evgeny Dobrenko, *Stalinist Cinema and the Production of History: Museum of the Revolution*, trans. Sarah Young (Edinburgh: Edinburgh University Press, 2008), 9.

11 James Z. Gao, *The Communist Takeover of Hangzhou: The Transformation of City and Cadre, 1949–1954* (Honolulu: University of Hawai'i Press, 2004), 220.

12 Eugene Y. Wang, "Tope and Topos: The Leifeng Pagoda and the Discourse of the Demonic," in *Writing and Materiality in China: Essays in Honor of Patrick Hanan*,

例如南齊著名歌妓蘇小小（479?–502?）和宋代著名隱士詩人林逋（林和靖，967/968–1028），他們的屍骨無處可尋，甚至這些歷史人物的真偽也難以辨別。但他們早已成為歷史記憶、文學、繪畫和表演中的「主題」，成為西湖獨特魅力的一部分，提升了西湖在海內外的聲譽。也就是說，逝者埋骨西湖邊上成為他們的榮譽；反過來，這些名人墓葬也為西湖增色。西湖和墳墓共同進化，互相成就，其聯繫無法輕易割斷。

西湖與墳墓的共生關係再一次引出了本書的論點：非人類事物的能動性。名人墓葬當然不同於水、微生物、樹木、害蟲和豬，因為墳墓完全是人造之物。然而，西湖邊的墳墓在毛澤東時代卻具有能動性，因為它們不僅存在，而且引發了如何銘記過去、利用過去的爭論，並因此支配著現實世界人類的思想和活動，從而影響並重塑了黨和國家的政治文化政策。換言之，它們「反作用於」人類。[13] 法拉斯卡－桑波尼（Simonetta Falasca-Zamponi）指出，墳墓體現了歷史的敘事，既講述歷史中發生過的「行動」，也直接導致歷史行動的產生。它既象徵著權力，也產生了權力。[14] 就此意義而言，西湖墳墓的確具有其建造者、維護者和破壞者無法控制的力量。正如簡·貝內特所言，「人造物品」有能力「超越其作為物品的地位，表現出它們的獨立性和生命力，構成我們自身經驗以外的東西」。[15] 可見，雖然激進派立志將針對墳墓以推進其政治目標，但正是人類和非人類能動性的聚合，削弱、瓦解並抵制了他們的努力。

ed. Judith T. Zeitlin, Lydia H. Liu, with Ellen Widmer (Cambridge, MA: Harvard University Press, 2003), 488–489.

13 E. Laurier and C. Philo, "X-morphising: Review Essay of Bruno Latour's *Aramis, or the Love of Technology*," *Environment and Planning A* 31 (1999): 1061.

14 Simonetta Falasca-Zamponi, *Fascist Spectacle: The Aesthetics of Power in Mussolini's Italy* (Berkeley: University of California Press, 1997), 2.

15 Jane Bennett, *Vibrant Matter: A Political Ecology of Things* (Durham and London: Duke University Press, 2010), xvi.

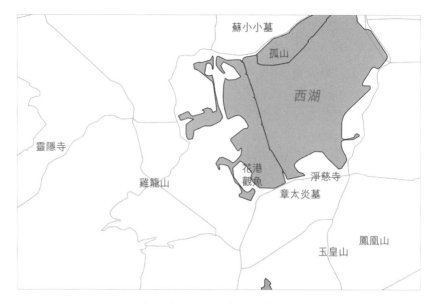

圖 5.1 西湖區地圖，重點標記本章提到的地點。

解放後西湖地區的墓葬

　　新政權接管杭州後不久，省市兩級政府致力改造杭州，但未能制定長期計劃。同時，制定實施的一些政策還相互矛盾。一方面，政府表示願意修復多處風景名勝，將杭州建設成一座旅遊城市。例如，1950年市府重建林逋墓，並根據林逋著名的詠梅詩句「疏影橫斜水清淺，暗香浮動月黃昏」，在墓前大量種植梅樹。[16] 林逋墓也被命名為「梅林歸鶴」，成為解放後政府最早向公眾開放的風景名勝之一。[17] 但另一方面，

16　施奠東，《西湖志》（上海：上海古籍出版社，1995），頁681。

17　吳子剛等，〈西湖及環湖地區的變遷和公園綠地的開拓〉，載杭州市園林文物管理局編，《西湖風景園林 (1949–1989)》（上海：上海科學技術出版社，1990），頁73。

杭州也迫切需要改變城市空間，建設「生產型城市」。為此，地方官員不可避免地侵佔原來的旅遊景點。如前一章所述，1951 年杭州舉辦了一次較大規模的農業博覽會，政府因此徵用了孤山、岳廟、白堤、鳳凰寺和徐錫麟墓等多處場地。[18]

到了 1957 年，徐錫麟墓仍被用作各種展覽會的場地。在上海《文匯報》發表文章批評政府部門侵佔徐墓的胡明樹認為，大多數政府幹部想當然地「以為破壞了文物就等於破除了迷信」。[19] 正因此，各級政府常常通過破壞古建築和禁止舊習俗，以達到限制宗教或破除迷信的目標。五十年代初期，杭州的土地改革運動如火如荼時，「一批以宗教為主題的古建築被拆毀，大批歷代名家精心雕琢的佛像也被砸爛」。[20] 杭州的佛寺和道觀大多被搬遷一空。高崢指出，五十年代初杭州僧侶人數急劇下降。[21] 淨慈寺擁有千年歷史，曾引無數文人揮灑詩情，但曾有一段時間被部隊單位完全佔領。[22] 貴州軍閥王文華 (1887-1921) 在民國初期因反對袁世凱 (1859-1916) 稱帝而遠近聞名，但他的墓園卻被改建成為一座幼兒園。[23]

王文華墓和徐錫麟墓的遭遇顯示了政府在建國初期清理西湖邊墓穴的決心。新政權接管杭州後，杭州市政府發佈的第一條命令就規定，「風景區內之公地，不得私自進行開墾、建築、營葬、牧畜」。[24] 解放戰

18　施奠東，《西湖志》，頁 96。

19　胡明樹，〈鴨子和社會主義，歷史文物和迷信，豬和徐錫麟〉，《文匯報》，1957 年 4 月 13 日。

20　冷曉、朱丹，〈西湖四十年的變遷與反思〉，載杭州市園林文物管理局編，《西湖風景園林 (1949-1989)》，頁 420。

21　Gao, *The Communist Takeover of Hangzhou*, 227.

22　〈杭州市人民政府建設局對西湖風景區管理的意見〉，載王國平編，《西湖文獻集成，第 12 冊：中華人民共和國成立 50 年西湖文獻專輯》，頁 7。

23　吳子剛等，〈西湖及環湖地區的變遷和公園綠地的開拓〉，頁 73。

24　〈杭州市人民政府關於公佈《西湖風景區管理條例》的通告〉，載王國平編，《西湖文獻集成，第 12 冊：中華人民共和國成立 50 年西湖文獻專輯》，頁 4。

爭結束後，杭州地方政府立刻制訂了許多政策、發起了一些運動，內容
上與這有一條規定頗為類似。事實上，禁止在西湖邊上營造新墓穴並非
中共的首創，而只是重新延續了解放前的地方政策。例如，1948年5
月，國民黨的杭州市政府也發佈了類似的規定。[25] 相比之下，新政權的
禁令似乎更加靈活。1950年，地方政府以保護森林為名，允許居住在
西湖風景區範圍內的村民在八個指定墓葬點安葬已逝者。[26] 到了1951
年，杭州市園林管理局提交一份報告，建議「封山區內今後明確的規定
一律禁止營葬」。[27] 對於現有的墳墓，杭州市城建局於1952年提交了一
份建議書，承諾從孤山開始行動，全部遷出「所有公私墳墓，除帶有歷
史性的紀念意義外」。[28] 大多數平墳運動的發起出於消除迷信思想的意
識形態目的，但有時也由於現實原因。如前所述，佔用王文華墓和徐錫
麟墓就是為了幫助政府部門獲得更大的空間。另一例是1959年，當地
政府下令徵用某個蔣家墓園的石料，並因此要求將其中的所有墳墓遷出
西湖。[29]

25　杭州市檔案館，《民國時期杭州市政府檔案史料彙編：一九二七年－
　　一九四九年》(杭州：杭州檔案館，1990)，頁525。

26　〈杭州市政協城建委員會關於堅決剎住西湖風景區墓葬蔓延風的建議報
　　告〉，載王國平編，《西湖文獻集成，第12冊：中華人民共和國成立50年西
　　湖文獻專輯》，頁757。

27　〈杭州市建設局園林管理處1950年林業工作總結報告(節錄)〉，載王國平
　　編，《西湖文獻集成，第12冊：中華人民共和國成立50年西湖文獻專輯》，
　　頁418。

28　〈西湖風景建設五年計劃〉，載王國平編，《西湖文獻集成，第12冊：中華
　　人民共和國成立50年西湖文獻專輯》，頁83。

29　杭州市檔案館，071-001-0024，頁28。

章太炎下葬事件

杭州市政府在西湖地區墓葬的禁令不久即遭遇一次重大挑戰。思想家、革命家、樸學大師章太炎 (1869–1936) 的家人在建國後旋即提出申請，要求將章太炎遺體在西湖以南的一塊章家早已買下的私地下葬。章太炎是中國近代最偉大的學問家之一，也是一位堅定的反清革命家。他於抗日戰爭前夕在蘇州去世，當時國民黨政府立即決定撥款為章太炎舉行葬禮。[30] 雖然章太炎的遺孀湯國梨 (1883–1980) 早已在西湖南岸購買了一塊土地作為葬地，民國政府也答應在那裡舉行國葬，但由於後來抗日戰爭和國共內戰曠日持久，直到五十年代初，章太炎的靈柩還一直停在蘇州。1949 年後，隨著國內局勢穩定，湯國梨希望將章太炎的遺體移葬在西湖邊上，鄰近明末反滿義士、章太炎的偶像張蒼水 (1620–1664) 之墓。但此時市政府業已將這塊土地收歸國有，同時當地農民自行做主，將其改建為苗圃，這令湯國梨大失所望。更加重要的是，杭州市政府禁止在湖邊造墓的規定也已經生效。[31]

最初，湯國梨與浙江省和杭州市政府積極溝通，但毫無效果。所有政府官員都以禁令為由，斷然拒絕了章氏家族的申請，並建議湯國梨另擇他址。但湯國梨不屈不撓，在全國各地發動章太炎眾多的朋友和弟子，大規模遊說新中國政府。1950 年 1 月，中華人民共和國最高人民法院院長沈鈞儒 (1875–1963) 和教育部部長馬敘倫 (1885–1970) 聯名致信浙江省主席譚震林，要求為章氏家族提供特殊的便利條件。儘管譚震林稱讚章氏為「反帝哲人」，但他似乎無意解決修建章墓的問題，回信的措辭並不明確，只是說「已轉飭杭州 (市) 府酌情予以照顧」，同意幫助湯國梨爭取免徵土地稅。[32]

30　湯志鈞，《章太炎年譜長編 (一九一九年－一九三六年)》(北京：中華書局，1979)，頁 975–976。

31　沈建中，《章太炎與湯國梨》(杭州：浙江大學出版社，2015)，頁 66–68。

32　同上，頁 67。

　　1951年全年，湯國梨多次前往考察章家以前在杭州購買的地塊，並不斷向許多學者和政治人物討論落葬章太炎的可能性。經過多次會談，章氏家族的朋友們最終提出了一個各方都能接受的方案：在為章太炎舉辦葬禮後，湯國梨放棄墳墓的所有權，由政府出面將其作為歷史文物進行管理。然而，在隨後的兩年裡，中央政府並未對這一提議做出正面回應。[33] 三年後，周恩來總理終於書面回覆了章太炎弟子田橫（1893–1982）。解放後不久，田橫曾代表湯國梨致信周總理說明情況，但等待良久。周總理的回信雖姍姍來遲，但明確表態章太炎入葬西湖「是件大事，我們一定要安排好。我已發函告訴江浙兩省隆重處理」。由此，經過湯國梨多年來不懈努力，中央政府終於准許了上述這個安排，章太炎得償所願，將被安葬在西湖南岸、張蒼水墓邊。為此，章家和章太炎的親朋好友、門下弟子都被動員起來，在西湖為章太炎的葬禮做好準備。1954年3月，宋雲彬致函中華人民共和國國務院，敦促盡快解決章太炎的後事。[34] 同年12月，宋雲彬又向時任浙江省省長沙文漢遞交了一封長信，再次確認了章太炎的「歷史文化名人」地位，因此章理所當然在西湖湖畔有一席之地。[35] 對此，沙文漢撥專款5,900萬（折合1955年後人民幣5,900元），作為營葬費用，最終執行3,100多萬。[36]

　　1955年4月3日是暴風雨過後的平靜一天，陽光明媚但春寒料峭，宋雲彬作為陪祭人之一出席了葬禮，主祭為國學大師馬一浮（1883–1967）。上午九點儀式開始時，宋雲彬代表浙江省政協致辭。[37] 其他政府機構和章太炎治喪委員會成員也紛紛發言，表達對章太炎的悼念之

33　同上，頁66–68。

34　海寧市檔案局（館），《宋雲彬日記（中冊）》（北京：中華書局，2016），頁491。

35　沈建中，《章太炎與湯國梨》，頁68–70。

36　華東師範大學中國當代史研究中心，《中國當代民間史料集刊12：沙文漢工作筆記1955年》（上海：上海東方出版中心，2016），頁246。

37　海寧市檔案局（館），《宋雲彬日記（中冊）》，頁506。

圖 5.2　章太炎墓。攝於 2017 年 8 月。

情。江浙兩地官員和章太炎舊識共計八十多人參加了祭祀活動。[38] 葬禮
結束後，杭州市政府按計劃接管了章太炎墓。紀念這位中國二十世紀偉
大學者和反清革命家的公開葬禮，事實上是黨的知識分子政策的體現，
公開表明了黨和政府對於舊民主主義革命性質的官方定性。因此不難理
解，諸多報紙對葬禮進行了全面報道，章太炎墓也隨即得到廣泛宣傳。

　　1955年年中，即入葬儀式結束後一個月，官方出版的旅遊指南《西
湖勝跡》就已將西湖南屏山北麓的章太炎墓與諸如岳王廟、武松墓等名
勝古跡並列。[39] 杭州市政府也迅速採取行動。1956年6月，章太炎墓被
正式認定為「杭州市一級文物保護單位」。現有檔案記錄顯示，章太炎
墓被歸為「革命紀念」類，由杭州市園林管理局指定維護。而政府之所

38　〈章太炎先生靈柩昨日安葬南屏山北麓〉，《浙江日報》，1955年4月4日；
　　沈建中，《章太炎與湯國梨》，頁72。

39　《西湖勝跡》（杭州：浙江人民出版社，1955），頁56–57。

以保存、維護章太炎墓，在於章太炎身為「晚清偉大學者、思想家和革命家」的地位。[40] 根據何若書的說法，中共將章太炎墓定義為文物，遵循了二十世紀以來將「文物視為國家遺產」的傳統，強調中華人民共和國在中國歷史上的連續性，提升其政權的合法性。[41]

儘管杭州政府將章太炎尊奉為革命先賢為其修墓，卻對章太炎墓的維護用心不夠。1957年，章太炎的公子曾公開抱怨，他不久前掃墓時「只見野草叢生，荒草繞膝，墓碑上一張歪斜的字迹，塗抹後顏色斑駁，若不是墓後一帶新種的龍柏，簡直與累累荒塚無異，這不但有礙於風景區的觀瞻，更辜負了政府尊敬先烈的意念」，因此要求有關部門酌情處理。[42] 這次投訴得到相應的答覆，杭州市人民委員會很快回應道，章太炎墓既然是一級管理的文物，園林管理局當然應該負責解決經費問題。[43]

儘管市政府承諾維護章太炎墓，但半墳或遷墳的秘密計劃已在醞釀之中。1960年，浙江省公安廳制定並實施「南屏山建設工程」，而章太炎墓以及張蒼水墓的地點正好在此工程範圍之內，公安部門有計劃將其拆除。章太炎夫人湯國梨當然堅決反對拆除章墓。[44] 然而，浙江省公安廳認為工程上馬勢在必行，刻不容緩。其給杭州市政府的一封信中這樣寫道：

> 關於張蒼水章太炎墳墓遷移事，是經過王芳廳長再三指示，南屏張、章二墓，急需處理，否則影響南屏建設工程……處理方案有二：埋掉墳墓，留碑志牌……二是遷移。

40　〈浙江省杭州市人民委員會關於公佈本市文物保護單位名單及有關文物保護工作的通知〉，載王國平編，《西湖文獻集成，第12冊：中華人民共和國成立50年西湖文獻專輯》，頁670。

41　Ho, *Curating Revolution*, 214.

42　杭州市檔案館，071-001-0024，頁176。

43　同上，頁172–177。

44　沈建中，《章太炎與湯國梨》，頁66。

對此，湯國梨態度強硬絕不低頭，加之杭州市也有許多人反對拆除張蒼水、章太炎墓，這一爭執從1960年持續到1964年，時間長達四年。最後，省公安廳最終決定妥協，放棄原有規劃。1964年2月4日，杭州市人民委員會公開說明無意遷走張蒼水與章太炎墓地。[45]

1956年孤山平墳事件

六十年代初的章太炎墓事件，是整個毛澤東時代中共幹部在對待墓葬和歷史文物問題上意見分歧的代表性事件。在黨的高層領導中，爭論也同樣激烈。例如，毛澤東主席長期以來一直對宗教場所、宗教活動和民間迷信不以為然。高崢指出，毛澤東曾為靈隱寺附近山峰撰寫詩詞，但儘管「從山峰處可以鳥瞰靈隱寺」，但他從未提及靈隱寺。[46]毛澤東雖對寺廟態度不明朗，但他對西湖地區的大量墳墓明顯表現出反感的態度。在1956年2月的一次談話中，毛澤東感嘆「我是和墳墓為鄰」。對此，浙江省領導人立即採取行動，拆除了毛澤東寓所附近的所有墳墓。[47]

1956年2月21日，西湖附近開始了一場短暫卻相當引人注目的遷墳運動。一夜之間，孤山上秋瑾(1875–1907)、徐錫麟等歷史名人的墓葬消失得無影無蹤，令杭州市民驚詫莫名。[48]數日之內，大部分墳墓被重新安置到地點較為偏遠的雞籠山墓地。[49]這場突襲導致杭州輿論嘩

---

45 杭州市檔案館，071-002-0058，頁1–4。

46 Gao, *The Communist Takeover of Hangzhou*, 230. 高所指的毛主席關於杭州的詩應為〈五律‧看山〉：「三上北高峰，杭州一望空。飛鳳亭邊樹，桃花嶺上風。熱來尋扇子，冷去對美人。一片飄飄下，歡迎有晚鷹。」靈隱寺即在北高峰下。

47 黃源，《黃源回憶錄》(杭州：浙江人民出版社，2001)，頁271。

48 陳修良，《陳修良文集》(上海：上海社會科學出版社，1999)，頁553。

49 施奠東，《西湖志》，頁115。不過，此書將這次運動的年份錯記為1955年。

然。宋雲彬拍案而起，當即給國務院致電，向周恩來總理報告了杭州的
遷墳事件。宋雲彬在浙江學術界頗有影響，也是文化界的翹楚。面對
政府對文物不友好的態度，他抱定宗旨，充當中國傳統文化的堅定捍衛
者。1957年反右運動前夕，他公開指責浙江省有一些領導人「文化水平
太低，不懂歷史而又一貫自以為是，不肯接受別人意見」。[50] 宋雲彬對
黨員幹部的攻擊和蔑視，不久之後在反右運動的高潮時期成為他被打成
「右派」的依據。[51]

　　宋雲彬之所以批評一些幹部不尊重、不重視中國歷史遺產，源於他
在五十年代的親身經歷。雖然宋雲彬在1951年也曾撰文歌頌「西湖成為
勞動人民的大公園」，[52] 但很快一些地方幹部對文物的無情破壞 —— 如
前章提到的龍泉拆塔事件，令他感到難以容忍。1957年，宋雲彬撰寫
了兩篇文章討論墳墓問題：一篇是回應上一章胡明樹關於徐錫麟墓地養
豬的投訴，呼籲拆除在墓地強行加建的臨時或永久建築；[53] 另一篇是針
對前述社會學家費孝通〈為西湖鳴不平〉的回應。雖然宋承認費孝通所
言有些道理，但認為費文看問題不夠全面。[54] 因此，從宋雲彬保護文物
的一貫理念，可以理解為何其在1956年2月目睹西湖遷墳運動後，迅速
做出反應，與國務院取得聯繫。

　　周恩來總理起初對杭州市因遷墳而造成混亂局面一無所知。在收
到包括宋雲彬在內的各方請求後，他迅速展開調查，責令沙文漢當即恢
復所有墳墓。[55] 周恩來承諾不會責難或懲罰這場運動的任何參與者，只
希望能盡快修復所有墳墓，因為這些文物曾是西湖風景的一部分，不少

50　陳修良，《陳修良文集》，頁552–553。

51　余鳴謙等，〈從「曠古未有」談起〉，《文物參考資料》，第10期（1957年10月
　　28日），頁13。

52　海寧市檔案局（館），《宋雲彬日記（中冊）》，頁258–259。

53　陳修良，《陳修良文集》，頁553。

54　宋雲彬，〈西湖上的三個墳〉，《人民日報》，1957年4月9日。

55　黃源，《黃源回憶錄》，頁271。

人對它們仍懷有極深的感情。周恩來進一步表示，國務院將承擔修復工作的所有開支。[56]

　　周總理一直積極捍衛中國的歷史文化遺產，這與他負責處理外交事務的身份不無關係。鑒於杭州在中國政治旅遊中的重要地位，西湖周邊的墳墓和寺廟是不可或缺的景點。為此，一些佛教寺廟，例如靈隱寺，在經歷了短暫的混亂之後，於五十年代進行了維護和修復。其中靈隱寺的修復工程獲得周總理特批的黃金 96 兩，撥款 90 萬元。在「文革」中「破四舊」運動的高潮時刻，有造反派意欲衝擊靈隱寺，周恩來從北京發來「靈隱寺暫加封閉」急電。加之浙江省委動員工人、農民、學生看守靈隱寺，這座歷史悠久的寺廟才未受太大影響。[57] 對於新中國政府熱情展示中國傳統文化，甚至帶有自我東方主義化的傾向，外國遊客反響不一，有的著迷不已，有的深感不滿。一位英國遊客甚至質疑，在中國「住房和工廠不足」的情況下，是否有必要投入大量「人力、設備在城市重建巨大的佛寺建築」。[58] 同樣，法國作家朱爾‧羅伊（Jules Roy，1907–2000）六十年代也曾感嘆西湖墳墓太多，借他的原話，杭州「是一座哀傷的城市，一半是死人」。[59]

　　儘管如此，這些墳墓以及相關的歷史故事或傳說，仍然有助於推廣中華民族歷史悠久、愛好和平的傳統形象。西蒙‧萊斯（Simon Leys，比利時漢學家李克曼 [Pierre Ryckmans，1935–2014] 的筆名）在五十至七十年代曾多次訪問中國，他舉例道，蘇小小墓歷來是「充滿傷懷之感的

56　陳漢民，〈革命領袖在西湖的活動紀實〉，載杭州市園林文物管理局編，《西湖風景園林（1949–1989）》，頁 369。

57　Simon Leys, *Chinese Shadows* (New York: Penguin Books, 1978), 101；施奠東，《西湖志》，頁 116。

58　Patrick Wright, *Passport to Peking: A Very British Mission to Mao's China* (Oxford: Oxford University Press, 2010), 291.

59　Jules Roy, *Journey through China*, trans. Francis Price (New York: Harper & Row, 1967), 192.

朝聖之地，聞名遐邇，是遊覽西湖的必到之處」。[60] 因此，周恩來總理在1957年明確建議，杭州市政府不要拆除蘇小小墓及慕才亭。對於反清義士的墳墓，周恩來重申其存在的必要性，他們的英雄事跡與中國長達一個世紀的反帝反封建鬥爭密不可分。1957年，在杭州的一次群眾大會上，周恩來稱讚杭州

> 是一個革命的地方，徐錫麟、秋瑾、章太炎、蘇曼殊的墓都在這裡，為什麼我們要紀念他們？因為他們這一代推翻了滿清，是我們的前一代人，也就是我們天安門前烈士紀念碑上有份的人。[61]

周恩來的態度和即時干預，完全改變了1956年浙江省委的遷墳計劃。當時浙江省省長沙文漢面臨著兩難的境地。一方面是中共浙江省委書記江華執行毛澤東主席的指示，著手清除墳墓，[62] 因此沙文漢一旦出面停止遷墳，則冒著違背毛主席意志的風險。另一方面，沙文漢自身也一貫抱持文物保護的立場。例如，1955年，沙文漢曾反對拆除浙江湖州陳其美 (1878–1916) 的雕像。[63] 陳其美是在共和國最初17年歷史敘述中爭議極大的人物，他既是反清、反袁世凱的革命家，又是蔣介石 (1887–1975) 恩師，及國民黨「CC系」創立者陳果夫 (1892–1951)、陳立夫 (1900–2001) 之叔父。沙文漢保護陳其美雕像的行為，顯得很是離經叛道。這次平墳事件讓沙文漢左右為難，最終違心決定做替罪羊：雖然他對於發起這次運動事先毫不知情，沙省長仍然願意為孤山遷墳事件擔責，並正式道歉。[64] 不論如何，由於周總理的支持，沙文漢暫時化解了1956年的危機；僅僅一週後，遷墳運動即戛然而止，所有被遷走的墳墓回到了孤山。

---

60 Leys, *Chinese Shadows,* 99–100.

61 陳漢民，〈革命領袖在西湖的活動紀實〉，頁369。

62 黃源，《黃源回憶錄》，頁271。

63 海寧市檔案局 (館)，《宋雲彬日記 (中冊)》，頁505。

64 黃源，《黃源回憶錄》，頁271。

1964年的文化大掃除

反對墓葬的輿論

　　1956年的遷墳嘗試無疾而終，標誌著激進派在西湖平墳的計劃暫時告敗。雖然在這個事件中，許多知識分子如宋雲彬，大聲疾呼要求保護西湖現有的墓葬，但如果説所有知識分子和學者都是保護主義者，未免言過其實。如前所述，社會學家費孝通在遷墳事件發生數月後在《人民日報》上發表文章，公開質疑西湖周邊墳墓存在的價值。費孝通粗粗統計了一下，從西泠橋橋頭到岳王廟，可以看到「差不多一打的墳」。在費孝通的理解中，西湖本應是「一首史詩」，卻不幸扮演了大型公墓的角色。更令他失望的是這些墳墓的美感不佳，「一律是土饅頭，洋灰水泥或是三合土」。甚至岳廟裡的民族英雄岳飛塑像，也看上去像「庸俗的低級官僚」。[65] 1956年10月，費孝通再接再厲，又發表了一篇長達六千字的文章〈為西湖一文補筆〉，主張西湖應與時俱進。蘇小小墓和岳飛墓可以保留，但最終需要改造；不過可以循序漸進，只有「更好的形象可以代替它們時，才加以改變」。[66]

　　費孝通對於西湖邊上林林總總墳塋不以為然的觀點，毛澤東主席看罷，感覺心有戚戚焉。幾年後，在與費孝通的一次談話中，毛主席回憶道，當時他在北戴河閱讀費的〈為西湖不平〉時就拍案叫絕，恨不能「馬上就想用飛機接費來一敍」。[67] 早在1951年，毛澤東就公開批評西湖「死人太多，與鬼為鄰」，因此西湖遠不是宣傳的那樣的人間天堂。[68] 毛澤

65　費孝通，〈為西湖不平〉。

66　李士俊，〈《杭州日報》創刊的前前後後〉，載政協杭州市委員會文史委編，《杭州文史資料 (第 20 輯)》(1998)，頁218。

67　賀越明，〈西湖毀墓風波與胡喬木的一首詞〉，載王家聲編，《史家隨筆》(北京：世界知識出版社，2014)，頁47。

68　〈毛主席關懷綠化工作 (續)〉，《園林革命》，第4期 (1967年9月)，頁1。

東反對土葬，出於文化和經濟兩方面考量。1956年，毛澤東憂心忡忡地指出，「人死了都土葬，死人與活人爭地，長此以往，活人就沒有地種了，那怎麼辦？」毛主席是最早公開主張火葬的黨內最高領導人之一。1956年4月，毛主席在中央領導的「倡議實行火葬簽名冊」上第一個簽名。[69] 毛主席的主張得到了杭州農民的響應。例如，1964年12月梅家塢生產大隊的黨支部書記撰寫文章，抨擊解放前梅家塢的地主「以風水好、要造祖墳等為理由，搶走我們貧農賴以活命的土地」。[70] 毛澤東還不時借助社會經濟的語言來闡述其清理墳墓的想法，五十年代中期，毛澤東在得知杭州為修建植物園而遷移墓地的消息後，欣喜地表示：「我們走集體化，叫它們也走集體化」。[71]

　　事實上，毛澤東主席對墳墓的立場在全國有相當多的支持者，胡喬木（1912–1992）就是其中之一。他是毛主席在1941年至1969年間的秘書。長期以來，大多數人一直認為胡對1964年底至1965年初大規模的西湖平墳運動負有主要責任。早在1961年7月，胡喬木就提出明確意見：「杭州墳墓成林，要改造」。[72] 1964年底，胡喬木作詞一首，呼籲所有人共同努力淨化湖岸。這首題為〈沁園春‧杭州感事〉的詞如下：

> 穆穆秋山，娓娓秋湖，蕩蕩秋江。正一年好景，蓮舟採月，四方佳氣，桂國飄香。雪裏棉鈴，金翻稻浪，秋意偏於隴畝長。最堪喜，有射湖人健，不怕瀾狂。
>
> 天堂，一向喧揚。笑古今、雲泥怎比量。算繁華千載，長埋碧血，工農此際，初試鋒芒。土偶欺山，妖骸禍水，西子羞污半面妝。誰共我，舞倚天長劍，掃此荒唐！

69　劉明鋼，《中共黨史上的那些人與事》（北京：中央編譯出版社，2014），頁215。

70　盧鎮豪，〈絕不能與「鬼」為鄰〉，《杭州日報》，1964年12月8日。

71　陳漢民，〈革命領袖在西湖的活動紀實〉，頁368。

72　〈大肆販賣封資修黑貨，為資本主義復辟鳴鑼開道〉，《園林革命》，第6期（1968），頁22。

　　1964 年的這首〈沁園春〉可以說是胡喬木一生中最有價值的作品。藝術上，它通過前後兩闋的反差對比，呈現出西湖風景的兩面：人間天堂的美輪美奐與被「土偶」、「妖骸」污染的醜陋不堪。政治上，這首詞作的發表實現了雙重目的：一方面，胡喬木作為毛澤東的秘書，當他向浙江當地的領導人展示這首詞時，裡面的含義自然而然被解讀為毛澤東的非正式命令；另一方面，當胡喬木將這首詞交給毛主席時，它提醒毛，遷走湖邊的古人墓是毛主席「多年以前就提出的主張」。大多數歷史研究者和作家選擇相信，這首詞的發表直接導致了 1964 年 12 月西湖平墳運動 (即「文化大掃除」運動) 的爆發。但在事後，胡喬木聲明整件事「與外傳頗有出入」，認為自己有委屈，必須有所申辯。[73]

　　平心而論，胡喬木絕無可能在 1964 年最後一個月獨力完成如此大規模的運動。早在平墳運動開始之前，地方政府就已經在地方報紙上發動了一場針對墳墓、寺廟、紀念碑和牌坊的論爭，理由是所有這些都是封建主義和帝國主義的象徵。杭州的兩大報紙《浙江日報》和《杭州日報》用連篇累牘刊登普通市民、解放軍戰士、地方幹部和遊客的文章，號召消滅一切帶有封建主義、殖民主義和反革命色彩的文物。這場宣傳運動始於 1964 年 11 月 12 日《浙江日報》的一篇文章，作者認為風景區建設也是有階級觀點的，因此要求所有人「興無滅資，大力發揚社會主義新風」。《浙江日報》編輯還在文章中加了一個編者按，強調「在舊社會裡，風景區是為剝削階級服務的」，而新社會「這些風景區已經回到了勞動人民的手裡，清除舊社會遺留下來的那些污垢，使風景區的建設能夠反映社會主義的思想、適應勞動人民的需要，這是理所當然的」。最後「希望大家在讀了這封信以後，把自己的感想和意見」寫出來。[74]

　　此後，《浙江日報》發表多篇文章或讀者來信，闡述在西湖清除封建時代遺毒的必要性。《杭州日報》則在 1964 年 11 月 28 日開闢了「破舊立新，移風易俗」專欄，專門刊登類似的文章。一位讀者分析說，既然

73　賀越明，〈西湖毀墓風波與胡喬木的一首詞〉，頁 266–269。

74　柳鳴，〈風景區也要破舊立新〉，《浙江日報》，1964 年 11 月 12 日。

西湖是「人化的自然」，就必須反映某些階級的感情和愛好，因此有必要在西湖展示那些能夠彰顯「社會主義建設者的壯志豪情」的文化藝術作品。[75] 後續讀者指出，鑒於時代精神應該是崇高的革命精神，墓葬、紀念碑和牌坊只不過是曾經騎在人民頭上的封建官僚、地主、軍閥、妓女和國民黨官員陰魂不散的表現，玷污了美好的湖光山色。[76]

　　1964年底，西湖平墳運動是一個與眾不同的宣傳－運動項目。首先，它雖然是一場自上而下的運動，但運動起源是從一些普通老百姓開始。當然，這些來自底層的呼聲只代表一部分杭州市民與遊客的意見。下文我將以蘇小小墓為例，由此說明儘管平墳的呼聲很高，但許多墳墓為主的景點仍然受到杭州市民和遊客的青睞。其次，它早於「文革」期間更大規模的「破四舊」運動，在某種意義上來說為後者提供了一個先例。最後，它與其他宣傳－運動項目既有交集又有衝突，例如與建設杭州文化遺產和旅遊城市計劃不相容，而後者與對中國外交政策至關重要，因此造成了混亂和矛盾。當然對於一些幹部和群眾來說，在此時此刻的1964年與1965年，通過平墳來重新詮釋中國歷史，其現實必要性大於堅持長期以來恪守的外交政策。

孤山墳塋

　　在西湖所有的墳墓中，墳塋密佈的孤山在這次運動中首當其衝，遭受了最嚴厲的批評。一位解放軍戰士粗略估計，二十多座風格各異的墳墓將孤山團團包圍。用他的話說，「其中許多人是騷人、墨客、妓女的

75　司馬馳，〈風景、詩畫和時代精神〉，《杭州日報》，1964年11月29日。

76　例如，范文生，〈不能容許這些墳墓繼續玷污大好湖山〉，《杭州日報》，1964年12月2日；曹佩偉、俞高坤、張繼賢，〈解放軍戰士說：這些陳屍腐骨應扔到垃圾箱裡去〉，《杭州日報》，1964年12月3日；徐志良、阮其昌、陳高明，〈老工人說：我們要多為下一代想想〉，《杭州日報》，1964年12月3日。

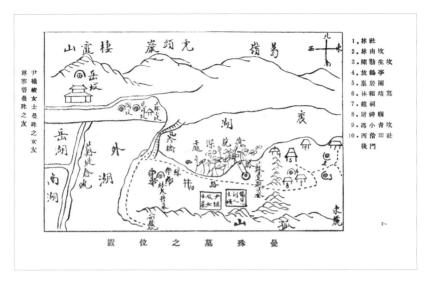

圖5.3 二十世紀初的孤山墳墓。轉載自柳亞子，《蘇曼殊年譜及其他》
（上海：北新書局，1927），頁7。

墳墓。那些墓銘題詞，散發著反動統治階級的臭氣」。[77] 時間回溯到
1956年，正是孤山外杭州飯店門前的辛亥革命烈士墓，讓毛澤東主席發
出了「與鬼為鄰」的感歎。雖然1956年的遷移孤山墳墓的運動沒有成
功，但圍繞孤山墳塋的爭論卻經久不息。1961年，浙江省文物管理委員
會應浙江省政府的要求，提交了一份關於孤山墳墓的詳細報告。報告表
示，葬於此地的辛亥革命英雄人物包括參與攻克南京的浙軍陣亡將士、
秋瑾及其友人、徐錫麟、陶成章（1878–1912）、竺紹康（1877–1910）、蘇
曼殊等等。他們的墳塋之所以得以保留，是因為這場革命「推翻我國幾
千年封建君主專制政治，是我國資產階級民主主義革命的重要一環」。[78]

---

77 陳玉先，〈應當來個大掃除——關於西湖風景區的墳、碑、紀念塔等等〉，
《浙江日報》，1964年12月2日。

78 浙江省檔案館，J101-013-207，頁12–19。

雖然報告強調了以上這些墓葬與辛亥革命的聯繫，但是如何處置那些與辛亥革命無關的名人墓葬又是一個問題。例如，林逋墓自元代以來就被認定為這位宋朝隱士的衣冠塚。[79] 儘管如此，報告仍建議保留，理由是「林逋是北宋隱逸詩人，他的詩文和書法都有一定的地位。有關他隱居孤山時的諸多佳話，許多人都是很熟悉的。因此他和孤山風景已結成不可分割的關係」。[80] 馮小青墓的爭議更大。根據明人張岱記載，馮小青是揚州人，嫁給杭州富商做小妾。由於正妻嫉妒，小青被迫隱居孤山，最後孤獨寂寞鬱鬱而終，年僅十八歲。[81] 報告指出，關於馮小青的記載是否真實一直眾說紛紜，但這座墳墓無疑是偽託的。然而，報告仍然認為馮小青墓值得保留。[82] 古代文人與美人的墓塚，無論虛構與否，其價值都不言而喻，因為它們早已與西湖之景融為一體。政治旅遊的重要性，為這些墓塋注入了新的生命力，因為它們向國際觀眾展示了中國歷史悠久的文化遺產。在對孤山念念不忘的外國遊客中，五十年代末訪問中國的英國演員兼作家邁克爾‧克羅夫特（Michael Croft，1922–1986）對象徵著恬然自適的林逋墓及其「植梅養鶴之地」[83] 印象尤其深刻。

蘇小小問題

在孤山長眠的文人墨客、英雄美人中，蘇小小引發了當地幹部、遊客和報刊記者之間最激烈的爭論。長期以來，蘇小小的愛情傳說引無數詩人競折腰，文人墨客常作詩詞追念這位風塵女子。根據《浮生六記》作者沈復（1763–1825）説法，一千多年來，蘇小小在杭州的墓塚無非「僅

79　張岱，《陶庵夢憶‧西湖尋夢》（北京：中華書局，2007），頁166。
80　浙江省檔案館，J101-013-207，頁20。
81　張岱，《陶庵夢憶‧西湖尋夢》，頁183。
82　浙江省檔案館，J101-013-207，頁20–22。
83　Michael Croft, *Red Carpet to China* (London: Longmans, Green and Co., 1958), 206.

半丘黃土而已」。1784年，為了乾隆皇帝南巡，蘇小小塚改建成石墓，並樹立石碑，上書「錢塘蘇小小之墓」。[84] 1840年代，一位滿清將領為保護墓塚，修建了一座亭子，取名「慕才亭」。[85] 建國初期，蘇小小墓不僅保存完好，還成為重要的旅遊景點。政府發行的旅遊指南《西湖勝跡》有兩個版本 (1954年和1955年)，兩版都重點提及蘇小小墓。指南作者並不確定蘇小小是否真實的歷史人物，也懷疑這座墓塚並非她真正的埋葬地，但蘇小小的故事「充分反映了人民在封建社會女性被壓迫的年代中爭取戀愛自由的強烈願望，而蘇小小也因此成為人民所樂道的人物」。從這個意義上來說，《西湖勝跡》作者認定，蘇小小是古代中國「人民」的一員，因此即使在解放以後也值得被紀念。[86]

1957年，蘇小小墓被正式列為杭州市乙級文物保護單位，屬「歷史紀念物」類別，具體由杭州市園林管理局管理。[87] 儘管如此，官方和民間反對蘇小小墓聲浪從未平息。因此在1956年遷墳運動中，蘇小小墓也差點成為犧牲品，但很快在周恩來總理的干預下完全修復。[88] 蘇小小的命運引來西蒙·萊斯的感慨，他問是否「是那位聰慧美人的幽魂驚擾了」一些人的美夢。[89] 然而在整個五六十年代，關於是否有必要保留蘇小小墓的爭論不時爆發。在上文提及的1961年報告中，蘇小小墓再次受到抨擊。可幸的是，報告仍然主張保留此墓穴，理由是墳墓「和這裡的風景融為一體，她 (蘇小小) 的傳說事跡，也深入人心」。[90] 需要指出的是，1961年報告出爐本身就反映了當時對於保存孤山諸多墳墓的社

84　沈復，《浮生六記》(北京：人民文學出版社，2010)，頁70。

85　梁章鉅，〈浪跡叢談·續談·三談〉，載王國平編，《西湖文獻集成，第13冊：歷代西湖文選專輯》(杭州：杭州出版社，2004)，頁433。

86　《西湖勝跡》，頁32。

87　〈浙江省杭州市人民委員會關於公佈本市文物保護單位名單及有關文物保護工作的通知〉，頁672。

88　陳漢民，〈革命領袖在西湖的活動紀實〉，頁369。

89　Leys, *Chinese Shadows*, 99.

90　浙江省檔案館，J101-013-207，頁20。

會與政治壓力。即便這些墳塋先後被官方認定為文物古跡,但定期和不定期的審查始終未絕。

1964年11月,政治風氣變化更為劇烈,西湖遷墓的壓力日增。這個情況下,杭州市政府考慮將辛亥革命英烈墓遷往偏遠山區,[91] 而非辛亥革命烈士的墓葬則很難保留。因此,蘇小小墓未能逃脫「原地平整」的命運。然而,在1964年11月11日的一次會議上,杭州當地的一些幹部試圖做出最後的努力,提議拆除蘇小小墓,但保留慕才亭,以留下蘇墓的些許痕跡。[92] 然而這一建議亦徒勞無益,接下來的一個月裡,要求清除蘇小小墓的呼聲在媒體報刊上此起彼伏。一些絲綢印染廠的老工人疾呼,「官僚、地主、妓女的墳墓」對群眾和年輕一代的危害尤其巨大。[93] 1964年12月4日,《杭州日報》發表社論,稱蘇小小墓和林逋墓絕非西湖風景區的重要組成部分,而是「膿瘡」。[94] 四天後,社論作者又將矛頭直指蘇小小,聲稱虛構出這樣一個人物,「不過是一些無聊文人的無聊勾當」、「無聊文人們的無聊創作」,因此蘇小小墓無疑是西湖園林的「毒瘤」。[95]

由此可見,到了六十年代中期,蘇小小不再被視為古代「人民」的一員,她的故事也不再是1955年旅遊指南中所展示的、中國人民為追求愛情自由而勇敢抗爭的敘事。在新的詮釋中,她成為封建地主階級、變態文人的玩物。重新劃分蘇小小的階級屬性,體現了整個毛澤東時代階級標籤的模糊性。吳一慶的研究發現,在毛澤東時代,個人可以選擇自己的人生片段,從多重身份中選擇一個來確定自己的階級分類。[96] 同

---

91   杭州市檔案館,71-003-0019,頁19–27。

92   同上,頁88。

93   徐志良、阮其昌、陳高明,〈老工人說:我們要多為下一代想想〉。

94   〈徹底掃除污垢,肅清反動階級思想影響〉,《杭州日報》,1964年12月4日。

95   〈西湖風景區大力破舊立新〉,《杭州日報》,1964年12月8日。

96   Yiching Wu, *The Cultural Revolution at the Margins: Chinese Socialism in Crisis* (Cambridge, MA: Harvard University Press, 2014), 46.

樣，周傑榮也提醒我們，在建國初期，個人的階級地位「沒有確定性、非常多變、有時相當混亂」。[97] 就蘇小小的案例看來，這種不確定性，不僅適用於當代人，古人也照樣適用。蘇小小階級身份的重新定位決定了其墳墓的地位和命運。列文森（Joseph Levenson）認為，中國共產黨確認「非精英」或「寬泛定義為『人民』」創造的文化為傳統文化。[98] 隨著越來越多的人相信蘇小小墓與迷信活動有關，剝奪蘇小小「人民」身份的呼聲也日益高漲。兩名當地交通民警報告說，很長一段時間，「有的老太太走到墳邊，就要爬上去躺一下，據說這樣可以免除腰痛病；還有個別青年，走到墳邊也要東摸西摸，據說這樣可以將來就能找到像蘇小小這樣的漂亮對象」。兩位民警因此對拆除蘇小小墓拍手叫好。[99]

這類迷信活動的復興既表明了普通民眾對蘇小小墓的喜愛，也證明了六十年代初整個社會相對寬容的宗教氛圍。尉遲酣（Holmes Welch）發現，相比1949年之前，全國的佛教寺廟在六十年代前半期吸引了更多信眾。[100] 這種趨勢無疑讓激進派十分不滿。因此，清除蘇小小墓本身就是一場宣傳活動，向當地居民展示政府打擊迷信活動的決心。1964年12月2日，《浙江日報》開闢專欄，名為「舊社會遺留下來的污垢 —— 蘇小小墓」，讀者和作家們紛紛對蘇小小墓和慕才亭的楹聯表達不滿：浙江博物館的一位工作人員指出，慕才亭掛著的描繪「冰肌玉骨」的「佳人」楹聯散佈了「沒落階級的糜爛情調」；[101] 一位杭州市民也斷然否認了

97　Jeremy Brown, "Moving Targets: Changing Class Labels in Rural Hebei and Henan, 1960–1979," in *Maoism at the Grassroots: Everyday Life in China's Era of High Socialism*, ed. Jeremy Brown and Matthew D. Johnson (Cambridge, MA: Harvard University Press, 2015), 53.

98　Joseph R. Levenson, *Confucian China and Its Modern Fate: A Trilogy* (Berkeley: University of California Press, 1965), 139.

99　吳祿順、陳家炳，〈西泠橋畔面目一新〉，《杭州日報》，1964年12月4日。

100　Holmes Welch, *Buddhism under Mao* (Cambridge, MA: Harvard University Press, 1972), 307.

101　周初明，〈不應當讓它繼續散佈毒素〉，《浙江日報》，1964年12月2日。

蘇小小墓「名勝古蹟」的地位，認為其是「舊社會遺留下來的污垢」。[102]
次日，討論繼續。一位杭州工人認為，蘇小小的故事和楹聯會讓年輕一
代無法培養出「革命的感情」。[103] 同日，《杭州日報》上的一篇文章也從
另一個角度表達了逝者對生者的影響，文章出自當地一家絲綢印染廠的
工人們，他們提到電影《朝陽溝》（拍攝於 1963 年）的一個情節，其中一
塊烈士紀念碑塑造了群眾參加農業生產生活的革命精神。[104] 顯然，幾
乎所有參與討論的投稿者都認識到，墳墓——即非人類之物與人造物
品——具有影響人類的能力。

文化大掃除

　　1964 年 12 月 2 日，孤山上的三十多座墳墓遭到清除，蘇小小墓當
然也在其中。[105] 事後看來，無論是胡喬木的詞作，還是公眾的輿情，
都不是對杭州市政府採取一致行動拆除孤山墳墓起到的決定性因素。根
據現存的檔案文件，拆除西湖墳墓是一場早有計劃的政治文化運動。早
在 1964 年 11 月 3 日，杭州市園林管理局就被要求提交報告，提議遷移
辛亥革命烈士墓，並選出四個可行的地點：鳳凰山、玉皇山、雞籠山和
孤山。鳳凰山位於西湖東南，地理位置比較靠近杭州市區；二十世紀上
半葉，這一地區已經修建了一座墓園。因此，在此建造公墓更加容易，
成本也更低，可將孤山墳墓遷移至此。玉皇山也位於西湖東南部，交通
便利，但完全新建墓地的成本較高。雞籠山位於西湖西南部一個偏遠地
區，靠近一處茶場。1956 年，雞籠山曾被選為孤山遷墓的安置地，但
由於雞籠山離市區較遠，且缺乏必要的基礎設施，估計投資會十分巨

---

102 茅才，〈這不是什麼名勝古蹟〉，《浙江日報》，1964 年 12 月 2 日。

103 章家祿，〈熱烈擁護大掃除〉，《浙江日報》，1964 年 12 月 3 日。

104 徐志良、阮其昌、陳高明，〈老工人說：我們要多為下一代想想〉。

105 杭州市檔案館，71-002-0058，頁 99。

圖 5.4　重建的蘇小小墓與慕才亭。攝於 2017 年 8 月。

大。另一個選擇是將孤山東坡的一處偏僻地改建為辛亥革命烈士墓。顯然，報告更傾向於鳳凰山選址。[106]

1964年12月19日，杭州市園林管理局再次提交了一份報告，對遷墳或清墳制定了更詳細的計劃。官員決定將與辛亥革命有關的墳墓遷至鳳凰山；唯一的例外是蘇曼殊，他的墳墓將被完全拆除。古代歷史人物的墳墓，如林逋墓和岳飛手下兩位部將牛皋（1087–1147）和張憲（?–1142）的墳墓，則將保留原貌。包括蘇小小墓在內的所有其他孤山墳墓都將被拆除。[107] 顯然，這份報告仍將鳳凰山作為最理想的新墓址。對此，浙江省政府在一週後提出了相對溫和的新計劃，試圖將遷墳運動對西湖景觀的影響降至最低。[108]

這份在12月19日上交的新報告事實上制訂於1964年11月26日，其中包含兩個計劃。方案一允許保留大多數辛亥革命英烈墓，秋瑾墓將重新設計，與附近地區的整體建築風格保持一致，並且杭州市人民委員會已經準備動工。陶成章墓及其同儕的墳墓將遷至西湖風景區內的「平湖秋月」。方案二如前所述，將所有墳墓全部遷至鳳凰山。然而如何處理蘇小小墓仍然棘手。報告傾向於遷墓，但又建議保留慕才亭，理由是：「西泠橋畔，橋亭結合的建築風格，全國獨一無二，故擬保留」。報告又提出了一種更為保守穩健的方案——保留墓穴和亭子，只抹去其上的對聯。[109]

整個1964年11月，杭州本地報刊上要求對墳墓採取有力行動的呼聲不絕於耳，但省政府這份相對溫和的解決方案卻與之形成了鮮明對比。在這樣的政治社會壓力下，相對比較保守的意見顯然最終無法施行。1964年12月2日，在各方共同努力下，孤山地區約30座墳墓和13座石碑、亭台、石像和牌坊遭到拆除。除秋瑾墓外，辛亥革命烈士墓全

---

106 浙江省檔案館，J101-015-265，頁9。
107 杭州市檔案館，071-003-0019，頁19。
108 浙江省檔案館，J101-015-265，頁1。
109 同上，頁1–2。

部遷至1956年曾用過的雞籠山。顯然，地方政府特意選擇了11月3日報告中列出的最遠、最偏僻的一個地點，其他墳墓則被拆毀。那些埋有遺骨的墳墓，如王文華墓，均遷至指定埋葬地點。林逋、蘇小小和馮小青這些古人墓塚皆被填平。[110] 西蒙‧萊斯證實道，蘇小小墳「完全消失了，不留絲毫痕跡」。[111]

長久以來，胡喬木都是遷墳運動的倡導者，他隨後致信毛澤東主席，並展示自己的詞作，大力讚揚遷墳運動的成功。毛主席在回信中表示，自己對於運動有限的規模並不滿意：

> 杭州及別處，行近郊原，處處與鬼為鄰，幾百年猶難掃盡。今日僅僅挖了幾堆朽骨，便以為問題解決，太輕敵了。[112]

毫無疑問，毛澤東已將所有墓葬視為急需徹底消滅的「敵人」。於是，在接下來的兩個月裡，一場聲勢更加浩大的「文化大掃除」運動在西湖地區全面展開。到1965年3月，654座古墳被夷為平地，只有28座遷至別處。[113]

儘管「文化大掃除」已經開始，但周恩來總理仍希望事情有轉圜餘地，平墳運動可以相對平穩解決。1965年下半年，他繼續表示有必要保護西湖周邊「有文史價值的人文景觀」，並重申辛亥革命對於中國革命的價值：「中國革命的整個歷史階段，應有其一定的繼承和發揚的關係。對推翻帝制、建立共和的舊民主主義革命，應該給以正確的評價」。[114] 有鑑於此，並因為社會上對於「文化大掃除」仍有不同意見，省

---

110 杭州市檔案館，071-003-0019，頁99。

111 Leys, *Chinese Shadows*, 100.

112 中央文獻研究室，《建國以來毛澤東文稿》(北京：中央文獻出版社，1996)，頁232；《胡喬木傳》編寫組，《胡喬木談文學藝術》(北京：人民文學出版社，2015)，頁81。

113 賀越明，〈西湖毀墓風波與胡喬木的一首詞〉，頁272。

114 葉建新，《周恩來與西湖》(杭州：杭州出版社，2006)，頁52。

政府於12月9日召開會議，傾聽不同意見。會上有許多支持運動的聲音，也有一些不同意見。比如，章太炎公子哀嘆道，既然陶成章墓已被拆毀，其亡父1955年新修墓地看來也命不久矣。一位曾在國民黨政府任職的空軍軍官指出，林逋不過是一位隱士，「如果隱下來也不行，那等於說當時的社會一生下來就犯罪了」。一位中學教師則呼籲從「階級觀點」和「歷史觀念」兩個角度全面分析歷史遺產，全國的文物「沒有封建的東西是很少的，怎麼正確對待」，因此他擔心所有這些文物都可能遭到滅頂之災。[115]

中國共產黨的歷史觀點

事實上，最後那位中學教師的觀點，體現了建國後17年國內歷史學觀點的兩個潮流 ——「階級觀點」（以階級鬥爭觀點分析中國古代歷史，並解釋中國歷史的演化）與「歷史觀念」（強調歷史分析與解釋不能脫離歷史當時的具體條件）。正如李懷印指出的，兩種歷史觀點與這17年國內政治形勢變化有密切關係。毛澤東時代歷史學經歷了從「學科化」（即「努力將中共歷史學家提出的革命敘事轉化為對中國歷史的標準化敘述」）到「激進化」（即將革命敘事推向「極端形式」）的過渡。最後，學術界的「歷史主義」或「歷史研究的客觀性」讓位於更為「激進的歷史學」或極端的「階級觀點」—— 即「簡單化的善惡二分法，或革命與反革命」。[116]

這種極端階級觀點下的革命與反革命的二元對立，為新的歷史解讀提供了理論基礎，在這種歷史敘事中，像林逋這樣只問風月、無關政治人物也不能全身而退。例如，一位讀者認為林逋是一個過著「不勞而食

---

115 杭州市檔案館，071-003-0019，頁101–102。

116 Huaiyin Li, *Reinventing Modern China: Imagination and Authenticity in Chinese Historical Writing* (Honolulu: University of Hawai'i Press, 2013), 19–22.

的剝削生活」的寄生蟲。[117] 換言之，既然他沒有參加革命事業，就一定是反革命分子，他的墳墓理應拆毀。正如上述一位參會人員的感嘆，古代這樣的人「一生下來就犯罪了」。這種情況下，蘇小小的故事以及紀念她的文學作品更令人難以忍受，她不僅與勞動階級無關，就連那些為她創作文學藝術作品的文人墨客的階級背景也都十分可疑：他們要麼是士紳地主階級，要麼是地主階級的弄臣或喉舌，宣揚一種「淫靡、墮落」的文學趣味。[118] 因此，無怪乎蘇小小在「文化大掃除」運動中最終成了眾矢之的。

這一時期人們對蘇小小的批評，與五十年代中期的評價形成了強烈的對比。如前所述，《西湖勝跡》把蘇小小對愛情自由的追求，描寫為封建社會中受壓迫的人民渴望自由的表現。[119] 直到1961年11月，浙江省文物管理委員會的報告仍對蘇小小給予高度評價，認為她的事跡「反映了在封建禮教的束縛下，婦女為爭取婚姻自主的願望，所以博得群眾的廣泛同情」。[120] 官方對蘇小小墓的評價之所以在十年內徹底顛覆，是因為「人民」的定義發生了變化。正如列文森所述，中國共產黨採用了一種基於階級的分析方法，將中國的文化傳統定義為「非精英」或「人民」的文化傳統。[121] 就此而言，對蘇小小墓和林逋墓的評價改變，源於政治當局對「人民」範疇的重新詮釋，以及精英及非精英之間界限的重新界定。

相比之下，為辛亥革命定性是一個更為棘手的問題。這方面，激進派的意見經常與周恩來等主張溫和文化政策的一派相左。在1964年底和1965年初，激進派的觀點似乎佔了上風，「文化大掃除」期間，除秋瑾以外的所有辛亥革命烈士墓都遷出了西湖地區。在「文革」前夕，

---

117 陸鑒三，〈是膿瘡，不是「血肉」〉，《杭州日報》，1964年12月4日。

118 〈徹底掃除污垢，肅清反動階級思想影響〉。

119 《西湖勝跡》，頁32。

120 浙江省檔案館，J101-013-207，頁19。

121 Levenson, *Confucian China and Its Modern Fate*, 139.

關於這些墳墓的價值的爭論從未停止，這證明了新中國政府對於如何書寫「近現代史」還是有所爭議。李懷印認為，「中國的『近現代史』本身就是一個充滿不確定性、尚未完成的持續過程」。在這一過程裡，

> 二十世紀的歷史學家們背負著各種對立理念：民族主義、自由主義、馬克思主義、毛澤東主義、新左派或新自由主義。因此，他們對歷史的闡釋產生了無數不同（且往往相互矛盾的）敘事和相互對立的敘事。[122]

這樣就可以理解，為什麼圍繞如何對待辛亥革命英烈墓的爭論不斷，因為不同的歷史學家與黨和國家領導人所採用的歷史敘事法不一致。但是說這些領導人出發點是相互矛盾的，顯然不正確。例如，周恩來總理「對中國過去的讓步」，無非是「按傳統本身對待傳統」。[123] 出於策略上的考慮，周恩來及同事們以近乎自我東方主義的方式，還原了中國的過去：他更加關心杭州作為政治旅遊之城的地位，展示中國豐富的歷史遺產。對於辛亥革命英烈墓，周恩來願意將所謂的「資產階級革命」納入最廣義的中國百年革命鬥爭的範疇之內，以贏得社會各界的認可。從這個意義上說，周恩來主張保留西湖墳墓是統戰政策重要一環。或者可以說，拆除或保留歷史文物古跡不過是一體兩面：兩者都通過於對中國歷史的詮釋，揭示當下政權的性質。

從六十年代中期開始，對於歷史文物較為激進的方針取代了周總理的靈活的文化政策。正如章太炎公子的預見，在1964–1965年運動中倖存的章太炎墓，後來在1966年不出意外地遭滅頂之災，當地農民之後把他的墓地變成了菜園。[124] 許多其他在1964–1965年運動中受到地方政府保護而倖免於難的墳墓，如今也遭遇了同樣的命運。比如，明朝兵部

122 Li, *Reinventing Modern China*, 2–9.
123 Levenson, *Confucian China and Its Modern Fate*, 137.
124 沈建中，《章太炎與湯國梨》，頁68–70。

尚書于謙的墓被移走。[125] 就連民族英雄岳飛的墓地和廟宇，也經歷了拆毀和「洗劫一空」的命運。[126] 當杭州的歷史文物在「文革」高潮中遭到大規模破壞時，中國的外交形勢也迅速惡化。政治旅遊被迫停止，直至1971年才得以恢復。[127]

＊　＊　＊

在整個毛澤東時代，關於中國歷史和革命的各種對立論述，在圍繞西湖墳墓的文化戰爭中展露無遺。在「古為今用」的口號下，歷史學家、各級官員和普通民眾不僅嘗試理解和重新定義過去，而且必須回應、處理中國的古代史和近代史。[128] 正如舒衡哲 (Vera Schwarcz) 在對中國園林的研究中指出的那樣，「來自遙遠過去的聲音繼續訴說著我們今日的困境」。[129] 對於激進派來說，西湖為數眾多的墳塋散發著古代反動統治階級文化的腐臭味。但對於周恩來等領導幹部而言，同樣的墳墓卻是中華民族光輝文化遺產的象徵和二十世紀中國革命的紀念，它們不僅可以團結不同意識形態的人們，還是外交旅遊最理想的場所。如前所述，一派借現在否定過去，另一派以歷史延續性證明現在的合理性，這兩種相互看似矛盾的時間感都起到了輿論宣傳和政治合法化的功能。

---

125 黃裳，《山川，歷史，人物》，頁61。

126 瞿宜興，〈西湖園林建設四十年〉，載杭州市園林文物管理局編，《西湖風景園林 (1949–1989)》，頁6；Leys, *Chinese Shadows*, 99。

127 Keith Forster 認為，周恩來在「文革」之前的部分政策在七十年代初重新恢復 (參見Keith Forster, *Rebellion and Factionalism in a Chinese Province: Zhejiang, 1966–1976* [Armonk, NY: M. E. Sharpe, 1990], 114；以及馬繼森，《外交部文革紀實》[香港：中文大學出版社，2003]，頁278。)

128 Tina Mai Chen, "Use the Past to Serve the Present; the Foreign to serve China," in *Words and Their Stories: Essays on the Language of the Chinese Revolution*, ed. Ban Wang (Leiden: Brill, 2011), 225.

129 Vera Schwarcz, *Place and Memory in the Singing Crane Garden* (Philadelphia: University of Pennsylvania Press, 2008), 1.

拆除西湖墳墓的激進計劃體現了一種浮士德式 (Faustian) 的發展模式，自斷退路，勇往直前，創造一個新社會，「沒有回頭路可走」。[130] 有意思的是，自斷退路或摧毀過去的行為本身卻復活了死去的靈魂，為墳墓賦予了「鮮活的意義」。[131] 更重要的是，抹去過去痕跡的做法並不利於中國現代化國家的發展。清理西湖周邊的文化遺跡危害了政治旅遊，而政治旅遊的目的正是為了宣傳毛澤東的世界革命理論。在經歷了三年的動蕩之後，中華人民共和國正逐步接近與美國恢復關係正常化。在此情況下，中共當局不得不在七十年代初重新修葺並開放西湖周邊的一些文物和園林，供外國遊客參觀，這標誌著激進派企圖在西湖剷除舊文化的努力徹底失敗。事實上，1964年「文化大掃除」運動期間建議的除「舊」佈「新」(如毛澤東詩詞和中共革命歷史油畫展) 一直也沒有實現。[132]

回過頭去看，保留著歷史痕跡的墓葬、牌坊、紀念碑和寺廟似乎不可替代，因為它們是西湖的關鍵特徵，而西湖被廣泛認為本質上是一種人性化的自然。作家黃裳指出，西湖歷來是生者與逝者共存之地。沒有墓塚，西湖的風景就不完整。新建的景點，如廣受讚譽的花港觀魚公園，無法與歷史悠久的景點相媲美。[133] 1961年，宋雲彬強調，西湖之所以吸引遊客，是因為岳飛、于謙和張蒼水的墓塚及其英雄氣概「不但為湖光生色，(也) 為民族增光」。[134]

儘管1964年至1965年開展了大規模的遷墳和毀墳運動，但革命家、文人、才女的幽靈始終在地平線上徘徊。在改革開放時代，逝者的

---

130 Marshall Berman, *All That Is Solid Melts Into Air: The Experience of Modernity* (New York: Penguin Books, 1988), 76.

131 Dahpon David Ho, "To Protect and Preserve: Resisting the Destroy the Four Olds Campaign, 1966–1967," in *The Chinese Cultural Revolution as History*, ed. Joseph W. Esherick, Paul Pickowicz, and Andrew G. Walder (Stanford, CA: Stanford University Press, 2006), 76.

132 杭州市檔案館，071-003-0019，頁71–72。

133 黃裳，《山川，歷史，人物》，頁37–42。

134 海寧市檔案局 (館)，《宋雲彬日記 (中冊)》，頁304–305。

亡靈繼續影響著當地的社會文化政策，並尋機在西湖邊捲土重來。例如，章太炎墓於1983年遷回原址。杭州市政府提交的一份報告將章太炎稱為辛亥革命元老和漢學大師，以證明其墓塚的價值。[135] 秋瑾墓未能在「文革」中倖免於難，但也在八十年代初從雞籠山遷回孤山。[136]

如果說恢復秋瑾、章太炎和張蒼水之墓還算順利的話，那麼重建蘇小小墓和慕才亭則引發了更為激烈的爭論，因為蘇小小既與民族主義無關，也不符合以階級鬥爭理論為基礎的史學觀念。1964年，蘇小小墓和題著楹聯的慕才亭被斥責為地主階級腐朽思想的化身；2004年，在蘇小小墓被拆40年後，杭州市政府終於決定重修。[137] 一時間，蘇小小墓立刻成為遊客最喜愛的景點之一，不但撫摸蘇小小墓以求吉祥好運的舊習俗重新出現，人們還發明了向墓前投擲硬幣的新風俗。這些行為讓一位作家甚為感慨，覺得庸俗的迷信行為再次回歸。同時，這位作家還深感遺憾，蘇曼殊這類近代歷史人物的墳墓反而未獲得政府批准重建。[138]

重修蘇小小墓優先於近代史名人墓，標誌著中國商業旅遊的最終勝利。從七十年代末開始，中國旅遊事業從政治化向市場化轉變，杭州正是轉變的先驅。[139] 在這種社會文化氛圍下，逝者與生者和平共處無疑是經營西湖最有利的方式。換言之，儘管激進派不遺餘力地反對墳墓，但歷史上埋葬在西湖的魂靈並未輕易消失：它們不再困擾著生者，反而有助於西湖相關的旅遊業實現商業利益，並明確定義了西湖應該為何、西湖應代表什麼。更確切地說，正是生者與逝者之間的不斷互動促進了

135 〈杭州市規劃局、杭州市文管會關於章太炎、張蒼水墓保護方案的函〉，載王國平編，《西湖文獻集成，第12冊：中華人民共和國成立50年西湖文獻專輯》，頁725。

136 韓少華，〈訪秋瑾墓〉，《人民日報》，1981年10月10日。

137 〈杭州市復建「蘇小小墓」和「武松墓」〉，《人民日報》，2004年9月15日。

138 伍隼，〈胡喬木和西湖〉，載《文匯報》「筆會」編輯部編，《坐在人生的邊上》（上海：文匯出版社，2012）頁157。

139 馬繼森，《外交部文革紀實》，頁309。

西湖的形成和發展。從某種意義上說，1964年那場激進的遷墳運動也
是這種相互作用的一個戲劇化插曲，再一次確認了西湖的風景以及人與
西湖的關係。正如黃裳的評論，一些墳墓注定消失，其他墳墓則會以一
種更加「自然」的方式留存下來，無需太多人為干預。墳墓的興衰遵循
著各自的規律。[140] 換言之，人類的努力也許可能改變這種規律，但只
是暫時的。

　　鑒於墳墓是人類想像與實體之間的「地點」(topoi) 或「接口」，徹底
清除墳墓需要在實體和意識這兩個層面上將其抹殺。六十年代的遷墳運
動成功摧毀了墳墓的物理特徵，卻未能消除它們在人們心中的記憶。不
妨借莫里斯・哈布瓦赫（Maurice Halbwachs）之語：激進派能夠摧毀「有
形的物體」，卻未能消除集體記憶中「具有精神意義的東西」。[141] 如果我
們將這些墳墓視為列斐伏爾（Henri Lefebvre）所謂的「象徵」，它們就能
夠「向日常生活注入一種深度：過去的存在、個人或集體的行為和戲劇
性事件、不甚明確的可能性，以及更多驚人之美與壯麗」。[142] 換言之，
它們成功改造或「挪用」了西湖的空間，喚起了集體的情感。因此，墳
墓的建造和重建進一步增強了集體記憶，而這種記憶無疑與特定的地點
緊密相關。這就是柯必德所謂「記憶之地」的題中之意。[143] 蘇小小墓和
慕才亭在清代重建後，頓時成為文人和民眾追尋浪漫愛情的朝聖之地。
這正是墳墓的實體與抽象意義統一最好的例證。墳塋的真實性無關宏
旨，但能夠賦予大眾一種感情與記憶的真實感。因此，1980年後眾多

140 黃裳，《山川，歷史，人物》，頁41。

141 Maurice Halbwachs, "The Legendary Topography of the Gospels in the Holy Land,"
in *On Collective Memory*, ed. Lewis Coser (Chicago: The University of Chicago
Press, 1992), 204.

142 Łukasz Stanek, *Henri Lefebvre on Space: Architecture, Urban Research, and the
Production of Theory* (Minneapolis, MN: University of Minnesota Press, 2011), 118.

143 Peter J. Carroll, *Between Heaven and Modernity: Reconstructing Suzhou, 1895–1937*
(Stanford, CA: Stanford University Press, 2006), 15.

名人古墓重現西湖，不僅揭示出人類意志單方面塑造外部世界的局限性，而且展示出這些古墓的能動性，即有能力塑造甚至支配遊客、地方幹部和知識分子的觀點和認知。

結　語

　　本書以幾個具體案例為中心記錄了新中國政府從物質、文化和生態上改造西湖的艱苦努力。本書討論的所有工程項目都可歸入「宣傳－運動項目」的範疇，這些項目帶來了具有實際意義的成果——有了一定水深的西湖、風景優美群眾喜愛的公園、鬱鬱蔥蔥的湖邊山地、全國知名的養豬業以及轟轟烈烈的平墳運動。公允的說，政府實現了預先設定的大多數社會政治目標。這些項目的成功雖然有目共睹，但由於政府投入了大量資金和人力，其成功付出的代價也不小。本書同時強調，這些項目也是國家宣傳和政治教育的重要組成部分，指導普通民眾了解何為社會主義、如何參與社會主義建設，並在這一新政治制度下自我實現。它們讓中華人民共和國的公民們熟悉了群眾動員、義務勞動、經濟自給自足、農業集體化、斯達漢諾夫主義(Stakhanovism，即勞動模範)、階級史觀以及在冷戰兩強爭霸時代的世界革命等等概念。這些項目對於執政黨在國內外確立了新社會主義政權的合法性起了積極作用，也為新政權徹底改變中國社會、文化、自然和歷史記憶的各種努力賦予了合理性。

　　新政權往往將對於改造自然以及中國的歷史和文化歸因為人「意志」的體現，而「意志」是毛澤東主義哲學思想的重要組成部分。魏斐德(Frederick Wakeman)認為，毛主席在分析人的主觀能動性對於改造或征

服社會和自然的作用時，[1]將「征服自然」與「破除迷信」相並列。[2]本書的案例表明，人的主觀能動性只是問題的一部分，或者説，這種能動性相當複雜。在本書中，我堅持認為，人類或者非人類的能動性往往是一種「反行為」（counteraction），是「表現式」或「非目的性」的。不管是人類抑或非人類，目的和意識往往並不是能動性的先決條件。在此，「表現式」或「非目的性」能動性可從三個方面理解。首先，相對於穆盛博強調非人類實體（他以黃河為研究對象）的「獨特能動性」體現在其拒絕屈從於人類的意志，[3]本書著重強調人類和非人類無意識、非故意的行為或不作為不僅能夠體現行為者（或不作為者）的獨立性，而且可以影響政府的社會政治規劃。西湖疏浚工程比規劃者余森文的計劃提前數年結束；花港觀魚的遊客要求更多的陰涼場所供他們休息喝茶，與設計者開闢更多開放空間的本意相衝突；植樹造林運動中村民受到動員捕捉害蟲，但未盡全力，只顧以蟲換錢，反而進一步加劇了蟲害；集體化養豬場的豬因缺乏疫苗而大量死亡，明白無誤告訴政策制定者，防疫技術不達標情況下養豬業無法適應農村的集體化政策；西湖的平墳運動始終未能抹去人們對西湖邊安眠的英雄美人的記憶，被破壞的墳墓後來亦得以恢復。所有這些事例都體現出非目的性的能動性如何影響地方政府制定或改變政策。

其次，本書關於「表現式」或「非目的性」能動性的討論，旨在將人類和非人類行為者統一起來。在花港觀魚公園偷捕水生生物的人，盜伐山林偷偷兼併土地的茶農，以餵豬為名保留甚至擴大自留地的養豬戶，以及在蘇小小墓求福闢邪的杭州市民，他們與五十年代中期湖中大量繁殖並引發赤潮的藻類、破壞樹木的松毛蟲以及在集體養豬場肆虐的病原

1　Sheldon H. Lu, "Introduction: Cinema, Ecology, Modernity," in *Chinese Ecocinema: In the Age of Environmental Challenge*, ed. Sheldon H. Lu and Jiayan Mi (Hong Kong: Hong Kong University Press, 2009), 3.

2　Frederic Wakeman Jr., *History and Will: Philosophical Perspectives of Mao Tse-tung's Thought* (Berkeley: University of California Press, 1973), 236.

3　Micah Muscolino, *The Ecology of War in China: Henan Province, the Yellow River, and Beyond* (New York: Cambridge University Press, 2015), 141.

體有一定的共通性。他們並無太多的主觀意識或者成熟的計劃，但他們
的行為或不作為或多或少影響到了當局改造西湖的努力。更重要的是，
這些人和物之所以能夠「反作用」於地方政府的政策本身，就是這些宣
傳－運動項目所帶來的。因此，人類和非人類行動者的統一性，就如
同張玲所說的「糾葛」（entanglements），即所有「地質、物理、化學、社
會、政治（和）文化」實體之間的「糾葛」。張玲反對「自然－文化二元
論」，質疑區分「自然之物」和「文化之物」的可能性。[4] 與張玲一樣，我
在探討人類與非人類的統一性時，也著重強調這些行動者的非目的性能
動性。

　　第三，正如簡・貝內特的觀點，強調「人類與非人類之間更強的互
聯感」有助於進一步研究這些行為者強有力的「政治潛力」。[5] 我們也許
會想當然認為，本書所謂的「政治潛力」指的是這些人類和非人類行為
者所造成的不良後果乃至災難性後果：被污染的西湖、用途多樣的公
園、以犧牲林地為代價的茶園擴張、松毛蟲害、因村民不願集體化或疫
病爆發而造成的豬群銳減等等。然而，這是看待政治過於狹隘的論斷。
事實上，將這些事件稱為失敗乃至災難，則犯了人類中心主義的錯誤。[6]
從非人類事物的角度來看，例如潛伏在湖中的污染性藻類、侵害樹木的
毛蟲、導致豬瘟的病毒以及關於古代英雄豪傑的深刻記憶，它們或多或
少都從人類發起的社會、文化、環境工程中有所獲益。同樣，在公園裡
幽會、偷釣金魚和其他水生物的青年男女，合法或不合法地毀林佔地的
茶農，砍伐樹木出售木材或柴火的盜伐者，在樹上投機取巧捕蟲以換取
現金的村民，以及因養豬而獲得豬肉、自留地和工分的社員，也從這些

4　Ling Zhang, *The River, the Plain, and the State: An Environmental Drama in Northern Song China* (Cambridge: Cambridge University Press, 2016), 15n24.

5　Jane Bennett, "The Force of Things: Steps toward an Ecology of Matter," *Political Theory* 32.3 (June 2004): 367.

6　陳學仁在他關於自然災害（例如洪水）的研究中，告誡學者要警惕人類中心主義的傾向。參見 Chris Courtney, *The Nature of Disaster in China: The 1931 Yangzi River Flood* (Cambridge University Press, 2018), 9.

宣傳運動項目中獲得了好處。一方面，他們在本書討論的宣傳－運動項目中佔到了便宜，滿足了私利；另一方面，他(它)們(不管是人或者非人類)自身的生活或者生存狀態也永久被這些工程項目改變了。不管是宏觀上對於城市環境與文化的翻天覆地的改變，抑或是微觀上這些普通人類與非人類引入了新的日常生活或生存狀態，這些都構成了廣義的「政治潛力」。

我之所以反覆強調這種能動性的非目的性，是因為它為毛澤東時代中國的權力關係提供了一個新的視角，即「反抗－適應」範式並非萬能。尤爾恰克(Alexei Yurchak)的研究表明，在社會主義制度下，「壓迫與反抗」、「壓制與自由」、「國家與人民」、「官方文化與反文化」等二元對立的敘事都是事後的人為建構，無法揭示當時真正個人的生活經驗。[7]在我看來，西方國家媒體宣傳以及學術作品中常常渲染這樣的二元敘事本身，就是冷戰以及後冷戰時期貶低社會主義日常生活的意識形態宣傳。按照這一思路，本書主張人類和非人類的(不)行為往往是對地方政府具體規劃的回應，而不是充滿冷戰意識形態意味的對抗。他(它)們的行動本質上不是有意識的，而是「表達式」的。毋寧說意圖決定行為或不作為，不如說行為或不作為決定意圖。

這些宣傳運動項目旨在為杭州帶來空間、文化和生態上的變化，效果相當明顯。同時，人類和非人類實體的能動性卻對這些項目施加了影響，打上了自己的烙印。因此，中國共產黨改造杭州的努力雖然相當成功，但往往不是完全按照最初的設想進行。這與新政權成功重建首都北京形成了鮮明對比。1972年，美國的尼克松總統對中國進行了歷史性的訪問，期間他對這兩座城市的比較恰如其分：「北京是中國之首，而杭州是中國之心」。[8]這番話耐人尋味的地方，並不在於尼克松敏銳意識

---

7   Alexei Yurchak, *Everything Was Forever, Until It Was No More: The Last Soviet Generation* (Princeton, NJ: Princeton University Press, 2005), 5–6.

8   Richard Wilson, *The President's Trip to China: A Pictorial Record of the Historic Journey to the People's Republic of China with Text by Members of the American Press Corps* (New York: Bantam Books, 1972), 129.

到兩座城市都具有相當巨大的政治意義，而是因為他對中國建國之初城市改造所做的比喻。作為新共和國的「首都」或門面，北京必然被改造成一個政治象徵意義明確的空間，用巫鴻的話說，即「強調革命，而不強調保護」。[9] 換言之，北京的宣傳展示功能必須被提到最優先級的位置。與此相對，杭州作為新中國跳動的「心臟」，象徵著毛澤東時代中國的活力，必須履行多重功能，儘管這些功能可能相互矛盾。因此，杭州既是政治空間，同時也是生產、文化、話語和休閒的空間。各種空間和相互對立的規劃不僅共存而且相互影響，既為地方幹部的規劃和協調留下了很大的操作空間，也使其他人類和非人類實體能夠以各種方式應對政府的計劃或從中獲取利益。因此，儘管杭州一直「黨員密度高」，是「紅色省份」浙江的省會，[10] 但要全部實現改造西湖和城市目標只能是空中樓閣。

在改革開放時期中國重新開啟國門，杭州迅速重新崛起，成為一座旅遊、文化和引領互聯網經濟騰飛的城市，這與全球各大城市致力於重新調整城市功能的整體發展趨勢相一致。正如大衛・哈維所指出的，六十年代時，全球盛行的是「管理型」（managerial）城市管治方式。到了二十世紀末及以後，這一模式逐漸讓位於「企業型」（entrepreneurial）。在新模式下，城市政府的角色是協調者，而非領導者，以「（吸引）投資和經濟發展，以及地方的房地產建設」為中心。[11] 因此，杭州在世紀之交所啟動的項目，如1999年至2003年的建國以後第二次西湖疏浚工程，帶來了新的社會經濟影響：這些項目旨在建設一個風景如畫、遠離污染的城市，不僅讓國內外遊客著迷，也吸引廣大的投資者和新移民。

---

9   Hung Wu, *Remaking Beijing: Tiananmen Square and the Creation of a Political Space* (Chicago: The University of Chicago Press, 2005), 8.

10 Daniel Koss, *Where the Party Rules: The Rank and File of China's Communist State* (Cambridge: Cambridge University Press, 2018), 6.

11 David Harvey, "From Managerialism to Entrepreneurialism: The Transformation in Urban Governance in Late Capitalism," *Geografiska Annaler Series B, Human Geography* 71.1 (1989): 4–8.

1999年至2003年五年間，中央和地方政府投資2.35億元，再一次在杭州展開西湖疏浚工程，開挖2.35米深的水體，這是杭州市污染治理和控制行動的一部分，旨在淨化湖水，同時減少城市霧霾和噪音。[12] 2003年，疏浚工程完工，湖岸地區煥然一新。西湖地區的改造工程涵蓋一系列子專案，包括前一章所討論的蘇小小墓重建項目。為進一步吸引遊客，杭州市政府做出了一個大膽的決定，規定幾乎所有的西湖景區都免收門票。

為證明這一決定的合理性，當地一位負責官員表示，政府的短期目標是吸引國內外遊客，長期目標則是最大限度地「吸收投資和創業人才」，為引進跨國資本、吸引一流專家、發展工商業奠定基礎。[13] 在杭州致力於成為全球化的頭部競爭者的努力中，世紀之交的湖區改造計劃在杭州的城市化進程中發揮了核心作用。杭州政府在2010年代成功實現了雙重目標。從2002年到2013年的十餘年間，杭州的旅遊相關收入增長了483.6%。[14] 與此同時，杭州也成為阿里巴巴等眾多高新科技企業的總部所在地。

因此可以說，1999年至2003年間的西湖疏浚計劃也是一項新型的宣傳－運動項目，它不僅展示了一個擁抱全球化的中國的形象，也奠定了杭州在全球城市資本投資和人才競爭中的重量級地位。然而，杭州的城市化和旅遊勝地的悠久聲譽造成了新的生態困境：由於土地和房地產價格飆升，西湖疏浚工程無法找到一個低成本的地點來堆置挖掘出的淤泥。再者，由於西湖地區人口密度高，遊客眾多，同時最新的疏浚技術能夠迅速且不可逆轉地清除微生物（包括可淨化水質的微生物），因

12　袁亞平，〈碧水清流更宜人──杭州市治理水污染紀實〉，《人民日報》，2000年11月27日。

13　方敏，〈免費一個湖，激活一座城〉，《人民日報》，2015年11月9日。

14　同上。

圖6.1 「美化」後的西湖。感謝朱絳先生供圖。

此疏浚工程結束後不久，湖水毫無意外再次受到污染。[15] 至今西湖水質仍然是當地政府最為關心的議題。正如大衛・哈維所言，每個社會都注定面臨各自的「生態困境」。[16] 二十世紀五六十年代的杭州如此，二十一世紀的杭州亦如是。

15　鄭瑾，《杭州西湖治理史研究》(杭州：浙江大學出版社，2010)，頁141–147。鄭瑾的研究發現，杭州西湖在2000年以後湖水中氮和硫的含量持續上升。

16　David Harvey, *Justice, Nature and the Geography of Difference* (Oxford: Blackwell, 1996), 189.

參考文獻

檔案

上海市檔案館
杭州市檔案館
浙江省檔案局

電影

《西湖》。上海科學教育電影製片廠，1958。

中文及日文書目

〈一九七三年松乾蚧防治研究協作會議紀要〉。《林業科技資料》，第1期
　　（1974），頁12–14。
上海昆蟲研究所。〈中國的松乾蚧〉。《林業科技資料》，第1期（1976），頁
　　14–15。
于敏。〈西湖即景〉。《人民日報》，1961年9月10日。
〈大量養豬〉。《人民日報》，1956年2月25日。
〈大肆販賣封資修黑貨，為資本主義復辟鳴鑼開道〉。《園林革命》，第6期
　　（1968），頁18–22。
中央文獻研究室。《建國以來毛澤東文稿》。北京：中央文獻出版社，1996。
中共中央文獻研究室、國家林業局。《毛澤東論林業》。北京：中央文獻出
　　版社，2003。
中共浙江省委畜牧生產委員會。《紅色飼養員》。杭州：浙江人民出版社，
　　1960。

《中國林業》編輯委員會。《新中國的林業建設》。北京：生活·讀書·新知
　　三聯書店，1953。

中國建築文化中心編。《中外景觀》。南京：江蘇人民出版社，2011。

中國畜牧獸醫學會。《中國畜牧獸醫學會參考資料選輯豬傳染病防治問
　　題》。北京：財政經濟出版社，1956。

中華人民共和國第二商業部食品商業局。《我國發展養豬生產的參考資料》
　　第二版。南京：畜牧獸醫圖書出版社，1958。

方敏。〈免費一個湖，激活一座城〉。《人民日報》，2015年11月9日。

〈日本松乾蚧的新天敵 —— 隱斑瓢蟲的初步研究〉。《浙江林業科技》，第3
　　期（1977），頁1–11。

〈毛主席關懷綠化工作（續）〉。《園林革命》，第4期（1967年9月），頁1。

毛發新。〈杭州西湖的環境水文條件與水體富營養化問題〉。《地理科學》，
　　第6卷，第2期（1986年5月），頁158–166。

〈毛澤東和中央首長談園林綠化問題〉。《園林革命》，第5期（1968年1月），
　　頁1–2。

《毛澤東思想萬歲（1958–1960）》。無出版信息。

王旭烽。〈花港觀魚〉。《中國作家》，第9期（2001），頁166–188。

王林雲。〈「養豬小區」不是「大辦集體豬場」〉。《豬業科學》，第3期（2007
　　年3月25日），頁23。

王起。《元明清散文選》。北京：人民文學出版社，2001。

王退齋。《王退齋詩選》。上海：上海古籍出版社，2016。

王紹曾、林廣思、劉志升。〈孤寂耕耘，默默奉獻 —— 孫筱祥教授對「風景
　　園林與大地規劃設計學科」的巨大貢獻及其深遠影響〉。《中國園林》，
　　第23期（2007年12月），頁27–40。

王敬銘。《中國樹木文化源流》。武漢：華中師範大學出版社，2014。

王壽寶。《水利工程》。上海：商務印書館，1940。

王毅。〈為什麼零星樹木不要入社？〉。《浙江林業通訊》，第3期（1956年5
　　月），頁1。

王雙陽、吳敢。〈從文學到繪畫：西湖十景圖的形成與發展〉。《新美術》，
　　第1期（2015），頁65–72。

〈加速疏浚西湖工程昨日開始進行〉。《杭州日報》，1956年1月15日。

司馬馳。〈風景、詩畫和時代精神〉。《杭州日報》，1964年11月29日。

〈本市青年將參加疏浚西湖勞動〉。《杭州日報》，1955年11月3日。

〈本市青年疏浚西湖義務勞動開工〉。《杭州日報》，1955年11月8日。

田汝成。〈西湖遊覽志〉。載王國平編，《西湖文獻集成，第3冊：明代史志西湖文獻專輯》。杭州：杭州出版社，2004。頁1–250。

任微音。《美麗的西湖》。上海：上海文化出版社，1956。

伊心恬、龔家驊。〈公社鮮花艷西湖 —— 浙江杭州西湖人民公社現景〉。載新華通訊社編，《農村人民公社調查彙編上下》(1960)，頁729–733。

伍隼。〈胡喬木和西湖〉。載文匯報「筆會」編輯部編，《坐在人生的邊上》，頁154–158。上海：文匯出版社，2012。

〈伏老冒雨漫遊西湖名勝，晚間觀看蓋叫天名劇「惡虎村」〉。《人民日報》，1957年4月28日。

全國農業展覽會。《1957年全國農業會展覽會資料彙編下》。北京：農業出版社，1958。

〈向大地園林化前進〉。《人民日報》，1959年3月27日。

〈在蔣介石賣國集團統治下的台灣〉。《浙江日報》，1955年6月19日。

〈多養豬，養好豬〉。《杭州日報》，1957年3月29日。

〈多餵青粗飼料豬肥豬壯，浙江推廣南山生產隊用青飼料養豬經驗〉。《人民日報》，1959年11月24日。

〈江山縣妙里圳鄉葛山社開展治松毛蟲的情況介紹〉。《浙江林業通訊》，第11期(1956年4月)，頁39–41。

〈西湖山區造林綠化的情況〉。載王國平編，《西湖文獻集成，第12冊：中華人民共和國成立50年西湖文獻專輯》，頁439–447。杭州：杭州出版社，2004。

〈西湖公社每畝有豬一頭多〉。《人民日報》，1959年11月6日。

〈西湖風景建設五年計劃〉。載王國平編，《西湖文獻集成，第12冊：中華人民共和國成立50年西湖文獻專輯》，頁82–99。杭州：杭州出版社，2004。

〈西湖風景區大力破舊立新〉。《杭州日報》，1964年12月8日。

〈西湖風景區建設計劃大綱(初稿)〉。載王國平編，《西湖文獻集成，第12冊：中華人民共和國成立50年西湖文獻專輯》，頁71–82。杭州：杭州出版社，2004。

《西湖勝跡》。杭州：浙江人民出版社，1955。

余森文。〈余森文回憶錄〉。載政協杭州市委員會文史委編，《杭州文史資料(第20輯)》，頁72–128。1998。

———。〈杭州解放後 17 年的園林建設〉。載政協杭州市委員會文史委編，《杭州文史資料 (第 19 輯)》，頁 149–158。1997。

余鳴謙等。〈從「曠古未有」談起〉。《文物參考資料》，第 10 期 (1957 年 10 月 28 日)，頁 12–13。

冷曉、朱丹。〈西湖四十年的變遷與反思〉。載杭州市園林文物管理局編，《西湖風景園林 (1949–1989)》，頁 416–422。上海：上海科學技術出版社，1990。

吳子剛。〈建國初期西湖疏浚工程紀事〉。載政協杭州市委員會文史委編，《杭州文史資料 (第 23 輯)》，頁 78–83。1999。

吳子剛等。〈西湖及環湖地區的變遷和公園綠地的開拓〉。載杭州市園林文物管理局編，《西湖風景園林 (1949–1989)》，頁 64–76。上海：上海科學技術出版社，1990。

吳子剛、譚伯禹、姚毓璆、王壽年、胡明怡。〈全面整修西湖湖岸〉。載杭州市園林文物管理局編，《西湖風景園林 (1949–1989)》，頁 37–41。上海：上海科學技術出版社，1990。

吳仙松。《西湖風景區名勝博覽》。杭州：杭州出版社，2000。

吳祿順、陳家炳。〈西泠橋畔面目一新〉。《杭州日報》，1964 年 12 月 4 日。

〈妥善處理林木入社問題是當前防止亂砍濫伐的關鍵〉。《浙江林業通訊》，第 4 卷 (1956 年 7 月)，頁 1–3。

宋凡聖。〈花港觀魚縱橫談〉。《中國園林》，第 9 卷，第 4 期 (1993)，頁 28–31。

宋容大。〈對人民公社集體養豬若干問題的意見〉。《中國畜牧雜誌》，第 4 期 (1959 年 4 月 4 日)，頁 121–123。

宋雲彬。〈西湖上的三個墳〉。《人民日報》，1957 年 4 月 9 日。

〈把消費城市變成生產城市〉。《人民日報》，1949 年 3 月 17 日。

〈改造中的西湖〉。《浙江日報》，1950 年 5 月 17 日。

李乃文。《杭州通覽》。上海：中國文化出版社，1948。

李士俊。〈《杭州日報》創刊的前前後後〉。載政協杭州市委員會文史委編，《杭州文史資料 (第 20 輯)》，頁 191–230。1998。

李瑞波、吳少全。《生物腐植酸肥料生產與應用》。北京：化學工業出版社，2011。

李慧漱。〈《西湖清趣圖》與臨安勝景圖像的再現〉。載李淞編，《「宋代的視覺景象與歷史情境」會議實錄》，頁 172–187。桂林：廣西師範大學出版社，2017。

李衛等編。《西湖志》。台北：成文出版社，1983。

杜新豪。《金汁：中國傳統肥料知識與技術實踐研究（10–19世紀）》。北京：中國農業科學技術出版社，2017。

沈建中。《章太炎與湯國梨》。杭州：浙江大學出版社，2015。

沈從文。《沈從文全集24書信修訂版》。太原：北岳文藝出版社，2009。

沈復。《浮生六記》。北京：人民文學出版社，2010。

沈德潛。《西湖志纂》。台北：文海出版社，1971。

辛薇。《點燃記憶：杭州六十年》。北京：中央文獻出版社，2009。

〈里橫河體育場河將可提前填平〉。《杭州日報》，1956年11月19日。

〈使西湖湖水變清的試驗報告〉。載王國平編，《西湖文獻集成，第12冊：中華人民共和國成立50年西湖文獻專輯》，頁542–546。杭州：杭州出版社，2004。

〈來信照登〉。《文匯報》，1957年5月4日。

周向頻、陳喆華。《上海公園設計史略》。上海：同濟大學出版社，2009。

周初明。〈不應當讓它繼續散布毒素〉。《浙江日報》，1964年12月2日。

周武忠。《心境的棲園：中國園林文化》。濟南：濟南出版社，2004。

周建人。〈杭州風物〉。《人民日報》，1959年8月20日。

周海燕。《記憶的政治》。北京：中國發展出版社，2013。

孟兆禎、陳曉麗。《中國風景園林名家》。北京：中國建築工業出版社，2010。

〈杭州市人民政府建設局對西湖風景區管理的意見〉。載王國平編，《西湖文獻集成，第12冊：中華人民共和國成立50年西湖文獻專輯》，頁6–7。杭州：杭州出版社，2004。

杭州市人民政府關於公布《西湖風景區管理條例》的通告〉。載王國平編，《西湖文獻集成，第12冊：中華人民共和國成立50年西湖文獻專輯》，頁3–4。杭州：杭州出版社，2004。

《杭州市水利志》編纂委員會。《杭州市水利志》。北京：中華書局，2009。

杭州市地方志編纂委員會。《杭州市志（第九卷）》。北京：中華書局，1997。

———。《杭州市志（第十卷）》。北京：中華書局，1999。

杭州市林業志編纂委員會。《杭州市林業志》。北京：中華書局，2015。

〈杭州市建設局園林管理處1950年林業工作總結報告（節錄）〉。載王國平編，《西湖文獻集成，第12冊：中華人民共和國成立50年西湖文獻專輯》，頁406–418。杭州：杭州出版社，2004。

《杭州市政協志》編纂委員會。《杭州市政協志1950–2002》。北京：方志出版社，2005。

〈杭州市政協城建委員會關於堅決 住西湖風景區墓葬蔓延風的建議報告〉。載王國平編，《西湖文獻集成，第12冊，中華人民共和國成立50年西湖文獻專輯》，頁756–761。杭州：杭州出版社，2004。

杭州市特產局。〈西湖公社十月隊畝產320斤龍井茶〉。《茶葉》，第1期（1960），頁13–14。

〈杭州市規劃局、杭州市文管會關於章太炎、張蒼水墓保護方案的函〉。載王國平編，《西湖文獻集成，第12冊，中華人民共和國成立50年西湖文獻專輯》，頁725–726。杭州：杭州出版社，2004。

〈杭州市復建「蘇小小墓」和「武松墓」〉。《人民日報》，2004年9月15日。

〈杭州市園林建設十年來主要成就（初稿）〉。載王國平編，《西湖文獻集成，第12冊，中華人民共和國成立50年西湖文獻專輯》，頁177–187。杭州：杭州出版社，2004。

〈杭州市園林建設十年規劃補充意見（節錄）〉。載王國平編，《西湖文獻集成，第12冊，中華人民共和國成立50年西湖文獻專輯》，頁149–155。杭州：杭州出版社，2004。

〈杭州市園林建設工作報告（1949–1955）（節錄）〉。載王國平編，《西湖文獻集成，第12冊，中華人民共和國成立50年西湖文獻專輯》，頁172–176。杭州：杭州出版社，2004。

〈杭州市園林建設情況和園林化規劃的初步意見〉。載王國平編，《西湖文獻集成，第12冊，中華人民共和國成立50年西湖文獻專輯》，頁99–109。杭州：杭州出版社，2004。

杭州市園林管理局。〈園林結合生產好，西湖風景面貌新〉。載杭州市園林管理局編，《杭州園林資料選編》，頁3–11。北京：中國建築工業出版社，1977。

〈杭州市園林管理局為檢送「疏浚西湖的兩年規劃」的報告〉。載王國平編，《西湖文獻集成，第12冊，中華人民共和國成立50年西湖文獻專輯》，頁576–580。杭州：杭州出版社，2004。

〈杭州市園林管理局關於西湖山林破壞嚴重的情況報告〉。載王國平編，《西湖文獻集成，第12冊，中華人民共和國成立50年西湖文獻專輯》，頁447–449。杭州：杭州出版社，2004。

〈杭州市搬運西湖泥工作總結〉。載王國平編,《西湖文獻集成,第12冊,中華人民共和國成立50年西湖文獻專輯》,頁571–576。杭州:杭州出版社,2004。

杭州市檔案館。《民國時期杭州市政府檔案史料彙編:一九二七年－一九四九年》。杭州:杭州檔案館,1990。

《杭州農業志》。北京:方志出版社,2003。

林風眠。〈美術的杭州 —— 為時事新報新浙江建設運動特刊作〉。載王國平編,《西湖文獻集成,第14冊,歷代西湖文選專輯》,頁493–501。杭州出版社,2004。

芥川龍之介著,秦剛譯。《中國遊記》。北京:中華書局,2007。

〈花港觀魚〉。《杭州日報》,1956年4月8日。

〈青年們為美化西湖的義務勞動日〉。《杭州日報》,1956年1月30日。

侯嘉星。《1930年代國民政府的造林事業:以華北平原為個案研究》。台北:國史館,2011。

南京林業大學林業遺產研究室。《中國近代林業史》。北京:中國林業出版社,1989。

〈南區、西區管理處。〈西湖山區護林和封山育林的初步報告〉。載杭州市園林管理局編,《杭州園林資料選編》,頁71–79。北京:中國建築工業出版社,1977。

〈哈蒂妮·蘇加諾夫人到達杭州,浙江省省長周建人和夫人歡宴印度尼西亞貴賓〉。《人民日報》,1962年9月29日。

姜文奎。〈感謝蘇聯專家對浙江林業工作的幫助〉。《浙江林業通訊》,第11期(1957年11月),頁1–2。

《建國以來重要文獻選編(第10冊)(1957年)》。北京:中央文獻出版社,1995。

施奠東。《世界名園勝景1:英國,愛爾蘭》。杭州:浙江攝影出版社,2014。

———。《西湖志》。上海:上海古籍出版社,1995。

柳北野。《芥藏樓詩鈔》。無出版信息。

柳亞子。《蘇曼殊年譜及其他》。上海:北新書局,1927。

柳鳴。〈風景區也要破舊立新〉。《浙江日報》,1964年11月12日。

洪淳哲。《光榮屬你們:訪華詩抄》。北京:人民文學出版社,1952。

胡小孩。〈到生活中去〉。載江蘇省文化局,中國戲劇家協會江蘇分會編,《談戲集》,頁88–112。南京:出版社不詳,1983。

胡江青。〈豬肥的價值〉。《河南農林科技》,第3期(1977),頁19。

胡明樹。〈鴨子和社會主義,歷史文物和迷信,豬和徐錫麟〉。《文匯報》,1957年4月13日。

《胡喬木傳》編寫組。《胡喬木談文學藝術》。北京:人民文學出版社,2015。

胡緒渭。〈花港觀魚公園〉。載杭州市園林文物管理局編,《西湖風景園林(1949–1989)》,頁77–83。上海:上海科學技術出版社,1990。

范文生。〈不能容許這些墳墓繼續玷污大好湖山〉。《杭州日報》,1964年12月2日。

范伯群。《周瘦鵑文集珍藏版上》。上海:文匯出版社,2015。

茅才。〈這不是什麼名勝古跡〉。《浙江日報》,1964年12月2日。

孫筱祥。《園林藝術與園林設計》。北京:中國建築工業出版社,2011。

孫筱祥、胡緒渭。〈杭州花港觀魚公園規劃設計〉。《建築學報》,第5期(1959),頁19–24。

席承藩。〈豬糞是好肥料〉。《人民日報》,1959年12月30日。

徐志良、阮其昌、陳高明。〈老工人說:我們要多為下一代想想〉。《杭州日報》,1964年12月3日。

〈浙江大量增養家禽家畜〉。《人民日報》,1959年6月23日。

〈浙江省人民政府為指示保護西湖風景區辦法五項〉。載王國平編,《西湖文獻集成,第12冊,中華人民共和國成立50年西湖文獻專輯》,頁5–7。杭州:杭州出版社,2004。

《浙江省水文志》編纂委員會。《浙江省水文志》。北京:中華書局,2000。

〈浙江省杭州市人民委員會關於公布本市文物保護單位名單及有關文物保護工作的通知〉。載王國平編,《西湖文獻集成,第12冊,中華人民共和國成立50年西湖文獻專輯》,頁667–676。杭州:杭州出版社,2004。

浙江省松乾蚧研究協作組。〈松乾蚧的研究〉。《浙江林業科技》,第2期,(1974年5月),頁18–51。

《浙江省林業志》編纂委員會。《浙江省林業志》。北京:中華書局,2001。

《浙江省政府志下》。杭州:浙江人民出版社,2014。

〈浙江省省長周建人舉行宴會,歡迎西哈努克親王等貴賓〉。《人民日報》,1960年12月23日。

海寧市檔案局(館)。《宋雲彬日記(中冊)》。北京:中華書局,2016。

〈祝瑞香施展養豬本領〉。《人民日報》，1959年11月25日。

秦棟、亞平。《沙文漢與陳修良》。寧波：寧波出版社，1999。

袁亞平。〈碧水清流更宜人 ── 杭州市治理水污染紀實〉。《人民日報》，
　　2000年11月27日。

〈馬尾松的新害蟲 ── 松乾蚧〉。《科技簡報》，第15期（1973年4月），頁
　　32。

馬繼森。《外交部文革紀實》。香港：中文大學出版社，2003。

高化民。《農業合作化運動始末》。北京：中國青年出版社，1999。

高王凌。《人民公社時期中中國農民「反行為」調查》。北京：中國黨史出版
　　社，2006。

高兆蔚。《森林資源經營管理研究》。福州：福建省地圖出版社，2004。

商容。〈地頭養豬好處多〉。《茶葉》，第5期（1959），頁32。

國務院法制辦公室。《中華人民共和國法規彙編：1958–1959第4卷》。北
　　京：中國法制出版社，2005。

張子儀、張仲葛。〈對「豬為六畜之首」及「私養為主」的再認識〉。《中國畜
　　牧雜誌》，第30卷，第5期（1994），頁18–19。

張岱。《陶庵夢憶，西湖尋夢》。北京：中華書局，2007。

張建庭。《碧波盈盈：杭州西湖水域綜合保護與整治》。杭州：杭州出版
　　社，2003。

張恨水。〈西湖十可厭〉。載王國平編，《西湖文獻集成，第14冊：歷代文
　　選專輯》，頁472–473。杭州：杭州出版社，2004。

〈斬斷陶鑄伸進植物園的黑手〉。《園林革命》，第5期（1968年1月），頁
　　8–10。

曹佩偉、俞高坤、張繼賢。〈解放軍戰士說：這些陳屍腐骨應扔到垃圾箱裡
　　去〉。《杭州日報》，1964年12月3日。

梁章鉅。〈浪跡叢談·續談·三談〉。載王國平編，《西湖文獻集成，第13
　　冊：歷代西湖文選專輯》，頁418–445。杭州：杭州出版社，2004。

〈疏浚西湖工程計劃〉。載王國平編，《西湖文獻集成，第12冊：中華人民
　　共和國成立50年西湖文獻專輯》，頁565–568。杭州：杭州出版社，
　　2004。

〈疏浚西湖設計任務書〉。載王國平編，《西湖文獻集成，第12冊：中華人
　　民共和國成立50年西湖文獻專輯》，頁569–571。杭州：杭州出版社，
　　2004。

〈章太炎先生靈柩昨日安葬南屏山北麓〉。《浙江日報》，1955年4月4日。

章兵。〈南山社養的豬又大又肥〉。《杭州日報》，1957年3月29日。

章家祿。〈熱烈擁護大掃除〉。《浙江日報》。1964年12月3日。

章紹堯。〈園林建設的七個矛盾〉。《杭州日報》，1957年4月8日。

荻風。〈花港觀魚新景〉。《杭州日報》，1964年12月4日。

野渠。〈夜遊有感，鄉村雜記〉。《人民日報》，1956年10月23日。

陳丕顯。〈上海農村的一畝地一頭豬運動〉。《紅旗》，第4期（1960年2月），
　　頁11–16。

陳玉先。〈應當來個大掃除 —— 關於於西湖風景區的墳、碑、紀念塔等
　　等〉。《浙江日報》，1964年12月2日。

陳修良。《陳修良文集》。上海：上海社會科學出版社，1999。

陳野。《滄桑巨變的區域紀實》。杭州：浙江人民出版社，2009。

陳漢民。〈西湖十景的由來和現狀〉。載杭州市園林文物管理局編，《西湖風
　　景園林 (1949–1989)》，頁116–118。上海：上海科學技術出版社，
　　1990。

———。〈革命領袖在西湖的活動紀實〉。載杭州市園林文物管理局編，《西
　　湖風景園林 (1949–1989)》，頁365–370。上海：上海科學技術出版社，
　　1990。

陳學昭。《難忘的年月》。廣州：花城出版社，1983。

陸加。〈西湖和孩子們〉。《當代日報》。1955年6月1日。

陸鑒三。〈是膿瘡，不是「血肉」〉。《杭州日報》，1964年12月4日。

傅舒蘭。《杭州風景城市形成：西湖與城市形態關係演進過程研究》。南
　　京：東南大學出版社，2015。

喻衡。《曹州牡丹》。濟南：山東人民出版社，1959。

湯志鈞。《章太炎年譜長編 (一九一九年－一九三六年)》。北京：中華書
　　局，1979。

湯明信等。〈改善西湖水體問題的實踐與探討〉。載杭州市園林文物管理局
　　編，《西湖風景園林 (1949–1989)》。上海：上海科學技術出版社，
　　1990。頁433–441。

〈發展養豬業必須公養為主公私並舉〉。《人民日報》，1960年8月6日。

程崇德。《怎樣種植馬尾松》。北京：中國林業出版社，1956。

華東師範大學中國當代史研究中心編。《中國當代民間史料集刊11：沙文漢
　　工作筆記1949–1954年》。上海：上海東方出版中心，2015。

———。《中國當代民間史料集刊12：沙文漢工作筆記1955年》。上海：上海東方出版中心，2016。

———。《中國當代民間史料集刊14：沙文漢工作筆記1957–1958年》。上海：上海東方出版中心，2016。

費孝通。〈為西湖不平〉。《人民日報》，1956年7月26日。

賀越明。〈西湖毀墓風波與胡喬木的一首詞〉。載王家聲編，《史家隨筆》，頁265–274。北京：世界知識出版社，2014。

黃心唐。〈水土保持樹種介紹之七：馬尾松〉。《農田水利與水土保持利用》（1965年3月9日），頁10。

黃方毅。《黃炎培詩集》。北京：人民出版社，2014。

黃源。《黃源回憶錄》。杭州：浙江人民出版社，2001。

黃裳。《山川，歷史，人物》。香港：生活・讀書・新知三聯書店，1981。

《新華社新聞稿》。1956。

〈會議紀要〉。載王國平編，《西湖文獻集成，第12冊：中華人民共和國成立50年西湖文獻專輯》，頁278–284。杭州：杭州出版社，2004。

楊舒淇、進士五十八。〈中国杭州「西湖十景」の変遷からみた風景地の成立過程〉。《ランドスケープ研究》（*Journal of the Japanese Institute of Landscape Architecture*），第60卷，第5期（1997），頁465–470。

〈當前西湖水質惡化的情況反映〉。載王國平編，《西湖文獻集成，第12冊：中華人民共和國成立50年西湖文獻專輯》，頁546–548。杭州：杭州出版社，2004。

葉松甫。〈不要把松毛蟲吃過的松樹都砍了〉。《浙江林業通訊》，第3期（1957年3月），封底。

葉建新。《毛澤東與西湖》。杭州：杭州出版社，2005。

———。《周恩來與西湖》。杭州：杭州出版社，2006。

〈解決西湖建設與擴展茶地的矛盾〉。《杭州日報》，1957年5月4日。

農業部畜牧獸醫司。《中國動物疫病志》。北京：科學出版社，1993。

〈徹底掃除污垢，肅清反動階級思想影響〉。《杭州日報》，1964年12月4日。

〈綠化祖國〉。《人民日報》，1956年2月17日。

翟灝、翟瀚。〈湖山便覽〉。載王國平編，《西湖文獻集成，第8冊：清代史志西湖文獻專輯》，頁593–937。杭州：杭州出版社，2004。

趙信毅。〈王平夷同志在杭州〉。政協杭州市委員會文史資料工作委員會編，《杭州文史資料（第7輯）》，頁1–7。杭州：政協杭州市委員會文史資料研究委員會，1986。

趙紀軍。《中國現代園林：歷史與理論研究》。南京：東南大學出版社，
　　2014。

趙書廣。《中國養豬大成》。北京：中國農業出版社，2001。

劉明鋼。《中共黨史上的那些人與事》。北京：中央編譯出版社，2014。

劉彥文。《工地社會：引洮上山水利工程的革命、集體主義與現代化》。北
　　京：社會科學文獻出版社，2018。

劉經雨、毛發新、何紹箕。〈杭州西湖水質特徵及其綜合評價〉。《杭州大學
　　學報》，第8卷，第3期（1981年7月），頁309–319。

鄧子恢。〈關於國營農場問題和發展養豬問題〉。《中國農墾》，第6期（1957
　　年2月24日），頁1–3。

鄭瑾。《杭州西湖治理史研究》。杭州：浙江大學出版社，2010。

盧鎮豪。〈絕不能與「鬼」為鄰〉。《杭州日報》，1964年12月8日。

戴善忠、絡平。〈杭州園林法規一覽表〉。載杭州市園林文物管理局編，《西
　　湖風景園林(1949–1989)》，頁493–501。上海：上海科學技術出版社，
　　1990。

韓少華。〈訪秋瑾墓〉。《人民日報》，1981年10月10日。

瞿宜興。〈西湖園林建設四十年〉。載杭州市園林文物管理局編，《西湖風景
　　園林(1949–1989)》，頁2–14。上海：上海科學技術出版社，1990。

關秀如。〈防治松毛蟲〉。《科學大眾》(1956年9月27日)，頁415–416。

〈關於西湖風景區內工廠、單位搬遷情況及今後工作的意見〉。載王國平
　　編，《西湖文獻集成，第12冊：中華人民共和國成立50年西湖文獻專
　　輯》，頁817–821。杭州：杭州出版社，2004。

〈關於西湖風景區的調查報告——省、市經濟調查組調查材料之二〉。載王
　　國平編，《西湖文獻集成，第12冊：中華人民共和國成立50年西湖文
　　獻專輯》，頁284–289。杭州：杭州出版社，2004。

〈關於西湖風景整建工作計劃的報告〉。載王國平編，《西湖文獻集成，第12
　　冊：中華人民共和國成立50年西湖文獻專輯》，頁216–265。杭州：杭
　　州出版社，2004。

顧國華。《文壇雜憶：全編三》。上海：上海書店出版社，2015。

英文書目

Agamben, Giorgio. *Homo Sacer: Sovereign Power and Bare Life*. Translated by
　　Daniel Heller-Roazen. Stanford: Stanford University Press, 1998.

Anand, Nikhil. *Hydraulic City: Water and the Infrastructures of Citizenship in Mumbai*. Durham, NC: Duke University Press, 2017.

Anderson, J. L. *Capitalist Pigs: Pigs, Pork, and Power in America*. Morgantown, WV: West Virginia University Press, 2019.

Bauman, Zygmunt. *Modernity and Ambivalence*. Cambridge, UK: Polity Press, 1991.

Bennett, Jane. "The Force of Things: Steps toward an Ecology of Matter." *Political Theory* 32.3 (June 2004): 347–372.

———. *Vibrant Matter: A Political Ecology of Things*. Durham and London: Duke University Press, 2010.

Berman, Marshall. *All That Is Solid Melts Into Air: The Experience of Modernity*. New York: Penguin Books, 1988.

Bewell, Alan. *Natures in Translation: Romanticism and Colonial Natural History*. Baltimore: Johns Hopkins University Press, 2017.

Blackbourn, David. *The Conquest of Nature: Water, Landscape, and the Making of Modern Germany*. New York: W. W. Norton, 2006.

Bowden, Sean. "Human and Nonhuman Agency in Deleuze." In *Deleuze and the Non/Human*, edited by Jon Roffe and Hannah Stark, 60–80. London: Palgrave MacMillan, 2015.

Braden, Peter. "Review of *The Ecology of War in China: Henan Province, the Yellow River, and Beyond*." *The Journal of Asian Studies* 77.3 (August 2018): 785–786.

Brandenberger, David. *Propaganda State in Crisis: Soviet Ideology, Indoctrination, and Terror under Stalin, 1927–1941*. New Haven: Yale University Press, 2011.

Brock, Darryl E., and Chunjuan Nancy Wei. "Introduction: Reassessing the Great Proletarian Cultural Revolution." In *Mr. Science and Chairman Mao's Cultural Revolution*, edited by Chunjuan Nancy Wei and Darryl E. Brock, 1–39. Lanham, MD: Lexington Books, 2014.

Brown, Jeremy. "Moving Targets: Changing Class Labels in Rural Hebei and Henan, 1960–1979." In *Maoism at the Grassroots: Everyday Life in China's Era of High Socialism*, edited by Jeremy Brown and Matthew D. Johnson, 51–76. Cambridge, MA: Harvard University Press, 2015.

Brown, Jeremy, and Matthew D. Johnson. "Introduction." In *Maoism at the Grassroots: Everyday Life in China's Era of High Socialism*, edited by Jeremy Brown and Matthew D. Johnson, 1–15. Cambridge, MA: Harvard University Press, 2015.

Bruno, Andy. *The Nature of Soviet Power: An Arctic Environmental History*. Cambridge: Cambridge University Press, 2016.

Carroll, Peter J. *Between Heaven and Modernity: Reconstructing Suzhou, 1895–1937.* Stanford, CA: Stanford University Press, 2006.

Castree, Noel. "Marxism and the Production of Nature." *Capital and Class* 24.3 (2000): 5–36.

———. "Socializing Nature: Theory, Practice, and Politics." In *Social Nature: Theory, Practice, and Politics,* edited by Noel Castree and Bruce Braun, 1–21. Malden, MA: Blackwell Publishers Inc., 2001.

Castree, Noel, and Tom MacMillan. "Dissolving Dualisms: Actor-networks and the Reimagination of Nature." In *Social Nature: Theory, Practice, and Politics,* edited by Noel Castree and Bruce Braun, 208–224. Malden, MA: Blackwell, 2001.

Chan, Anita, and Jonathan Unger. "Grey and Black: The Hidden Economy of Rural China." *Pacific Affairs* 55.3 (Autumn 1982): 452–471.

Chan, Wing-hoi. "Women's Work and Women's Food in Lineage Land." In *Merchants' Daughters: Women, Commerce, and Regional Culture in South China,* edited by Helen F. Siu, 77–100. Hong Kong: Hong Kong University Press, 2010.

Chatterjee, Choi, David Ransel, Mary Canender, and Karen Petrone. "Introduction: The Genesis and Themes of Everyday Life in Russia Past and Present." In *Everyday Life in Russia Past and Present,* edited by Choi Chatterjee, David Ransel, Mary Canender, and Karen Petrone, 1–13. Bloomington, IN: Indiana University Press, 2015.

Cheek, Timothy. *Propaganda and Culture in Mao's China: Deng Tuo and the Intelligentsia.* Oxford: Clarendon Press, 1997.

Chen, Feng. "Against the State: Labor Protests in China in the 1950s." *Modern China* 40.5 (2014): 488–518.

Chen, Tina Mai. "Use the Past to Serve the Present; the Foreign to serve China." In *Words and Their Stories: Essays on the Language of the Chinese Revolution,* edited by Ban Wang, 205–225. Leiden: Brill, 2011.

———. "The Human–Machine Continuum in Maoism: The Intersection of Soviet Socialist Realism, Japanese Theoretical Physics, and Chinese Revolutionary Theory." *Cultural Critique* 80 (Winter 2012): 151–182.

Chen, Xuezhao. *Surviving the Storm: A Memoire.* Translated by Ti Hua and Caroline Greene. Armonk, NY: M. E. Sharpe, 1990.

Ci, Jiwei. *Dialectic of the Chinese Revolution: From Utopianism to Hedonism.* Stanford: Stanford University Press, 1994.

Clark, Katerina. *Moscow, the Fourth Rome: Stalinism, Cosmopolitanism, and the Evolution of Soviet Culture, 1931–1941.* Cambridge, MA: Harvard University Press, 2011.

Clunas, Craig. *Fruitful Sites: Garden Culture in Ming Dynasty China*. London: Reaktion Books, 1996.

Courtney, Chris. "At War with Water: The Maoist State and the 1954 Yangzi Floods." *Modern Asian Studies* 52.6 (2018): 1807–1836.

———. *The Nature of Disaster in China: The 1931 Yangzi River Flood*. Cambridge University Press, 2018.

Croft, Michael. *Red Carpet to China*. London: Longmans, Green and Co., 1958.

Cronon, William. "Introduction: In Search of Nature." In *Uncommon Ground: Rethinking the Human Place in Nature*, edited by William Cronon, 23–56. New York: W. W. Norton, 1996.

de Certeau, Michel. *The Practice of Everyday Life*. Translated by Steven Rendall. Berkeley: University of California Press, 2011.

de Pee, Christian, and Joseph Lam. "Introduction." In *Senses of the City: Perceptions of Hangzhou and Southern Song China, 1127–1279*, edited by Joseph S. C. Lam, Shuen-fu Lin, Christian de Pee, and Martin Powers, xiii–xxv. Hong Kong: The Chinese University of Hong Kong Press, 2017.

Denton, Kirk A. "What Do You Do with Cultural 'Propaganda' of the Mao Era?" *The PRC History Review* 4.2 (August 2019): 1–45.

Dikötter, Frank. *Mao's Great Famine: The History of China's Most Devastating Catastrophe, 1958–1962*. New York: Walker & Company, 2010.

Dobrenko, Evgeny. *Stalinist Cinema and the Production of History: Museum of the Revolution*. Translated by Sarah Young. Edinburgh: Edinburgh University Press, 2008.

Dove, Michael R., Percy E. Sajise, and Amity A. Doolittle. "Introduction: Changing Ways of Thinking about the Relations between Society and Environment." In *Beyond the Sacred Forest: Complicating Conservation in Southeast Asia*, edited by Michael R. Dove, Percy E. Sajise, and Amity A. Doolittle, 1–34. Durham: Duke University Press, 2011.

Duan, Xiaolin. "The Ten Views of West Lake." In *Visual and Material Cultures in Middle Period China*, edited by Patricia Buckley Ebrey and Shih-shan Susan Huang, 151–189. Leiden: Brill, 2017.

———. *The Rise of West Lake: A Cultural Landmark in the Song Dynasty*. Seattle: Washington University Press, 2020.

Durdin, Tillman, James Reston, and Seymour Topping. *The New York Times Report from Red China*. New York: Quadrangle Books, 1971.

Ellis, E. C., and S. M. Wang. "Sustainable Traditional Agriculture in the Tai Lake Region of China." *Agriculture, Ecosystems and Environment* 61 (1997): 177–193.

Enyedi, György. "Urbanization under Socialism." In *Cities after Socialism: Urban and Regional Change and Conflict in Post-Socialist Societies*, edited by Gregory Andrusz, Michael Harloe, and Ivan Szelenyi, 100–118. Oxford: Blackwell, 1996.

Esherick, Joseph W. "Deconstructing the Construction of the Party-State: Gulin County in the Shaan-Gan-Ning Border Region." *The China Quarterly* 140 (December 1994): 1052–1079.

Evernden, Neil. *The Social Creation of Nature*. Baltimore and London: The Johns Hopkins University Press, 1992.

Falasca-Zamponi, Simonetta. *Fascist Spectacle: The Aesthetics of Power in Mussolini's Italy*. Berkeley: University of California Press, 1997.

Forster, Keith. *Rebellion and Factionalism in a Chinese Province: Zhejiang, 1966–1976*. Armonk, NY: M. E. Sharpe, 1990.

———. "Localism, Central Policy, and the Provincial Purges of 1957–1958: The Case of Zhejiang." In *New Perspectives on State Socialism in China*, edited by Timothy Cheek and Tony Saich. Armonk, 191–233. NY: M. E. Sharpe, 1997.

Friedman, Edward, Paul G. Pickowicz, and Mark Selden. *Revolution, Resistance, and Reform in Village China*. New Haven: Yale University Press, 2005.

Gao, James Z. *The Communist Takeover of Hangzhou: The Transformation of City and Cadre, 1949–1954*. Honolulu: University of Hawai'i Press, 2004.

Gardner, Daniel K. *Environmental Pollution in China: What Everyone Needs to Know*. Oxford: Oxford University Press, 2018.

Gray, Jack. "Mao in Perspective." *The China Quarterly* 187 (September 2006): 659–679.

Gross, Miriam. *Farewell to the God of Plague: Chairman Mao's Campaign to Deworm China*. Berkeley: University of California Press, 2016.

Grusin, Richard. "Introduction." In *The Nonhuman Turn*, edited by Richard Grusin, vii–xxix. Minneapolis: University of Minnesota Press, 2015.

Guan, Tiffany T. Y., and Richard A. Holley. *Hog Manure Management, the Environment and Human Health*. New York: Kluwer Academic / Plenum Publishers, 2003.

Halbwachs, Maurice. "The Legendary Topography of the Gospels in the Holy Land." In *On Collective Memory*, edited by Lewis Coser, 193–235. Chicago: The University of Chicago Press, 1992.

Harding, Harry. *Organizing China: The Problem of Bureaucracy, 1949–1976*. Stanford: Stanford University Press, 1981.

Harvey, David. "From Managerialism to Entrepreneurialism: The Transformation in Urban Governance in Late Capitalism." *Geografiska Annaler Series B, Human Geography* 71.1 (1989): 3–17.

——. *Justice, Nature and the Geography of Difference*. Oxford: Blackwell, 1996.

Hayden, Peter. *Russian Parks and Gardens*. London: Frances Lincoln, 2005.

He, Qiliang. *Gilded Voices: Economics, Politics, and Storytelling in the Yangzi Delta since 1949*. Leiden: Brill, 2012.

——. "Between Accommodation and Resistance: Pingtan Storytelling in 1960s Shanghai." *Modern Asian Studies* 48.3 (May 2014): 524–549.

Hellbeck, Jochen. "Working, Struggling, Becoming: Stalin-Era Autobiographical Texts." In *Stalinism: The Essential Readings*, edited by David L. Hoffmann, 184–209. Malden, MA: Blackwell Publishers Ltd., 2003.

Hershatter, Gail. *The Gender of Memory: Rural Women and China's Collective Past*. Berkeley: University of California Press, 2011.

Ho, Dahpon David. "To Protect and Preserve: Resisting the Destroy the Four Olds Campaign, 1966–1967. In *The Chinese Cultural Revolution as History*, edited by Joseph W. Esherick, Paul Pickowicz, and Andrew G. Walder, 64–95. Stanford, CA: Stanford University Press, 2006.

Ho, Denise Y. *Curating Revolution: Politics on Display in Mao's China*. Cambridge: Cambridge University Press, 2018.

Hollander, Paul. *Political Pilgrims: Travels of Western Intellectuals to the Soviet Union, China, and Cuba, 1928–1978*. Oxford: Oxford University Press, 1981.

Hung, Chang-tai. *Mao's New World: Political Culture in the Early People's Republic*. Ithaca, NY: Cornell University Press, 2011.

———. *Politics of Control: Creating Red Culture in the Early People's Republic of China*. Honolulu: University of Hawai'i Press, 2021.

Hunt, John Dixon. *Greater Perfections: The Practice of Garden Theory*. London: Thames & Hudson, 2000.

Isett, Christopher Mills. *State, Peasant, and Merchant in Qing Manchuria, 1644–1862*. Stanford: Stanford University Press, 2007.

Ivanova, K. *Parks of Culture and Rest in the Soviet Union*. Moscow: Foreign Languages Publishing House, 1939.

Johnson, Hewlett. *China's New Creative Age*. Westport, CT: Greenwood Press, 1973.

Johnson, Matthew D. "Beneath the Propaganda State: Official and Unofficial Cultural Landscapes in Shanghai, 1949–1965." In *Maoism at the Grassroots: Everyday Life in China's Era of High Socialism*, edited by Jeremy Brown and Matthew D. Johnson, 199–229. Cambridge, MA: Harvard University Press, 2015.

Johnston, Timothy. *Being Soviet: Identity, Rumour, and Everyday Life under Stalin, 1939–1953*. Oxford: Oxford University Press, 2011.

Jones, Owain, and Paul Cloke. "Non-Human Agencies: Trees in Place and Time." In *Material Agency: Towards a Non-anthropocentric Approach*, edited by Carl Knappett and Lambros Malafouris, 79–96. Berlin: Springer, 2008.

Kahn, Harold, and Albert Feuerwerker. "The Ideology of Scholarship: China's New Historiography." *The China Quarterly* 22 (April–June 1965): 1–13.

Kassymbekova, Botakoz. *Despite Cultures: Early Soviet Rule in Tajikistan*. Pittsburgh, PA: University of Pittsburgh Press, 2016.

Kathirithamby-Wells, Jeyamalar. "The Implications of Plantation Agriculture for Biodiversity in Peninsular Malaysia." In *Beyond the Sacred Forest: Complicating Conservation in Southeast Asia*, edited by Michael R. Dove, Percy E. Sajise, and Amity A. Doolittle, 62–90. Durham: Duke University Press, 2011.

Kelliher, Daniel. *Peasant Power in China: The Era of Rural Reform, 1979–1989*. New Haven, CT: Yale University Press, 1992.

Kenez, Peter. *The Birth of the Propaganda State: Soviet Methods of Mass Mobilization, 1917–1929*. Cambridge: Cambridge University Press, 1985.

———. *Cinema and Soviet Society from the Revolution to the Death of Stalin*. London: I. B. Tauris, 2001.

Key, Nigel, William D. McBride, and Marc Ribaudo. *Changes in Manure Management in the Hog Sector: 1998–2004*. Washington, D.C.: U.S. Department of Agriculture, Economic Research Service, 2009.

Kiaer, Christina, and Eric Naiman. "Introduction." In *Everyday Life in Early Soviet Russia: Taking the Revolution Inside*, edited by Christina Kiaer and Eric Naiman, 1–22. Bloomington, IN: Indiana University Press, 2006.

Knappett, Carl, and Lambros Malafouris. "Material and Nonhuman Agency: An Introduction." In *Material Agency: Towards a Non-anthropocentric Approach*, edited by Carl Knappett and Lambros Malafouris, ix–xix. Berlin: Springer, 2008.

Koss, Daniel. *Where the Party Rules: The Rank and File of China's Communist State*. Cambridge: Cambridge University Press, 2018.

Kotkin, Stephen. *Magnetic Mountain: Stalinism as a Civilization*. Berkeley: University of California Press, 1997.

Kunakhovich, Kyrill. "Ties That Bind, Ties That Divide: Second World Cultural Exchange at the Grassroots." In *Socialist Internationalism in the Cold War: Exploring the Second World*, edited by Patryk Babiracki and Austin Jersild, 135–160. London: Palgrave Macmillan, 2016.

Latour, Bruno. *The Pasteurization of France*. Translated by Alan Sheridan and John Law. Cambridge, MA: Harvard University Press, 1988.

———. *Politics of Nature: How to Bring the Sciences into Democracy.* Translated by Catherine Porter. Cambridge, MA: Harvard University Press, 2004.

Laurier, E., and C. Philo. "X-morphising: Review Essay of Bruno Latour's *Aramis, or the Love of Technology.*" *Environment and Planning A* 31 (1999): 1047–1071.

Le Bon, Gustave. *The Psychology of Revolution.* Mineola, NY: Dover, 2004.

Lee, S. John. "Postwar Pines: The Military and the Expansion of State Forests in Post-Imjin Korea, 1598–1684." *The Journal of Asian Studies* 77.2 (May 2018): 319–332.

Lehtinen, Ari Aukusti. "Modernization and the Concept of Nature: On the Reproduction of Environmental Stereotypes." In *Encountering the Past in Nature: Essays in Environmental History,* edited by Timo Myllyntaus and Mikko Saikku, 29–48. Athens, OH: Ohio University Press, 2001.

Levenson, Joseph R. *Confucian China and Its Modern Fate: A Trilogy.* Berkeley: University of California Press, 1965.

Leys, Simon. *Chinese Shadows.* New York: Penguin Books, 1978.

Li, Huaiyin. "Everyday Strategies for Team Farming in Collective-Era China: Evidence from Qin Village." *The China Journal* 54 (July 2005): 79–98.

———. *Reinventing Modern China: Imagination and Authenticity in Chinese Historical Writing.* Honolulu: University of Hawai'i Press, 2013.

Li, Yan. *China's Soviet Dream: Propaganda, Culture, and Popular Imagination.* London: Routledge, 2018.

Lieberthal, Kenneth G. *Revolution and Tradition in Tientsin, 1949–1952.* Stanford: Stanford University Press, 1980.

Link, Perry. *The Use of Literature: Life in the Socialist Chinese Literary System.* Princeton, NJ: Princeton University Press, 2000.

Löwy, Michael. "What Is Ecosocialism?" Translated by Eric Canepa. *Capitalism, Nature, Socialism* 16.2 (June 2005): 15–24.

Lu, Sheldon H. "Introduction: Cinema, Ecology, Modernity." In *Chinese Ecocinema: in the Age of Environmental Challenge,* edited by Sheldon H. Lu and Jiayan Mi, 1–14. Hong Kong: Hong Kong University Press, 2009.

Lynteris, Christos. *The Spirit of Selflessness in Maoist China: Socialist Medicine and the New Man.* London: Palgrave MacMillan, 2013.

Lyons, Thomas P. "Interprovincial Trade and Development in China, 1957–1979." *Economic Development & Cultural Change* 35.2 (January 1987): 223–256.

Malpas, Jeff. "Place and the Problem of Landscape." In *The Place of Landscape: Concepts, Contexts, Studies,* edited by Jeff Malpas, 3–26. Cambridge, MA: The MIT Press, 2011.

Manning, Kimberley Ens, and Felix Wemheuer. "Introduction." In *Eating Bitterness: New Perspectives on China's Great Leap Forward and Famine*, edited by Kimberley Ens Manning and Felix Wemheuer, 1–27. Vancouver: UBC Press, 2011.

Marks, Robert B. *China: Its Environment and History*. Lanham: Rowman & Littlefield, 2012.

Menzies, Nicholas, K. *Forest and Land Management in Imperial China*. London: St. Martin's Press, 1994.

Merchant, Carolyn. *Autonomous Nature: Problems of Prediction and Control from Ancient Times to the Scientific Revolution*. London: Routledge, 2016.

Mitchell, Timothy. "Everyday Metaphors of Power." *Theory & Society* 19.5 (October 1990): 545–577.

———. *Rule of Experts: Egypt, Techno-Politics, Modernity*. Berkeley: University of California Press, 2002.

Mitchell, W. J. T. "Introduction." In *Landscape and Power*, 2nd cd., edited by W. J. T. Mitchell, 1–4. Chicago: The University of Chicago Press, 2002.

Mittler, Barbara. *A Continuous Revolution: Making Sense of Cultural Revolution*. Cambridge, MA: Harvard University Press, 2016.

Mosse, David. "Introduction: The Social Ecology and Ideology of Water." In *The Rule of Water: Statecraft, Ecology and Collective Action in South India*, edited by David Mosse, 1–27. Oxford: Oxford University Press, 2003.

Murphey, Rhoads. "Man and Nature in China." *Modern Asian Studies* 1.4 (1967): 313–333.

Murray, Geoffrey, and Ian G. Cook. *Green China: Seeking Ecological Alternatives*. London and New York: Routledge Curzon, 2002.

Muscolino, Micah. *The Ecology of War in China: Henan Province, the Yellow River, and Beyond*. New York: Cambridge University Press, 2015.

Naiman, Eric. "Introduction." In *The Landscape of Stalinism: The Art and Ideology of Soviet Space*, edited by Evgeny Dorbrenko and Eric Naiman, xi–xvii. Seattle: University of Washington Press, 2003.

Nixon, Richard. *RN: The Memoirs of Richard Nixon*. New York: Grosset & Dunlap, 1978.

"Nixon and Chou Stroll and Go Boating in Hangchow." *The New York Times*, February 27, 1972.

Nora, Pierre. *Realms of Memory: The Construction of the French Past*, vol. 1, *Conflicts and Divisions*. Translated by Arthur Goldhammer. New York: Columbia University Press, 1996.

Olwig, Kenneth Robert. *Landscape, Nature, and the Body Politic: From Britain's Renaissance to America's New World.* Madison, WI: University of Wisconsin Press, 2002.

Pack, Sasha D. *Tourism and Dictatorship: Europe's Peaceful Invasion of Franco's Spain.* Houndmills, Basingstoke, UK: Palgrave MacMillan, 2006.

Pan, Tsung-yi. "Constructing Tiananmen Square as a Realm of Memory: National Salvation, Revolutionary Tradition, and Political Modernity in Twentieth-Century China." Ph.D. Dissertation. University of Minnesota, 2011.

Pang, Laikwan. *The Art of Cloning: Creative Production during China's Cultural Revolution.* London: Verso, 2017.

Parish, William L. *Village and Family in Contemporary China.* Chicago: The University of Chicago Press, 1978.

Perkins, Dwight H. *Market Control and Planning in Communist China.* Cambridge, MA: Harvard University Press, 1966.

Perry, Elizabeth J. "Shanghai's Strike Wave of 1957." *The China Quarterly* 137 (March 1994): 1–27.

Pietz, David A. *The Yellow River: The Problem of Water in Modern China.* Cambridge, MA: Harvard University Press, 2015.

Platte, Erika. "The Private Sector in China's Agriculture: An Appraisal of Recent Changes." *The Australian Journal of Chinese Affairs* 10 (July 1983): 81–96.

Powers, Martin J. "When Is a Landscape Like a Body?" In *Landscape, Culture, and Power in Chinese Society*, edited by Wen-hsin Yeh, 1–22. Berkeley: Institute of East Asian Studies, University of California, 1998.

Rajan, S. Ravi. *Modernizing Nature: Forestry and Imperial Eco-Development 1800–1950.* Oxford: Clarendon Press, 2006.

Rofel, Lisa. *Other Modernities: Gendered Yearnings in China after Socialism.* Berkeley: University of California Press, 1999.

Rogaski, Ruth. "Nature, Annihilation, and Modernity: China's Korean War Germ-Warfare Experience Reconsidered." *The Journal of Asian Studies* 61.2 (May 2002): 381–415.

Rotenberg, Robert. *Landscape and Power in Vienna.* Baltimore: Johns Hopkins University Press, 1995.

Roy, Jules. *Journey through China.* Translated by Francis Price. New York: Harper & Row, 1967.

Rugg, Dean S. *Spatial Foundations of Urbanism* (Second Edition). Dubuque, IA: Wm. C. Brown, 1979.

Saito, Kohei. *Karl Marx's Ecosocialism: Capitalism, Nature, and the Unfinished Critique of Political Economy.* New York: Monthly Review Press, 2017.

Schell, Orville. *In the People's Republic: An American's First-hand View of Living and Working in China*. New York: Vintage Books, 1978.

Schmalzer, Sigrid. "Breeding a Better China: Pigs, Practices, and Place in a Chinese County, 1929–1937." *The Geographical Review* 92.1 (January 2002): 1–22.

———. *The People's Peking Man: Popular Science and Human Identity in Twentieth-Century China*. Chicago: The University of Chicago Press, 2008.

———. "On the Appropriate Use of Rose-Colored Glasses: Reflections on Science in Socialist China." In *Mr. Science and Chairman Mao's Cultural Revolution*, edited by Chunjuan Nancy Wei and Darryl E. Brock, 347–361. Lanham, MD: Lexington Books, 2014.

———. *Red Revolution, Green Revolution: Scientific Farming in Socialist China*. Chicago: The University of Chicago Press, 2016.

Schwarcz, Vera. *Place and Memory in the Singing Crane Garden*. Philadelphia: University of Pennsylvania Press, 2008.

Scott, James C. *Seeing Like a State: How Certain Schemes to Improve the Human Condition Have Failed*. New Haven and London: Yale University Press, 1998.

Selden, Mark. "Household, Cooperative, and State in the Remaking of China's Countryside." In *Cooperative and Collective in China's Rural Development: Between State and Private Interests*, edited by Eduard B. Vermeer et al., 17–45. Armonk, NY: M. E. Sharpe, 1998.

Shapiro, Judith. *Mao's War Against Nature: Politics and the Environment in Revolutionary China*. Cambridge: Cambridge University Press, 2001.

Shi, Tianjian. *Political Participation in Beijing*. Cambridge, MA: Harvard University Press, 1997.

Shue, Vivienne. *The Reach of the State: Sketches of the Chinese Body Politic*. Stanford: Stanford University Press, 1988.

Siegelbaum, Lewis H. *Stakhanovism and the Politics of Productivity in the USSR, 1935–1941*. Cambridge: Cambridge University Press, 1988.

Skaria, Ajay. "Timber Conservancy, Desiccationism and Scientific Forestry: The Dangs 1840s–1920s." In *Nature and the Orient: The Environmental History of South and Southeast Asia*, edited by Richard H. Grove et al., 596–635. Delhi: Oxford University Press, 1998.

Skinner, G. William. "Vegetable Supply and Marketing in Chinese Cities." *The China Quarterly* 76 (December 1978): 733–793.

Smil, Vaclav. *The Bad Earth: Environmental Degradation in China*. Armonk, NY: M. E. Sharpe, Inc., 1984.

———. *China's Environment Crisis: An Inquiry into the Limits of National Development*. Armonk, NY: M. E. Sharpe, 1993.

Smith, Aminda M. *Thought Reform and China's Dangerous Classes: Reeducation, Resistance, and the People.* Lanham, MA: Rowman & Littlefield, 2013.

Smith, Neil. *Uneven Development: Nature, Capital and the Production of Space.* Oxford, UK: Basil Blackwell, 1984.

Spirn, Anne Whiston. *The Language of Landscape.* New Haven, CT: Yale University Press, 1998.

Stanek, Łukasz. *Henri Lefebvre on Space: Architecture, Urban Research, and the Production of Theory.* Minneapolis, MN: University of Minnesota Press, 2011.

Sun, Peidong. "The Collar Revolution: Everyday Clothing in Guangdong as Resistance in the Cultural Revolution." *The China Quarterly* 227 (September 2016): 773–795.

Sun, Xiaoping. "War against the Earth: Military Farming in Communist Manchuria, 1949–75." In *Empire and Environment in the Making of Manchuria*, edited by Norman Smith, 248–275. Vancouver: UBC Press, 2017.

Tang, Xiaobing. *Chinese Modern: The Heroic and the Quotidian.* Durham, NC: Duke University Press, 2000.

Thaxton, Ralph A. Jr. *Catastrophe and Contention in Rural China: Mao's Great Leap Forward Famine and the Origins of Righteous Resistance in Da Fo Village.* Cambridge: Cambridge University Press, 2008.

Thomas, Peter A., and John R. Packham. *Ecology of Woodlands and Forests: Description, Dynamics and Diversity.* Cambridge: Cambridge University Press, 2007.

Tuan, Yi-fu. "Thought and Landscape: The Eye and the Mind's Eye." In *The Interpretation of Ordinary Landscapes: Geographical Essays*, edited by D. W. Meinig et al., 89–102. Oxford: Oxford University Press, 1979.

U, Eddy. *Disorganizing China: Counter-bureaucracy and the Decline of Socialism.* Stanford, CA: Stanford University Press, 2007.

Van Fleit Hang, Krista. *Literature the People Love: Reading Chinese Texts from the Early Maoist Period (1949–1966).* London: Palgrave MacMillan, 2013.

Vogel, Ezra F. *Canton under Communism: Programs and Politics in a Provincial Capital, 1949–1968.* Cambridge, MA: Harvard University Press, 1969.

Volland, Nicolai. "Clandestine Cosmopolitanism: Foreign Literature in the People's Republic of China, 1957–1977." *The Journal of Asian Studies* 76.1 (February 2017): 185–210.

———. *Socialist Cosmopolitanism: The Chinese Literary Universe, 1945–1965.* New York: Columbia University Press, 2017.

Wakeman, Frederic Jr. *History and Will: Philosophical Perspectives of Mao Tse-tung's Thought.* Berkeley: University of California Press, 1973.

Walder, Andrew G. *China under Mao: A Revolution Derailed*. Cambridge, MA: Harvard University Press, 2015.

Walker, Kenneth R. *Planning in Chinese Agriculture: Socialisation and the Private Sector, 1956–1962*. London: Frank Cass, 1965.

Wang, Eugene Y. "Tope and Topos: The Leifeng Pagoda and the Discourse of the Demonic." In *Writing and Materiality in China: Essays in Honor of Patrick Hanan*, edited by Judith T. Zeitlin, Lydia H. Liu, with Ellen Widmer, 488–552. Cambridge, MA: Harvard University Press, 2003.

Wang, Liping. "Paradise for Sale: Urban Space and Tourism in the Social Transformation of Hangzhou, 1589–1937." Ph.D. Dissertation. University of California, San Diego, 1997.

Wang, Shaoguang. "The Politics of Private Time: Changing Leisure Patterns in Urban China." In *Urban Spaces in Contemporary China: The Potential for Autonomy and Community in Post-Mao China*, edited by Deborah Davis et al., 149–172. Cambridge: Cambridge University Press, 1995.

Watkins, Charles. *Trees, Woods and Forests: A Social and Cultural History*. London: Reaktion Books, 2014.

Welch, Holmes. *Buddhism under Mao*. Cambridge, MA: Harvard University Press, 1972.

Westoby, Jack C. "'Making Green the Motherland': Forestry in China." In *China's Road to Development*, edited by Neville Maxwell, 231–245. Oxford: Pergamon Press, 1979.

Williams, *Raymond. Culture and Materialism*. London: Verso, 1980.

Wilson, Richard. *The President's Trip to China: A Pictorial Record of the Historic Journey to the People's Republic of China with Text by Members of the American Press Corps*. New York: Bantam Books, 1972.

Wright, Patrick. *Passport to Peking: A Very British Mission to Mao's China*. Oxford: Oxford University Press, 2010.

Wu, Hung. *Remaking Beijing: Tiananmen Square and the Creation of a Political Space*. Chicago: The University of Chicago Press, 2005.

Wu, Yiching. *The Cultural Revolution at the Margins: Chinese Socialism in Crisis*. Cambridge, MA: Harvard University Press, 2014.

Xiao-Planes, Xiaohong. "A Dissenting Voice against Mao Zedong's Agricultural Policy: Deng Zihui—1953–1962." *Études chinoises* 34.2 (2015): 1–22.

Yang, Dali L. *Calamity and Reform in China: State, Rural Society, and Institutional Change Since the Great Leap Famine*. Stanford: Stanford University Press, 1996.

Yu, Shuishan. *Chang'an Avenue and the Modernization of Chinese Architecture.* Seattle: University of Washington Press, 2012.

Yurchak, Alexei. *Everything Was Forever, Until It Was No More: The Last Soviet Generation.* Princeton, NJ: Princeton University Press, 2005.

Zhang, Ling. *The River, the Plain, and the State: An Environmental Drama in Northern Song China.* Cambridge: Cambridge University Press, 2016.

Zheng, Yongnian. *The Chinese Communist Party as Organizational Emperor: Culture, Reproduction and Transformation.* London: Routledge, 2010.

索引

十六畫

十七畫及以上